此书为高端智库报告，得到全国"四个一批"暨
国家"万人计划"哲学社会科学领军人才项目资助

POLITICAL ECONOMICS
IN THE GAME OF FINANCIAL CRISIS

金融危机博弈中的政治经济学

董小君◎著

人民出版社

策划编辑:郑海燕
封面设计:林芝玉
责任校对:黎　冉

图书在版编目(CIP)数据

金融危机博弈中的政治经济学/董小君 著. —北京:人民出版社,2019.6
ISBN 978－7－01－020811－4

Ⅰ.①金… Ⅱ.①董… Ⅲ.①金融危机-研究 Ⅳ.①F830.99

中国版本图书馆 CIP 数据核字(2019)第 089948 号

金融危机博弈中的政治经济学
JINRONG WEIJI BOYI ZHONG DE ZHENGZHI JINGJIXUE

董小君　著

人民出版社 出版发行
(100706 北京市东城区隆福寺街 99 号)

北京中科印刷有限公司印刷　新华书店经销

2019 年 6 月第 1 版　2019 年 6 月北京第 1 次印刷
开本:710 毫米×1000 毫米 1/16　印张:19.5
字数:280 千字

ISBN 978－7－01－020811－4　定价:78.00 元

邮购地址 100706　北京市东城区隆福寺街 99 号
人民东方图书销售中心　电话 (010)65250042　65289539

前　言

　　在经济运行周期中,金融危机是始终存在的现象。这种周期性的危机,对全球经济发展具有不同的坐标意义。有的标志着新的减速和减速后新的加速;有的标志着阶段性调整,即只是"程度"意义上的变化;有的则标志着方向性变化,即"类别"意义上的变化。20世纪30年代的大萧条、70年代的"滞胀"危机,以及2008年国际金融危机,均属此类具有坐标意义的重大危机。2008年国际金融危机的坐标意义在于,世界经济正在发生"类别"的变化,而不只是"程度"的变化。

　　这种"程度"的变化,源于世界矩形经济结构的失衡。世界经济在上一轮长周期增长中,各国基于"比较优势"的基础,形成了全球大分工格局,逐渐形成了相互依赖的"宏观经济矩形",由此也产生了四个极和三个登场人物。"四个极",就是消费国、工厂国、资源国、资本—货物出口国。"三个登场人物",即消费者、生产者(包括工厂国和资本—货物出口国)、资源提供者。四个极和三个登场人物形成了高度关联的"消费国→生产国→资源国"全球价值链贸易模式。在这种模式下,全球市场联动性达70%—80%,全球实体经济联动性达60%。过去几十年全球贸易增长建立在消费国家庭和政府过度负债消费、生产国企业过度负债生产、资源国资源过度负债消耗基础上。

　　然而,世界矩形经济结构这种平衡,被2008年国际金融危机打破了。失衡首先是从消费国开始的。2008年国际金融危机爆发后,消费国资产价格下降,虚拟财富大幅缩水,此类国家的居民不得不降低消费。在全球经济高度一体化的时代,金融危机迅速向世界各国传递。消费国降低消费,对于生产国来说,就是表现为外需萎缩、出口下降、国内产能过剩。生产国经济基本面不景气,对资源的需求减少,资源价格下跌;资源国出现"资源诅咒"陷阱。因此,这场危机,一开始就不是一个国家的危机,也不是一个领域的危机;从美国向全球蔓延,从金融领域向实体经济传导。危机后全球经济都面临"去杠杆",只是侧重点不同。美国主要是家庭去杠杆,欧洲主要是政府去杠杆,生产国则是实体经济去杠杆,资源国的杠杆率则随着资源价格的变化而变化。

为了摆脱危机,各国通过宏观调控政策开展救助。从刚开始的全球联手救助,到后来各国政策分化与危机转嫁。这场金融危机,对资本主义和世界来说,都是一个重要的机遇:对于资本主义来说,这是重新平衡国际负担、关注国内紧要问题的机会;对于世界来说,这是一个加强全球治理的重要时刻。于是,各国在经济、政治、科技、生态、国际规则方面展开了博弈。这种博弈,不仅是对金融危机理论的阐释,也是各国应对金融危机战略与战术的缤纷呈现。然而,能否运用宏观调控政策应对危机,取决于一个经济体的货币力量。国际货币体系不公平性就在于,关键货币国家的中央银行等于世界的中央银行,其出台的货币政策影响世界范围流动性,但它只关心本国的经济运行情况,货币政策具有完全有效性,其他非关键货币国家只能被动接受外部流动性变动,货币政策不具有完全有效性。美国利用美元霸权地位,能够顺利转嫁危机。美国正是通过这一特殊机制,"把利益留给自己,将问题输向全球"。因此,对新兴经济体来说,风险往往带来"输入型"特点,即美元贬值是"印钞机",带来输入性通货膨胀;美元升值是"提款机",带来的是输入性通货紧缩。2008年国际金融危机期间,美联储实施扩表计划,推出了四轮量化宽松政策,该计划对美国经济复苏发挥着巨大促进作用的同时,却向世界输出大量流动性,即向世界输出了通货膨胀。随着美国经济逐步复苏,美联储开始实施缩表计划。美国的加息与缩表,引起全球资金回流美国,这对于新兴经济体来说是灾难性的。

面对波谲云诡的国际环境,中国政府如何应对?自2008年国际金融危机爆发以来,笔者不断深入研究国际金融危机后出现的各类问题和挑战,试图回答"是什么""为什么""怎么办",为此形成了一系列决策咨询报告。通过国家社科基金《成果要报》、中共中央党校《研究报告》、国家行政学院《白头件》《送阅件》，以及《人民日报内参》、新华社《动态清样》等途径报送党中央、国务院，为我国应对金融危机建言献策，多次获得党中央、国务院重要批示。本书是对这一系列决策咨询报告的梳理，所有内容均为笔者撰写的应对金融危机的政策建议，有些决策咨询报告虽然完成于十年前，但即使今天来看，也具有重要的参考价值。具体来说，本书具有以下几方面价值：一是具有全球视野、战略眼光和超前判断。本书既立足当前又面向未来，用战略眼光看到全球格局调整中的苗头性、倾向性问题及趋势，为高层提供决策参考。二是政策性和应用性。本书既不是纯粹的理论研究，也有别于具体的工作部署，而是一种理论与实践相结合的对策性应用研究。三是对策建议可操作性。对策建议不是笼统含糊和空发议论，具有很强的可操作性。四是较强的逻辑性和创新性。本书基于两个思维逻辑：一是基于纵向长周期的思维逻辑；二是基于国际横向比较的思维逻辑。

全书共分为六个部分：第一部分"总论　危机后西方国家演变的新特点"。2008 年国际金融危机，西方发达国家受到重创，国际社会出现了"资本主义向何处去"的大辩论。本部分主要研究这场国际金融危机是预示资本主义制度的结束，还是在资本主义制度范围内的调整？资本主义社会将出现什么样的新特征？只有全面正确认识和把握资本主义新的特点，才能"探求事物本质，确定国家长期战略"。第二部分"危机演进中的逆周期调节"。危机救助，既需要战略研判，又需要战术应对。本部分主要研究如何在危机关键时间节点上作出准确研判，在把握苗头性现象的前提下，提前运用逆周期宏观调控手段应对金融危机。第三部分"输入型金融风险与国家金融安全战略"。新兴经济体由于普遍实行开放型经济，金融风险往往具有输入型特点。国际金融危机十余年来，新兴经济体不断受国际货币政策转向、大宗商品价格波动、国际金融市场动荡等外部因素影响，其实体经济和金融市场遭受负面冲击风险。本部分主要研究中国如何根据外部环境的变化，审时度势，适时调整国家金融战略。第四部分"国际金融监管战与我国金融监管体系重塑"。发生于 2016 年的德意志银行危机,是国际新一轮金融监管战的表现。它不仅暴露了欧洲现行金融监管问题,也暴露了中国金融监管盲区。本部分主要研究中国如何从德意志银行危机中接受教训,补监管短板,构建金融风险监管全覆盖的金融监管体制。探索成立"金融国资委"来专门管理巨额的国有金融资产。第五部分"危机中全球价值链大变局与中国产能全球布局"。危机中,世界多边贸易体系遭受挑战,对我国产业链和供应链的影响是多方面的。针对发达国家凭借跨国公司对全球产业价值链和供应链的控制权,中国如何努力形成有利于中国的国际分工体系?本部分主要研究在全球范围内开展价值链整合中,中国如何遵循国际产业转移的基本规律,探索产业国际转移,以化解我国过剩产能;在制造业上如何借鉴德国"工业4.0"经验,实现产业升级;如何在"一带一路"倡议下,推动以工业园区作为切入点的产业合作等。第六部分"经济运行中的重点领域风险防控"。2008年国际金融危机以来,我国金融监管遇到很多实质性挑战。经济运行中一些领域积攒了风险隐患。从主要领域看,国有企业杠杆率偏高、房地产市场价格波动过大、互联网金融风险爆发过密,银行资金成本高导致的企业融资难融资贵,"农民荒"与"农民工"同时成为社会领域重要问题等。本部分主要研究对重点领域的风险防控,以形成金融和实体经济、金融和房地产、金融体系内部的良性循环。

目　　录

总论　危机后西方国家演变的新特点

在资本主义经济运行的周期中,危机是始终存在的现象。资本主义的发展史,从某种意义上看,就是一部经济危机的发展史。这种周期性的危机,对于资本主义发展具有不同的坐标意义。历次危机都推动资本主义重大转变。20世纪30年代大萧条,标志着资本主义从自由竞争资本主义向国家垄断资本主义转变。20世纪70年代的"滞胀",标志着国家垄断资本主义向国际金融垄断资本主义转变。2008年国际金融危机,标志着国际金融垄断资本主义向国际垄断资本主义产融转变。每次转变,既有某种联系、继承,又有显著差别的若干基本特征。这次全球性金融危机,带来了世界各方面的大调整和大变化,特别是资本主义模式和发展方向的新变化,不仅表现在产业、能源、货币、金融和技术等"硬实力"方面,而且还表现在规则、标准、评级等话语权的"软实力"方面。从世界历史发展的角度看,这些变化具有"预示"新发展方向的全局意义。我们有必要深刻认识这个历史坐标,用它来审视当下的资本主义新变化,只有全面正确认识和把握资本主义新的特点,才能"探求事物本质,确定国家长期战略"。

一、西方"新常态"下资本主义新的特点

资本主义作为一种社会制度,已有360多年的历史。20世纪以来,西方国家在科技革命和全球化浪潮推动下,进入生产力迅速发展的"黄金时期"。这次国际金融危机,西方发达国家受到重创,国际社会出现了

"资本主义向何处去"的大辩论。2008 年国际金融危机是预示资本主义制度的结束,还是在资本主义制度范围内的调整?资本主义社会将出现什么样的新特征?弄清楚这些问题,对中国更好地参与全球治理,确定国家长期发展战略,有着重大现实意义。

(一) 危机的坐标意义与西方"新常态"

资本主义周期性的危机,对于资本主义发展具有不同的坐标意义。有的标志着新的减速和减速后新的加速,有的标志着阶段性调整,有的则标志着方向性变化。20 世纪 30 年代的大萧条、20 世纪 70 年代的"滞胀"危机,以及 2008 年国际金融危机,均属此类具有坐标意义的"重大危机"。

那么,2008 年国际金融危机具有什么样的坐标意义呢?

西方用"新常态"一词,表达了 2008 年国际金融危机"标示"阶段性变化的局部意义。国际货币基金组织总裁拉加德则用"新平庸期"来形容危机后西方的经济增长状况。国际货币基金组织一项研究表明,危机后整个世界将永久性地丢失全球 GDP 的 10 个百分点。因此,原创意义上的"新常态",主基调可用"悲观""无奈"来概括。如果从"预示"新发展方向的全局意义看,2008 年国际金融危机的坐标意义还表现在以下三个方面,这也是西方"新常态"应有的内涵。

1. 从长周期波动看,资本主义经济正处于下行周期

1925 年,俄罗斯经济学家尼古拉·康德拉季耶夫研究发现,世界经济每隔 50—60 年有一次长周期的波动。每个周期又分为上升和下降两个时期,各持续 20—30 年。一般情况是上升期以繁荣年份为主,下降期则以萧条年份为主。20 世纪 50—60 年代的"黄金增长期"以及 20 世纪 90 年代的美国"新经济"就是长周期波动中的繁荣期。在 2008 年国际金融危机之前,资本主义经历了长达 20—30 年经济持续增长"大稳定周期"的"旧常态",其主要特征是全球经济持续增长、低通胀与低失业率并存。随着大规模金融危机爆发,以"大稳定周期"为主要特征的旧常态走向终结,全球经济进入增长持续低迷的"新常态"。即未来 30 年,资本主

义将从"大稳定周期"进入以"长期结构调整"的"新常态"。

2. 从世界矩形经济结构看,资本主义世界进入调整期

根据英国葛霖"宏观经济矩形"理论,可以把世界矩形经济结构分为四种类型,由此也产生了四种发展模式。第Ⅰ类是消费国—消费主导与金融膨胀模式。以英国、美国和部分西欧国家最为典型。高消费促进了经济增长、推高了对多样化金融产品的需求,同时也减少了储蓄的积累、降低了实体经济的占比。危机后,金融机构和家庭部门的"去杠杆化"促使英美重新转向实体产业的发展,试图通过结构调整和产业重组,使得本国在经济增长和产业发展等方面,占据未来全球经济的"制高点"。第Ⅱ类是工厂国—低端制造业产品生产模式。包括中国、印度、印度尼西亚等国,它们利用低廉的人力资源和加工制造成本,结合来自全球的直接投资和技术转移,为全球主要消费国家提供消费品。危机后,随着产业结构调整与升级、居民消费能力的提高和发展模式的调整,有望改变新兴经济体对欧美消费市场的单向依赖,形成贸易双向平衡流动的新格局。第Ⅲ类是资源供应国—初级产品生产模式。包括俄罗斯、南非、沙特阿拉伯、阿根廷、巴西、澳大利亚等国,它们专为世界的消费和生产提供资源和能源等初级生产资料。危机后,为寻求经济的可持续发展,它们需优化产业结构,将产业进一步多元化,努力摆脱对单一产业依赖性的"资源诅咒"陷阱。第Ⅳ类是资本—货物出口国,包括日本、德国、法国、韩国等发达国家和新兴工业化国家,主要为全球提供高端资本品和消费品模式。危机后,这类国家均致力于发展新兴产业,重在提高"绿色技术"和其他高科技技术,力争在全球经济发展和竞争中赢得先机。这四个"角色"缺掉任何一种,资本主义世界经济体就不可能存在。经济全球化发展至今,全球市场联动性达到70%—80%。可是2008年国际金融危机打破了这种平衡,危机后,四种发展模式均在进行全面调整。

3. 从发展阶段看,资本主义进入到金融资本主义与产业资本主义高度融合阶段

在产业资本主义阶段(20世纪70年代之前),金融资本为实体经济服务,资本主义拥有无与伦比的生产能力,对外经济主要表现为贸易顺差。由于生产过剩,资本主义国家之间的竞争,主要表现为资本对海外市场的争夺。1971 年布雷顿森林体系解体后,资本主义进入金融资本主义阶段。产业资本开始了金融化过程,原有为物质生产服务的金融体系,也转入了主要生产虚拟的衍生金融品。资本主义国家通过虚拟产品与实物产品的跨国交换,参与实体经济国家的剩余价值分割。此阶段,资本顺差取代了贸易顺差。在此阶段,实体经济对金融形成单向依赖关系,金融资本却可以脱离实体经济实现自我繁荣。2008 年国际金融危机爆发,资本主义意识到虚拟经济不能长期脱离于实体经济,资本主义希望通过"再工业化",努力实现生产中心和金融中心高度融合,形成金融资本与产业资本的复合优势。如果说,在金融资本主义阶段,实物生产国是被掠夺的对象而不是竞争对手,而在金融资本主义与产业资本主义高度融合阶段,实物生产国却成了主要竞争对手。

(二) 资本主义全方位地为下一周期的扩张做战略准备

历史规律表明,资本主义每一次危机都伴随着变革,每一次变革都是对资本主义既有发展模式的反思与纠正,资本主义在变革和重组中将以一种新形式生存下来,并有所发展。20 世纪 30 年代大萧条后,资本主义国家吸取了 20 世纪前期,世界经济格局在无政府状态下各国互相倾轧的教训,形成了以美国为中心的世界货币、经济秩序——"布雷顿森林体系"。这一秩序为资本主义各国经济提供了稳定的外部环境,使得资本主义经济有了继续扩展的空间,出现了战后最初 20 年产业资本主义发展的"黄金时代"。20 世纪 70 年代"滞胀"后,金融资本垄断寡头利用国际货币体系重大变革,逐步实现了对实体经济的操控,并越来越多地挤占产业资本在生产过程中所攫取的剩余,由此引起资本市场繁荣并向全球扩展的"黄金时代"。

2008 年国际金融危机后,资本主义再次面临新一轮重大变革,这将全方位地为下一周期的扩张做战略准备。

1. 从"持久利益"出发,全面"提升自身实力"

2008 年国际金融危机后,美国维持霸权方式从着眼于"打击对手"到

"提升自身实力"的战略调整。2010年5月,奥巴马政府发表了其上台后的首份《国家安全战略报告》,指明美国的持久利益是:美国、美国公民以及美国的盟友和伙伴的安全;在一个开放和促进机会与繁荣的国际经济体系中,保持美国经济的强大、创新和增长;在国内和全世界尊重普世价值;在美国的领导下,通过紧密合作建立促进和平、安全和机遇的国际秩序,以应对各种全球挑战。

2. 美欧围绕不同主线,重塑全球财富规则

2008年国际金融危机过后,资本主义国家发现"旧常态"下的财富规则对他们越来越不利,打破旧有规则,重塑全球贸易版图成了"新常态"。美欧主线略有差别:美式资本主义主要围绕"深层修复美国霸权"这条主线进行财富规则的重构,从开放的全球主义向整体的区域主义转变;欧式资本主义主要围绕"全球性问题——气候问题"这条主线,进行财富规则的重构,更加凸显自身的清洁能源技术优势。

3. 重新寻找货币"锚产品",重构货币信用体系

从次贷危机到国际经济金融危机,美元作为操控世界经济的链条曾出现过断裂。美元要再度复兴,必须找到具备石油这样品质的"锚产品",使之重新成为美元捆绑计划的基石。为了重构美元信用体系,美元稳定"锚"正从"石油—美元"向"碳—美元"切换。但欧洲比美国早二十多年就进行了"碳—货币"的布局。目前,在碳交易结算中,欧元具有绝对优势。

4. 产业政策着眼点,从需求方的政策转向供给方

随着2008年国际金融危机的爆发与影响深入,越来越多的国家重新意识到实体经济的重要性,"再工业化"已成为发达经济体的普遍共识,全球制造业格局正在重新洗牌。在此大背景下,不同类型的经济体纷纷提出了自身的战略发展概念,典型的有美国提出的"工业互联网"、德国提出的"工业4.0"。

5. 新能源革命将会成为西方未来经济增长新引擎

在控制温室气体排放的议题下,西方各国都将"绿色经济""低碳经济"作为经济复苏的引擎。2008年国际金融危机后,新能源革命发酵的速度超出我们的想象。新能源革命导致的能源替代,将会导致整个经济系统发生全局性变革。

6. 与实体经济相关联的"基础性创新"将爆发式出现

全球性经济危机往往催生重大科技创新突破和科技革命。美籍奥地利著名经济学家熊彼特(J.A.Schumpeter)曾对历史上三次产业革命进行分析,明确指出,技术创新是资本主义长期波动的主要起因。1857年的世界经济危机引发了以电气革命为标志的第二次技术革命,1929年的世界经济危机引发了战后以电子、航空航天和核能等技术突破为标志的第三次技术革命。德国经济学家门施(G.Mensch)利用现代统计方法,通过对112项重要的技术创新考察发现,重大基础性创新的高峰均接近于经济萧条期,技术创新的周期与经济繁荣周期成"逆相关",由此认为经济萧条是激励创新高潮的重要推动力,技术创新又将是经济发展新高潮的基础。后危机时代,世界各国把寻求新的经济增长点作为经济结构调整的一个共同点。熊彼特的"创造性破坏"理论指出,创新带来全新的领先产品,使资本主义经济继续扩张。

(三) 应对西方"新常态"的思考与建议

美国国际政治经济学家伊曼纽尔·沃勒斯坦认为,每到世界经济向上和向下运动交替的时期,边缘、半边缘国家就有了升迁的机会。纵观历史,每逢"重大危机",代表进步的力量如果把握住了"机遇",必然推动人类社会进步。面对2008年国际金融危机后资本主义变化新特点,中国需要从战略高度,未雨绸缪,把握机遇,迎接挑战。

1. 转变观念,直面资本主义的新变化

2008年国际金融危机以来,西方国家出现了一些在资本主义基础上的隐性变化,不仅表现在产业、能源、货币、金融和技术等"硬实力"方面,而且还表现在规则、标准、评级等话语权的"软实力"方面。只有及早准备,才能弱化资本主义新变化对中国的影响。我们不仅要深入研究何为西方优势、何为中国优势,还要了解西方软肋以及中国自身短板。只有探求事物本质,才能确定国家长期战略。

2.中国经济"新常态"应该放在世界经济战略转型这一大背景下理解

目前,部分国内业界及学者,对中国经济下行持悲观论调,对经济新常态的理解具有片面性。理论界需要进行正面引导,深刻阐释其原因。一方面要明确指出,中国经济新常态是世界矩形经济结构失衡这一大背景下产生的,中国经济运行不可能脱离世界经济运行轨道;另一方面要从创新周期理论来全面认识当前中国正在推进一系列改革的意义和必要性,要明确指出,党的十八大以来,以习近平同志为核心的党中央形成的一系列治国理政新理念新思想新战略,正是为中国下一轮长周期的繁荣寻找持久的动力。

3.对重大理论问题,需要国家立项长期跟踪研究

理论创新要从问题开始。比如新一轮工业革命,至少有四个现实问题需要深入研究:第三次工业革命形成的新的经济基础将如何影响上层建筑?对共产党执政基础会产生什么样的影响?古典经济学与新古典经济学理论还能指导经济实践吗?如何重新定义劳动生产率?在旧的生产方式下,劳动生产率越高,能源和资源消耗就越大,熵(负效应)就越高,当熵达到一定高度时,人类的危机就要到来。目前中国在加速工业化与城镇化的建设进程,在发展规划中,有没有考虑与未来的新能源网、物联网及信息网对接?如果不对接,将来要推倒重建吗?倘若推倒重建,那成本是非常高的;如果不推倒重建,会不会成为未来中国经济转型的障碍?

4.积极参与全球治理,努力将中国自身的利益及理念在"世界体系"中得到体现

长期以来,以少数西方发达国家为中心的世界经济治理机制,缺乏公平性。2008年国际金融危机加速了全球经济治理的变革。全球经济治理正经历着由以大国格局为基础的"国际体系",向以发达国家和发展中国家依存互动为基础的"世界体系"转型。中国要积极参与全球治理,努力将自身的利益及理念在未来的"世界体系"中得到体现。

二、西方"三位一体"话语权变化的新特点

全球化时代,国与国之间存在两种不同的财富和权力:一种是"硬财富和权力",即空间疆域内的财富和权力;另一种是"软财富和权力",即符号性存在的财富和权力。规则制定、标准控制以及评级话语权,正是这种符号性"软财富和权力"的集中体现。规则意味着国家财富"话语权",标准意味着一国产业"话语权",评级意味着引导全球资金流向的"话语权"。"规则—标准—评级"非中立性,决定了大国必争的领域。2008年国际金融危机之后,以美国为主导的新一轮全球"规则—标准—评级""三位一体"话语权正在快步形成之中。较之以往,新的话语体系将更加严格,更具有针对性,其非中立性也更加隐蔽。

(一)世界贸易规则:从开放的全球主义向整体的区域主义转变

世界贸易组织(WTO)规则是一种开放的全球主义,在现有规则下,中国成了全球化的最大赢家。2008年国际金融危机之后,西方国家基于政治战略考虑,转向了区域贸易安排。美国凭借自身优势寻求"多哈回合"之外的主导平台,积极推进全球21世纪"T三角"(即TPP、TTIP和TISA),企图以整体的区域主义架空世界贸易组织和亚太经合组织(APEC),重新掌握全球地缘政治优势。

美国2016年大选改变了跨太平洋伙伴关系协定(TPP)的命运,唐纳德·特朗普当选后随即宣布退出TPP。他认为TPP承载了太多的意识形态因素,严重拖累了美国经济并侵蚀了美国的全球霸主地位。美国退出TPP将制造真空地带,对于中国来说,"这是最好的时代,也是最坏的时代"。"最坏"的是,特朗普将会推出加强版的"亚太再平衡"战略,对中国会采取更加严厉的贸易保护主义,甚至发起贸易摩擦;"最好"的是,特朗普将淡化亚太地缘政治的竞争,不会太多介入中国跟邻国之间的海上争端问题。

那么,后 TPP 时期,"21 世纪全球经济规则"会走向何方? 这里有两种可能替代的方案:

方案一:以东盟为中心的"区域全面经济伙伴关系协定"(RCEP)。

RCEP 是由东盟 10 国与中国、日本、韩国、印度、澳大利亚和新西兰 6 国共同推进与缔结的多边自由贸易协定。RCEP 规则有利于完善东亚生产网络和本区域参与全球价值链。① 但是,RCEP 建立于开放水平差异较大的五个"10+1"自贸区基础之上,这些自贸协议纵横交错,协调成本高,这也是加入 RCEP 的很多国家同时也参与其他自贸区谈判的重要原因。

方案二:中美共同参与的"亚太自由贸易区"(FTAAP)。

书写"21 世纪全球经济规则",离不开中美的共同参与。从地域看,FTAAP 包括 TPP 全体成员国和 RCEP 的 16 个成员国;从条款上看,FTAAP 比 TPP 更具包容性和适用性;从价值链看,FTAAP 充分体现了"贸易—投资—服务—知识产权纽带"全球完整供应链,中美利益能得到充分体现。据彼得森经济研究所佩特里(Petri)等研究人员的分析,对中国而言,FTAAP 所带来的收益是 RCEP 的 2.7 倍,对美国而言,FTAAP 带来的收益是 TPP 的 2.5 倍。

比较这两种方案,第一种方案(RCEP),由于美国缺席,再加上协调成本高,难以成为"21 世纪全球经济规则"的替代方案。第二种方案(FTAAP),符合中美两国共同利益,如果中美之间能达成高水平的双边投资协定(BIT)、双边投资和贸易协定(BITT),意味着 FTAAP 将成为后 TPP 时期全球化的最佳平台。

(二) 标准制定:通过"第五生产要素"成为"头脑型国家"

当西方达成新的贸易和投资规则后,新的国际标准便应运而生,直接影响国家产业的竞争力。

如果说劳动、资本、土地和企业家是物质生产所必需的四大生产要素,那么"标准"则是构成经济领域生产合理化的"第五生产要素",对经

---

① 张群:《亚太区域经济合作中的制度博弈》,《国际关系研究》2018 年第 6 期。

济增长贡献巨大。数据显示,德国、奥地利、法国、英国、中国标准化对本国经济增长的贡献分别是 27%、25%、23%、12%、7.88%。可以说,第三次工业革命的本质是主导这个世界未来的工业标准之争。当代美国著名政治思想家赫伯特·马尔库塞指出,标准化实际上就是政治统治的隐蔽系统。更为关键的是,标准化会产生"路径依赖",所有后来者都必须在这个已有的秩序中行动。在新一轮工业革命中,资本主义世界正在酝酿新的标准化,将构成"世界新强权",成为"转动世界的杠杆",开创资本主义世界制造业的新纪元。目前,美国、英国、德国、日本等国都出台了国家标准化战略,争夺国际标准的制定权和领导权。

从战略层面看,资本主义国家已经将目标定位在"争夺—控制"国际标准的战略制高点:一是欧美在技术研发的同时就考虑标准化的问题。美国、欧盟、日本等发达国家和经济体将技术研发与标准化活动,视为实现"标准全球唯一性"的车之两轮。2008 年国际金融危机后,美国政府提出"美国创新战略"和"技术创新计划",进一步促进技术研发与标准紧密结合。二是公共领域及未来产业是发达国家标准化争夺的重点领域。主要发达国家利用其在健康、安全、环境领域的技术优势,主导制定国际标准,利用标准设置技术性贸易壁垒。同时,新的标准还充分体现数字化、网络化、智能化、绿色化等未来产业发展的基本属性。三是关键共性技术标准是争夺的切入点。新一轮工业革命的核心是智能制造,其关键是要解决兼容性问题,谁能解决智能制造中产业内和产业间的重组、分工、关联和协作的"接口"问题,就能形成以谁为中心的国际标准。因此,发达国家普遍重视信息技术、新材料、战略产品、重大工程接口和通用技术等关键共性技术标准的研制。

(三) 国际评级体系:从寡头垄断向垄断竞争转变

在全球化时代,信用评级对全球资本流向起着引导作用。穆迪认为"信用是现代商业系统中关乎生死存亡的氧气,它对一国致富的作用比全世界所有宝藏的作用还要大 1000 倍"。一个多世纪以来,西方国家利用信用评级引导国际资本的跨国运动,实现对全球资源和财富的控制。

现有的世界信用评级体系是一个失衡而又非公正的话语体系①,具体表现为:一是评级市场高度垄断。据统计,美国标普、穆迪、惠誉三大评级机构垄断全球96%的信用评级市场。他们凭借在"全国认可的统计评级组织"(NRSROs)内的垄断地位,确立了"评级霸权"。二是维护世界储备货币发行国利益。目前的国际信用评级本质是,债务国运用国际储备货币发行权设立有利于债务人的评级标准,并给予自身高信用等级,以掠夺债权人利益。不公平的评级,直接结果是,引导全球信用资本流向发达经济体。2014年统计数字显示,15个国家全球债务总量达到60.6万亿美元,全球信用资本的81%以上流入了西方发达经济体。

三大评级公司的垄断与危害,正在被越来越多的国家所认知。2008年国际金融危机后,世界信用评级体系从寡头垄断向垄断竞争转变。

其一,世界信用评级集团的崛起,推动着国际信用评级从维护债务国最大利益向非主权性质转变。为了打破三大评级机构的垄断,2013年,俄罗斯信用评级公司、中国的大公国际以及美国的伊根—琼斯评级公司,联合组建了世界信用评级集团。② 目前,已有几十个国家的评级机构要参与世界信用评级集团。

其二,世界各国已把建立本土评级机构上升到国家战略。欧盟委员会已考虑设立欧盟自己的评级机构的方案,到2020年欧盟的法律法规将停止引用外部的评级。韩国加强了双评级管理。日本政府扩大日本评级机构在亚洲的影响。俄罗斯宣布建立本土评级机构。印度大力限制外资评级公司的发展。目前,全球信用评级机构已经增至200多家。

(四) 中国战略应对:从"被动跟随"到"主动构建"国际话语权

在新一轮经济全球化中,为提高中国的核心竞争力,必须从战略高度,争取话语权的主动构建。

---

① 窦鹏娟:《后危机时代评级机构的监管改革、评价与未来趋势——兼对我国评级监管的启示与借鉴》,《人大法律评论》2017年第3期。

② 《中俄联手建信用评级机构》,《时代金融(上旬)》2014年第7期。

1. 中国秩序和规则的全球推广,要在西方秩序难以覆盖的国家和地域寻找切入点

美国战略学家托马斯·巴尼特根据是否参与全球化,将世界分为两种国家,一种是已经充分参与到全球化进程当中的"核心国家",包括西欧、北美、日本、"金砖五国"、东欧国家等。另一种则是未能参与到全球化进程的"断层国家",它们集中在中东、中亚、东南亚、非洲、中美洲以及安第斯山脉诸国。中国"一带一路"倡议所覆盖的地区,基本上都是断层国家。而这些地方,正是西方推动的普世秩序最难有效落实的地方,它是世界秩序这个木桶上的短板。"一带一路"倡议既能弥补"断层国家"秩序重建的短板,又能突破西方"排他性"贸易新规则对中国的围剿。

2. 在新一轮工业革命中,要充分体现"标准先行"战略

中国要实现"国际标准本地化"向"国家标准国际化"的转变,应在两类产业上争夺标准制定权。第一类是中国优势产业:与国际强国水平比较接近的产业,如通信设备、轨道交通装备、电力装备、航天装备、船舶,中国要成为标准制定的主导者和产业引领者。第二类是战略必争领域:与国民经济、国防建设、科技进步和人民生活休戚相关,目前虽与国际先进水平存在较大差距,也必须保证自主可控。

3. 做大做强中国本土信用评级,努力推动国际评级体系改革

目前,外资几乎控制了中国2/3的信用评级市场,中国能否把我国评级机构的"国内评级"发展成"国际评级"。要解决两个关键问题:一是采取合适的过渡期模式。在国际社会,努力推动"包容性双评级体系"。中国本土信用评级机构大公国际提出了一个很好的建议,即在保持现存国际评级体系运行状态下,构建一个代表人类社会共同利益,承担世界评级责任的新型国际评级体系。因此,"包容性双评级体系",即现存国际评级体系与新型国际评级体系并存、包容、互补、制衡,这应该是国际评级体系改革的过渡期模式安排。

二是寻找最佳的切入点。主权信用评级是中国评级机构迈向国际化的重要突破口。不同类型的信用评级,方法、模型、参考数据等要求有所差别。相对而言,主权信用评级所需要的数据通常是公开的,比较容易获得。目前,三大巨头主权信用评级主要参考世界银行治理指数、国际清廉指数、企业经营环境指数、全球经济竞争力指数、人类发展指数等。这些指数的设定及测度又深受政治立场与观点的影响,世界的多元化意味着这种主权信用评级很难获得一致认可。近年来,中国大公国际和日本评级公司在主权信用评级市场的迅速拓展,说明主权信用评级是中国评级公司迈向国际化、争夺世界市场的重要突破。

三、低碳经济是西方发达国家管控世界新的方式

低碳经济表面上是气候问题,背后实际上关系着各个国家未来的核心利益。当前,低碳经济之所以从一个技术创新和经济问题上升为政治范畴,是发达国家在其世界主导地位遭受新兴经济体挑战后,试图利用科技话语和法律话语来继续管控世界的新方式。低碳经济必将反映在货币结算、全球投资、贸易标准和技术竞争中。

(一) 气候协议是一个正在形成的世界规则

近代世界文明发展史以来,规制世界已经形成了两个规则——联合国和世界贸易组织,气候协议是正在形成的第三个世界规则。

一是《联合国宪章》——制定国家间"领土瓜分完毕"的规则。1945年6月出台的《联合国宪章》是在战胜国完成对战败国清算的条件下形成的,不可避免带有大国主导的色彩。它的出台,意味着发达国家实施的"领土竞争战略"的结束。

二是《关贸总协定》——制定国家间"有形财富"竞争的规则。1947年出台的《关贸总协定》(即后来的世界贸易组织),意味着发达国家从"领土竞争战略"向"财富竞争战略"的转变。所谓"财富竞争战略"是指经济实力更加立体的战略,即只有拥有坚实的产业,再加上繁荣的贸易,才能够使国家发展。

三是《国际气候变化公约》——制定国家间"无形财富"竞争规则。

1992 年的《联合国气候变化框架公约》，是迄今为止唯一由所有联合国成员参与的世界规则。如果说世界贸易组织制定了世界有形商品的贸易体系的话，那么《联合国气候变化框架公约的京都议定书》（简称《京都议定书》）则制定了在全球范围内流动的以碳信用为标的的无形产品贸易体系。

如果说《联合国宪章》是农业文明发展阶段的终结，《关贸总协定》或世界贸易组织是工业文明发展的宣言，那么《国际气候变化公约》则是人类从工业文明向生态文明过渡的法律文件。

（二）欧美围绕"低碳经济"进行着环环相扣的全球布局

2008 年国际金融危机之后，国际社会围绕"低碳经济"展开了国与国间的"政治经济"较量。

1. 欧洲引领气候谈判——为了夺回世界控制权

第二次世界大战之前，这个世界是由欧洲人掌控的，第二次世界大战使欧洲经济毁于一旦。战后欧洲面临着经济建设，需要大量的资金，当时美国为了控制苏联对欧洲势力的扩张，推出了"马歇尔计划"。[1] 通过"马歇尔计划"，欧洲赢得了经济，输掉了政治、输掉了军事。随着欧盟的成立，欧洲不再满足于长期受控于美国的局面，要把世界控制权夺回来。全球性问题——气候问题正是最佳的切入点。

欧洲为此进行了环环相扣的全球布局：

第一步，建立全球"认识共同体"，在道义上获得全球人支持。在国际层面上，"认识共同体"的主要形式是以专业技术人员为核心的专业性国际组织——世界气象组织（WMO）和政府间气候变化专门委员会（IPCC）。这些组织通过"有价值的分析工作和科学研究结果的交流"影响政治领导层的偏好，促使政治领导层放弃"化石能源消费率与经济增长速度成正比"的理念，从而改变原有的过分依赖化石能源发展经济的偏好。

---

① 陆宏谋:《阿瑟·范登堡与马歇尔计划的形成》,《近现代国际关系史研究》2018 年第 2 期。

第二步,通过改写国际法来凸显欧洲在清洁能源技术方面的全球领先地位。过去 40 年,欧洲尽管在信息科技方面远远落后于美国,但在清洁能源技术方面全球领先,在全球贸易中的获益却相形见绌。① 其原因在于中国、美国、印度、巴西等能源消耗大国依然在使用传统化石能源。欧盟积极推动全球"碳政治"也是为了通过设定全球法律规则来发挥其在新能源领域的技术优势,因为如果各国要实现实质性的"减排",无疑要向欧盟国家购买新能源技术。一个巧妙的新能源技术输出机制正是产生于基于项目交易的两个机制,即联合履行机制(JI)和清洁发展机制(CDM)。②

第三步,将欧元与碳交易计价绑定,使欧元变成关键货币。货币与能源计价和结算绑定,往往标志着一国货币崛起并成为关键货币。欧盟之所以从《京都议定书》以来一直比美国更热衷于气候协议,是因为欧洲的政治家们看到了欧元成为关键货币的机遇。据专家测算,碳排放权有可能与石油成为最为重要的商品,如果碳排放交易以欧元计价,必然会有更多的国家选择欧元作为国际储备货币。何况目前全球碳交易 85% 已经以欧元计价。

第四步,改变世界经济增长基因,从传统化石能源到清洁能源的切换。过去 200 年,世界经济增长基因是传统的化石能源,欧洲发现这种增长模式是以中国为代表的新兴经济体消耗了大量的传统化石能源为前提,这种增长方式实际上是向发展中国家输出了增长。未来欧洲要把世界经济增长基因变成清洁能源,在这种低碳增长模式下,中国等发展中国家高排放的产品就有可能出口不出去了,而发达国家生产的是低碳产品,它可以出口到世界任何一个角落。

2. 美国重返《京都议定书》——为了重构美元信用体系

布雷顿森林体系解体后,由于国际社会建立了"美元—石油"计价体系,美国又一次掌控了全球的经济命脉。2008 年国际金融危机中,美元

---

① 杨元华:《三大趋势左右世界清洁能源走向》,《能源研究与利用》2013 年第 5 期。
② 王霄羽:《我国碳金融交易机制发展的困境探析及路径选择》,《金融理论与实践》2013 年第 4 期。

作为操控世界经济的链条出现了断裂,美国需要创造新的制控权来衔接美元链。那么,什么样的产品能够担当起衔接美元的链条?美元要再度复兴,必须找到具备石油这样品质的"锚产品"。这个"锚产品"必须具备这样两个特点:一是需求上的普遍性,即像石油那样,任何一个国家都离不开它;二是价格上要像石油那样与美元呈负相关关系。"碳排放"就具备这两个特点:其一,全球任何经济活动都不可避免产生碳排放问题,而且"碳排放"需求比石油更普遍,比石油更致命的是,碳排放权不存在勘探开采的可能,而只能通过政治家们的一锤定音;其二,一旦美国建立了庞大的碳交易金融市场,便足以取代欧洲碳交易市场。碳交易一旦以美元计价,那么,碳交易指数与美元也必然呈负相关关系。在低碳经济发展阶段,超出碳排放定额的部分需要到国际市场购买碳排放权。在哪购买?答案自然是美国,而且必须用美元。于是,建立全球"碳本位"或许成为美国控制世界的再次货币创造。

(三) 中国应对战略:促成国际社会建立四个公平减排机制

为防止气候治理演变成发展中国家向发达国家利益输出的渠道,在国际气候谈判中,中国要善于像西方发达国家一样,将自己的国家利益包装在国际利益之下,从国家战略层面上输出气候治理秩序。要努力促成气候大会建立四个公平减排机制。

机制一:提出"碳排放峰值与工业化进程相关联"的综合考核机制。目前中国尽管采用"碳强度指标"作为温室气体减排标准,但发达国家不可能容忍中国长期采用这样"软约束"考核指标,最终仍将会要求中国采取"总量指标"这样的"硬约束"标准。那么,中国如何应对这样的压力?建议中国推动"碳排放峰值与工业化进程相关联"的综合考核机制,以争取更大的发展空间。在这种考核机制下,中国可以提出两个阶段考核指标方案:第一阶段(2030年碳排放峰值到来前),坚持以碳强度指标作为温室气体减排指标;第二阶段(2030年碳排放峰值开始下降后),可以接受总量约束指标,但要坚持考虑"人均累计排放"因素。

机制二：推出"消费端、生产端"两端减排机制。目前国际社会减排模式是"谁制造谁承担减排责任"，这是很不公平的。发达国家与发展中国家能源消费有很大差异，发达国家在消费领域的人均能耗为发展中国家的 10 倍。发达国家的高碳排放与消费方式有密切关系，30%的碳排放量是企业排放的，70%是居民排放的，属奢侈型排放；而发展中国家的碳排放主要来自工业化过程，70%的碳是企业排放的，30%的碳是居民排放的，属生存型排放。两端减排考核机制，不仅有利于倡导国际社会更加节能的生活方式，也有利于中国推动经济增长方式转型。

机制三：建立发展中国家之间碳交易市场，完善国际碳交易体系。目前国际上碳交易市场有四种形式：清洁发展机制（CDM）是发达国家与发展中国家的交易市场；联合履行机制（JI）是发达国家与转型国家的交易市场；国际排放贸易（IET）是发达国家之间的交易市场；欧盟排放交易（ETS）是欧盟内部的交易市场。这四个市场交易机制有一个共同特点，即通过"境外减排"为发达国家提供了灵活履行的减排机制。但目前国际碳交易体系明显缺失一个市场，即"发展中国家之间"的碳交易市场，这对于未来（比如 2030 年后）接受"总量指标"考核的中国来说是非常不利的。目前，在国际碳交易中，中国是供给方，未来不排除是需求方，当中国一旦从供给方变成需求方时，就会需要更多的碳信用额度。届时，中国需要"发展中国家之间"的碳交易市场，来输出自身的"压力与成本"。

机制四：构建"碳—人民币"交易体系，提高全球碳贸易中的人民币结算能力。国际碳交易中选择人民币作为结算具有可行性：一是中国是最大的减排市场提供者（出口方）；二是中国是国际碳交易市场出售年减排额份额最大的国家。根据格拉斯曼（Grassman）经验法则，商品出口国和最大的卖方有选择货币结算的主导权。那就是说，中国在出售碳排放额度时，应该选择人民币作为结算货币。

四、新一轮工业革命的本质及实现路径

历史经验表明，全球性经济危机往往催生重大科技创新与突破。推

动科技领域革命性突破,寻求一种新的经济增长模式,是西方国家重振经济的必由之路。在这样的大背景下,西方发达国家掀起了新一轮工业革命浪潮。这场世界级的变革与我国加快转变经济发展方式形成历史性交汇。我们需要全面正确认识,才能避免中国的发展偏离世界运行轨迹。

(一) 新一轮工业革命的本质

关于新一轮工业革命本质,学界有不同解读。有的从低碳经济视角,认为谁能牢牢把握能源变革这个根本,谁就能在第三次工业革命中抢占先机;有的则从信息技术与生产服务领域的深度融合角度,认为工业革命的核心就是变革和发展制造业,把新能源只看成是其中的一个领域。

历次工业革命是技术革命与制造业革命和能源革命的聚合。一个完整的"工业革命",在范围上应该包括制造业革命和能源革命,而技术革命贯穿于始终。在过程上工业革命是沿着这样的路径展开的:一场新的工业革命往往发端于新技术的革命性突破(历史和逻辑的起点)→制造业革命(技术在产业部门运用与扩散)→能源革命(生产获得新的动力)。在时间上,一次完整的工业革命包括两个长周期(康德拉季耶夫周期),而两个长周期又形成一个"霸权周期"(100年左右)。前两次工业革命,西方国家由于抢先掌握了几乎全部"秘诀",故而摘取了全球顶级的科技成果。

新一轮工业革命到底要解决什么问题? 我们需要从理论上进行分析。工业革命从1.0到2.0再到3.0,复杂性不断地上升,成本越来越高,成本越高,生产过程也就越难控制。如何解决"多样性价值和复杂性成本之间的矛盾",已成为制造业面临的最大挑战。工业化的矛盾要求人类用全新的生产方式和商业模式来解决生产力发展中的矛盾。因此,乌尔里希·森德勒在《工业4.0》中指出,工业4.0实质是为了"控制工业的复杂性",是为了解决工业化过程中"收益—成本"之间的矛盾。如何把复杂变成简单? 工业化和传统产业做不到,而互联网则能够非常容易地控制复杂性,越复杂成本越低。因此,从工业化到信息化的转变,从传统产业到互联网经济的转变,其本质就是从复杂性越大成本越高,向着复杂性越大成本越低的转变。这便是新一轮工业革命的本质,也是历次制造业革命的普遍规律。

(二) 新一轮工业革命不同的实现路径

2008 年国际金融危机后,西方发达国家从自身的优势出发,提出了不同的工业革命道路。美国"提出工业互联网和先进制造业 2.0"(AMP2.0);德国提出"工业 4.0",由此形成两种不同的实现路径。

1. 美国路径——"互联网+传统制造",侧重于从软件出发打通硬件

技术创新能力强是美国的优势,其改进方向是以互联网激活传统制造,发挥技术创新优势,占据制造业上游。主要特点:一是在互联网与传统制造企业关系上,强调互联网企业主动与传统制造企业合作。如脸书(Facebook)以研发为先导,进军终端领域;亚马逊做云服务供应商,为传统制造企业提供一揽子互联网解决方案。二是强调商业模式创新。美国更强调生产方式、组织形式、管理理念的创新,是在"+互联网"基础上发展的新形态,颠覆性创新多、不可规划,可形象比喻为化学反应。三是普惠开放。美国版通用性强,云和大数据共有,硅谷有大数据服务公司,降低了传统企业接入互联网的门槛,投入成本较低,不受企业规模的影响,中小微企业也能成为客户。四是在机器与人的关系上,究竟是人决定技术还是技术决定人? 美国认为机器替代人是解决高人力成本的重要手段,较少考虑机器对就业的影响。

2. 德国路径——"传统制造+互联网",侧重于从硬件打通到软件

德国的优势在制造业中间环节,其改进方向是,用"信息物理系统"(Cyber Physical Systems,简称 CPS)使生产设备获得智能,将制造业向智能化转型,以控制工业的复杂性,降低成本。其特点:一是在互联网与传统制造企业关系上,强调利用信息技术改造传统产业。德国很关注生产过程智能化和虚拟化的深刻改变,并建立完善的工业生态圈。如西门子"数字工厂"通过端到端的数字化,实现了"机器控制机器的生产",生产设备和电脑可以自主处理 75% 的工序,工厂产品合格率达到了 99.9985%。二是进入门槛高。由于突出技术优势,而核心技术又往往掌握在大企业手中,创新周期长,需要持续投资,成本高。能够实现的,往往只有那些具有雄厚传统工业制造背景的大型企业。三是封闭体系。由于突出核心企业主导作用,工厂内的制造场景在方案中居于中心位置,云和大数据是少数企业内部沟通的私有产物,最大用户是企业自己,如通用(GE)炫工厂 2015 年落地在印度的浦那(Pune)。因此,德国制造出现了很多"信息孤岛"。四是在人与机器关系上,强调人机充分融合。德国与美国的理念有很大的不同,德国始终把人放在制造业升级的核心位置,2016 年德国发布《劳动 4.0 白皮书》,德国政府在此框架下充分考虑"工业 4.0"对就业的影响。

(三) 中国战略:扬长补短,软硬兼施

历次工业革命都为后进国家赶超发展提供了历史机遇。乔·瑞恩、西摩·梅尔曼明确指出,制造业缺乏的国家很容易被制造业强势的国家控制。在新一轮工业革命中,中国如何成为领跑者?现阶段,中国强在互联网支撑服务业,短在生产性服务业。如何扬长补短?中国应采取"软硬兼施"的"混合版"模式,即通过信息物理系统,实现信息的软与物理的硬之间融合。一方面,向美国学习,努力从消费互联网向工业互联网转型,关注大数据和云计算在制造业领域的运用;另一方面,中国有比较完善的工业体系,有制造业赖以生存的广阔市场,在制造业中间环节,中国选择德国的标准更适合。从国家战略上,现阶段中国需要重点解决以下五个关键问题。

1. 从制造方式最基础层面上进行变革

在这场革命中,无论是德国还是美国,都注重从制造方式最基础层面上进行变革,从而实现整个工业发展的质的飞跃。并不拘泥于工业产值数据这个层面上"量的变化",而更加关注工业生产方式"质的变化"。《中国制造 2025》强调的是在现有的工业制造水平和技术上,通过"互联网+"这种工具的应用,实现结构的变化和产量的增加。这种区别就

好比中国是在工业现阶段水平和思维模式上寻求阶段内的改进和发展,美国和德国则是寻求从工业3.0阶段跨越到工业4.0阶段,实现"质的变化"。

2. 加强对革命性技术的研发

在新一轮工业革命中,西方国家不约而同地把信息物理系统作为革命性技术。如美国总统科学与技术顾问委员会把信息物理系统作为网络与信息技术领域的第一优先发展方向。德国把信息物理系统列为工业4.0的核心技术,欧盟的第七框架计划在2008—2017年投入27亿欧元开展嵌入式计算与信息物理系统相关技术的研发。我国于2012年启动了《面向信息——物理融合的系统平台》主题项目,列入国家"863"计划。这种信息物理系统小如心脏起搏器,大如国家电网,其意义在于实现了物理世界与信息世界的整合与统一,将让整个世界互联起来。如果说互联网改变了人与人之间的互动关系,信息物理系统将会改变人与物理世界的互动关系。

3. 建立统一数据中心,对公共数据实行开放

大数据不仅是一种海量的数据状态和相应的数据处理技术,也是一项重要的基础设施。在科学数据方面,欧美国家建立了汇交、共享的开放平台和机制,同时还有科学数据的共享法律。公共数据开放,能够大大降低运营成本。但目前,我国公共数据资源太封闭,从源头上有碍于创新。我们要借鉴美国的做法,开放公共数据。现阶段,可以采取"阶段性逐步开放"策略,根据数据需求度、涉密度等多个因素,将数据划分为立即开放、短期内开放、计划开放、暂时无法开放四个类别。

4. 用标准引领新一轮工业革命

新一轮工业革命的本质是主导这个世界未来的工业标准之争。中国要高度重视标准化工作在产业发展中的引领作用,及时制定和量化深度融合标准化路线图。着力实现标准的国际化,使得中国制定的标准在国际上得到广泛采用,以夺取未来产业竞争的制高点和话语权。在推进战略性新兴产业标准化时,要突出标准的高技术性、协调性、动态性、开放性。

5. 建立"基础研究→产业化"创新生态系统

中国基础研究产业化率很低,仅是发达国家的 1/4,高校、科研院所科研成果转化率仅为 10% 左右,这是中国在创新方面的短板。可借鉴德国弗劳恩霍夫协会和美国《拜杜法案》的做法。[①] 德国弗劳恩霍夫协会,是公益性、非营利的科研机构。主要为工业企业,尤其是中小企业提供有偿的技术开发和技术转让。该协会年均可为 3000 多家企业完成 1 万多项科研开发项目。1980 年美国的《拜杜法案》专利制度,作为一种"为天才添加利益之火与油"的制度,其根本目的是通过授予发明者一定的垄断权换取技术的公开,从而促使创新。目前,美国通过"制造创新网络计划",要建立 15 个全国性的制造业领域的产学研联合网络。中国也应该组建一个由高校、科研院所和工业企业的研究人员共同研发合作的平台,形成一批制造业创新中心,重点开展行业基础和共性关键技术研发工作,促进创新技术更"接地气"地与传统产业相结合。

五、认清发达国家能源革命的国家驱动力战略意图

纵观人类历史,每一次生产力的巨大飞跃和社会的重大进步都离不开能源变革。伴随新一轮工业革命的,必然是能源革命。哪个国家能抓住新一轮能源革命与工业革命机遇,就能顺势崛起。

(一) 大国崛起规律:低廉能源优势是造就复合优势的基础

掌握能源就等于掌握了工业革命的命脉。美国环境史学家约翰·R.麦克尼尔在《能源帝国》中指出,500 多年来,荷兰、英国和美国都拥有价格低廉的能源,这种低廉的能源优势直接转化成了经济、货币、军

---

① 付宏、张一博、夏梦虎:《美国〈拜杜法案〉对科技成果转化的促进及其启示》,《2018 年北京科学技术情报学会学术年会"智慧科技发展情报服务先行"论坛论文集》,2018 年 12 月。

事和地缘政治优势。

1. 低廉泥炭优势与荷兰的工业、军事与商业资本复合优势

煤的前身是泥炭。16世纪,荷兰的强大与荷兰拥有丰富而低廉的泥炭资源是分不开的。泥炭资源推动了荷兰能源密集型产业的发展。1560—1680年,荷兰在经济发展中持续利用了自己的廉价能源优势,使荷兰成为世界上第一个现代经济体。荷兰把泥炭优势转化成强大的军事实力,支撑不断提高的战争费用,并由此建立世界性的商业网络。17世纪,荷兰殖民据点遍布北美、南美、非洲和亚洲,开启了世界经济全球化进程。

2. 低廉的煤炭优势与英国产业、军事和货币复合优势

17—18世纪,荷兰和英国都面临能源转型的任务。荷兰因缺乏煤炭资源以及对泥炭的路径依赖,转型失败。而英国抓住机遇顺利地实现了从木材向煤炭转型。19世纪中叶,英国的煤炭产量已占到世界总产量的2/3左右,成为世界煤炭的主要供给地。1780—1880年,英国利用煤炭优势率先完成工业革命。基于煤炭优势的强大经济,英国建立了以蒸汽为动力的皇家海军。在19世纪,英国发展出了自己的军事和工业复合体,在全世界建立了"日不落帝国"殖民体系。也正是对能源的控制力,18世纪最后的25年中英镑代替了荷兰盾,成为世界关键货币。

3. 低廉的石油优势与美国称霸世界的综合优势

在从煤炭到石油的能源转型中,美国登上了称霸世界的舞台。英国因缺乏石油资源,能源转型失败。美国成为这次能源转型的赢家,走对了三个关键步骤:第一步,19世纪50年代后期至19世纪末,美国的煤炭生产和国际贸易超过英国。1910年,美国煤炭产量几乎等于英德两国产量之和。英国大国地位的衰落和金本位制的解体事实上也是在这段时间。第二步,19世纪末至20世纪中期,美国掌握世界原油产量。第二次世界大战后,美国一度掌握世界原油产量的2/3。美国迅速利用了石油的潜在优势,建立了能源密集的军事和工业复合体。石油成为美国建立世界霸权和美元成为关键货币的重要助推器。第三步,建立"石油—美元"计价体系。20世纪70年代,美元与黄金脱钩后,美国与沙特阿拉伯达成"不可动摇协议",将美元确立为石油唯一计价货币,意味着美国能够有效地部分控制世界原油市场。

(二) 发达国家基于自身能源特点提出不同能源转型战略

奥巴马说"一个控制不了自己能源的国家也控制不了自己的未来"。为了控制自己的未来,欧美提出了各自的能源战略。

1. 欧洲能源革命的本质——意在推动能源真正转型

在这场能源革命中,真正希望并能够引领全球"去碳化"和能源转型的是欧洲。欧洲推动能源转型是基于这样的内在逻辑:一是基于自身能源结构特点——化石能源短缺,新能源占比全球最高。作为世界上最大的能源进口地,欧盟能源对外依存度高达53%,其中1/3的石油产品来自俄罗斯。但同时,近二十年来,欧盟由于拥有清洁能源核心技术,新能源产业发展非常迅速。2001—2014年,欧盟新能源在总能源消费中的比重上升了63%,平均增长率为69%。二是通过能源转型使技术产业重新回到世界领先地位。工业革命以来,全球经济增长基因是传统的化石能源,在这种能源结构下,中国和美国这样的碳排放大国,产业具有显著优势。如果将世界经济增长基因切换到清洁能源,依赖传统化石能源的产业必然失去竞争力,欧洲的"核心环境产业"将具有绝对竞争优势。因此,欧盟视全球绿色技术市场为巨大机遇。

为了推动能源转型,欧洲在新能源发展上,非常注重低成本与兼容性。一是通过分布式能源全面降低供能成本。通过分布式供能方式,欧洲不仅使小型、分散的可再生能源得到充分利用,而且把可再生能源与农村和边远地区经济发展联系起来。目前,分布式能源系统在北欧国家的发电量份额超过30%—50%。二是能源网络设计的兼容性。为了解决新能源系统的不稳定性和不平衡性,欧盟能源网络设计不仅实现邻国之间能源网络对接,而且实现整个欧洲能源网络对接。更为重要的是,还努力实现欧盟与北非、中东等国家的能源兼容。

2.美国能源革命的本质——寻求能源独立

美国能源发展上,长期面临三大挑战,包括安全、经济活跃和气候变化。能源独立能很好地解决这三大挑战。一是能够降低中东和俄罗斯对美国博弈的筹码。不仅能实现对亚太地区的布局,而且在战略上让西欧国家能与美国保持一致。二是将改变贸易长期逆差格局。多年来,石油进口一直是美国贸易逆差中最大的单项。若美国能成为油气出口国家,将降低美国的贸易赤字,改善美国的财务状况,进而影响全球贸易格局。三是在国际气候谈判中更加主动。美国在国际气候谈判中一直比较被动,随着清洁高效的天然气在能源消费结构中的比例越来越高,煤炭、石油被大规模替代,会给美国减少排放、增加减排话语权提供有力支撑。

因此,在战略上,美国的能源革命并不完全跟随欧洲的"新能源革命"走,而是根据自身能源结构特点,实行能源"多元化"战略。一方面,大力对传统化石能源"页岩气"进行开发。美国由于在页岩气开采方面取得了技术突破,减少了原油净进口,大幅提高了美国能源自给率。英国石油集团(BP)发布的《BP2035世界能源展望》预计,美国将在2021年实现能源自给自足。到2035年,其能源总供应的9%将用于出口。另一方面,加大"新能源"基础设施建设。一是向北欧学习,大力发展分布式能源网络;二是利用信息化优势,大力发展"互动电网";三是建设超导电网,营建能源高速公路。

（三）中国能源革命：从能源安全到能源转型应采取"渐进式"战略

在全球能源转型的关键时刻,中国究竟该如何找到自己的定位？现阶段,中国不可能像欧洲那样,真正实现从传统化石能源向清洁能源转型;也不可能像美国那样,通过页岩气的开发,实现能源独立。中国能源转型,应采取"渐进式"战略。

第一阶段:2015—2030年,实施"能源安全"战略。在2030年中国碳排放峰值到来之前,可再生能源还难以从补充能源变为规模替代化石能源。在相当长的一段时间内,中国能源生产的重点仍然是传统能源和化石能源。

第二阶段:2030—2050年推动"能源转型"战略。中国只有在完成工业化与城镇化之后,才有可能实现"清洁能源为主、化石能源为辅"的根本性转型。

应该说,中国能源革命,既要符合自身的逻辑又要符合世界的逻辑。现阶段,能源领域需要进行两场革命:

一是基于我国能源特点的传统能源革命——煤炭革命。目前,有专家提出中国要"去煤化",这是非常危险的想法。可以说,以煤炭为主体的基本国情,"革煤炭的命"不仅会要中国经济的命,还会要世界经济的命。实际上,煤炭一直是世界能源的主体。据英国石油集团(BP)发布的《BP世界能源统计》提供的数据,世界已探明的储量可供开采年限,石油只有42年,天然气只有60年,煤炭只有122年。在过去10年里,世界2/3的电力增长来自煤炭。而且在很多发达国家,煤炭正成为越来越受重视的资源。七国集团尽管有高效且经济可行的可再生能源技术可用,但是仍然在大量使用煤炭。因此,现阶段,中国不是要"革煤炭的命"而是"煤炭要革命"。煤本身不是污染物,问题在于其被不清洁地使用。目前,国有企业神华集团和民营企业神雾集团,在煤炭清洁使用上已发明了全球颠覆性技术,如果能在全国推广,燃煤发电可达到"近零排放"。

二是基于世界能源发展趋势的革命——新能源革命。要从国家战略高度对新能源产业发展进行整体设计,从新能源对内利用体系、对外利用体系、运转体系、效率体系四方面,加快构建"四张网"。

第一张网,新能源对内利用体系:以"分布式能源网络"对国内能源"用尽用足"。大力发展分布式电网,关键是要突破体制障碍。目前我国分布式天然气发电项目介入电网太困难,使得分布式能源发展举步维艰。建议采取特许经营权方式来解决这一体制难题,有了特许经营权,分布式能源项目就可以卖热、卖电,从而推动分布式天然气能源发展。

第二张网,新能源对外利用体系:以"洲际兼容网络"对全球能源"充分利用"。要实现与"一带一路"参与国家和地区能源网络对接。"一带一路"参与国家和地区主要使用管道运送石油,我国应加速建设与这些国家的跨国管网、中央干线管道、联络支线管网和液化天然气管道,形成互联互通的多层次输配网络。

第三张网,新能源运转体系:以"智能能源网络"实现能源"互联互通"。针对清洁能源随机性和间歇性的特点,必须构建以电为中心、具有全球配置能力的能源平台。目前,全球已经形成了北美、欧洲、俄罗斯—波罗的海三个特大型互联电网。中国要大力推进从"一带一路"区域能源互联网到"全球能源互联网"建设。中国特高压和智能电网的成功实践,为构建全球能源互联网奠定了重要基础。

第四张网,新能源效率体系:以"超导电网"修建能源"高速公路"。修建超导电网"高速公路"是解决一个国家或地区大容量、低损耗输电的最佳途径,尤其适用于我国这样幅员辽阔的国家。据专家测算,从内蒙古到上海通过传统输电方式输电至少需要 500 千伏的电压,如果通过超导电缆则仅需要 220 伏的电压。

六、认识西方发达国家名义开放与实际开放的差别

2008 年国际金融危机爆发以来,发达国家对国际市场开放有了新的要求和新的特点。一方面,对本国市场的开放,往往利用法律传统、市场力量,通过技术性的要求、程序化的规定等,实行一系列可解释性的限制措施,从而形成了"大门开放,小门不开"的格局;另一方面,对于新兴经济体市场开放,要求采取"负面清单"方式,迫使其更大程度上的开放。了解西方国家名义开放与实际开放的差别,找寻规律,把握脉络,对于我国实现"效率与安全并重"的开放,具有重要的借鉴意义。

(一)西方国家在开放中设置了有效的政府保护机制

西方发达国家一直是以经济开放度和自由度最高的经济体著称,但出于国家经济利益和安全的考虑,他们在提高名义开放度的大背景之下,设置了种种限制,形成了"形式上总体开放,实际上有所限制"的事实格

局。具体表现在以下几个方面。

1. 对外资实行安全审查制度,建立国家安全壁垒

2008 年国际金融危机以来,发达国家对外资进入某些行业进行了全面的限制。2007 年美国出台了更加严格的《外国投资和国家安全法》(FINSA)和《外国人合并、收购和接管规制:最终规则》(作为 FINSA 的实施细则)。韩国以"维护公共秩序"为由,把国有企业或政府部门的股权和资产转让、投资用地、政府服务等内容排除在外。法国《货币和金融法典》规定外资要收购"敏感部门"的股权要事先得到批准。这些国家安全壁垒有两大重要特点:一是安全审查过程复杂而耗时,通过复杂的审查程序迫使不堪重负的外国投资者主动撤出并购;二是涵盖领域宽泛,美国"国家安全"可涵盖一切"对国家安全构成威胁的系统与资产"。在中美谈判中,美方在"负面清单"中列举了关键基础设施、重要技术、国家安全三项,但对此均不作定义。这无疑增加了中国在美投资的不确定性。如2009 年华为并购美国通信设备商公司(3COM)、西北有色收购美国金矿公司优金;2012 年三一集团关联公司及其美方合作者罗尔斯公司在俄勒冈州的风场发电项目,均被美国认为对其国防安全构成威胁,最终使这些并购走向失败。

2. "负面清单"所涉原则与领域宽泛

西方国家在产业开放方面兼顾本国和缔约国产业特征,设置有利于本国国家利益最大化的"负面清单"。① 一是对高度敏感行业、重点领域设置限制。多数发达国家对外国投资者投资金融、电信、国防等重点领域、关键行业都存在一定限制,规定必须由本国公民、企业或组织控制。在韩国与新加坡、美国等国签署的自由贸易协定中,用"例外条款、保留措施和不符措施"对一些敏感、重要或者竞争力较弱的领域进行保护。二是针对投资国绝对优势产业设置壁垒。在韩美自由贸易协定当中,韩国针对美国在金融领域的绝对竞争优势,明确规定"除非特别指明,否则

---

① 王中美:《"负面清单"转型经验的国际比较及对中国的借鉴意义》,《国际经贸探索》2014 年第 9 期。

第11章(投资)和第12章(跨境服务贸易)当中的条款不适用于金融领域"。三是措辞灵活,保留最大自主处置权。西方国家"负面清单"大量使用一些模糊和宽泛的表述,如在韩美自由贸易协定的附件二中,大量使用了"在相同或类似的情况下",以及"有权采取,但不局限于以下措施"这样的表述,力争将尽可能多的不符措施涵盖其中。美国"负面清单"中大多以"保留采取或维持任何措施的权力"来表述,最大限度地扩展了缔约国不符措施的范围。

3. 在管理和股东层面上采取限制措施

这在美国、加拿大和韩国表现得最为明显。一是在管理层面上,控制外企高管比例。韩国对外企的高管构成,要求主要负责人必须为韩国国籍。美国要求国家银行的所有董事必须为美国居民,虽然货币监理署的国籍要求可以放宽,但是比例不超过50%。这样,美国全国性的银行业务只能由美国自己的国民银行从事。在直接保险方面也有类似的规定,如路易斯安那州要求100%,华盛顿州75%,俄克拉荷马州和宾夕法尼亚州2/3。二是在股东层面上,对外企股权实行"广泛持有制度"。加拿大《银行法》规定①,外国银行母行必须在10年内在本地股票市场上出让其子公司的大部分股权,使原来由外国母公司全部或大部分控股的外国银行子公司最终成为"没有任何个人或团体持有子公司任何类型股票数额10%以上的广泛持有银行"。10年后的外国银行子公司将成为挂外国银行招牌,实际是本地人持有的"本地外国银行",而非"外国"银行了。

4. 对外资准入设置"对等权原则"作为前置条件

对等权是指甲国企业要想进入乙国,那么甲国也必须保证乙国企业在甲国拥有同等的市场准入和业务经营条件。美国通过设置外资准入前置条件加以限制,如依据美国《公共土地法》与《采矿许可法》,外国投资者可以在美国的公共土地上面铺设煤气和石油管道、开采矿藏并修筑铁路,但以投资者本国政府向美国投资者提供对等权利为前提。法国、意大

---

① 李金泽:《加拿大外国银行分行准入制度及其对我国的启示》,《现代法学》2003年第1期。

利、德国的开放都有对等权的规定。法国规定,如果非欧盟成员国要求在法国设立金融服务机构,其母国必须给法国金融服务商同样待遇。

(二) 中国在开放的同时也要设置"第二道安全锁"

基于西方对外开放安全机制的设置,中国也可以用国际惯例,建立内部安全审查制度,既不损害开放公平的投资环境,又有效贯彻维护国家安全,为经济安全设置"第二道安全锁"。

1. 特设"外国投资委员会",建立国家安全审查制度

"外国投资委员会"作为外资安全审查的执行机构,拥有对外资并购的调查权和否决权。这是个跨部门机构,可以由国防部、财政部、国家发展和改革委员会、科学技术部、工业和信息化部、安全部、自然资源部、商务部等组成。总书记或总理担任该机构首长并拥有"一票否决权"。安全审查考虑的因素包括两大类:一是行业因素,若被并购企业与国防或关键基础设施相关,则可能被认为对国家安全存在潜在威胁;二是主体因素,若并购主体代表外国政府利益,则可能被认为对国家安全存在潜在威胁。该机构不是为了否决多少并购交易,而是要有效帮助并购交易消除对国家安全的威胁。

2. "负面清单"的设置要基于国家安全目的,不要显露产业保护意图

2015 年,中美各自完成"负面清单"出价。中国"负面清单"达 1000多项,而国际上一般是 50—80 项。为什么差异那么大? 这是因为在"负面清单"研究上,中国还缺少经验,必须全面提高技巧。一是不要依据行业分类标准罗列"负面清单"。美国"负面清单"不涉及任何一个制造业。而上海自贸区"负面清单"中由于依据国内行业标准分类罗列限制行业,不符措施内容繁杂,制造业所占的比重很大,产业保护意图一目了然。这使涉及所有行业的水平型限制措施无法体现在"负面清单"中。二是尽量采用较宽泛表述,给自己留有较大的自由裁量空间。对金融领域的开放要多使用"保留采取或维持任何措施的权利""保留自行决定权""在个案基础上""在符合正常条款与条件的前提下"等较为灵活的措辞,给予

我国政府更大的自由裁量权。三是多设置"例外条款",减少"特别管理措施条款"。将对国计民生影响不大的行业从"负面清单"上清除,减少"特别管理措施条款"。如租赁和商务服务业等相关行业,直接可以通过行业法律法规对国内外企业统一进行监管。通过设置"例外条款",如国家核心安全例外条款、政府采购例外条款、金融服务例外条款、税收例外条款等,通过这些条款来保障国家安全。

3. 对敏感和重要产业进行保护

目前,与美欧等发达国家相比,我国有些产业发展滞后,企业竞争力弱,网络和信息安全管理水平不高,这些行业应慎重开放。建议对以下五个敏感和重要产业采取保护措施:一是自然资源及土地的使用;二是能源;三是海洋及航空运输;四是广播及通信;五是金融、保险及房地产。如对"金融服务"可制定一套综合性的原则和方法,对管理金融服务的政府措施进行约束。

4. 利用"对等权"原则,与发达国家企业形成利益共同体

一是通过对等原则为我国企业跨国经营创造条件。可借鉴德国的做法,外国保险公司如要求在德国境内设立公司,德国联邦保监局会提出对等原则,即要求对方国家也同意德国的保险公司在其境内设立公司。坚持对等原则不仅能够为中国金融机构未来跨国经营预先开辟道路,而且能够起到限制外资金融机构不付代价大规模涌入的作用,扶持中资企业"走出去"。二是实行股权互换或交叉持股。比如,我国国有银行上市时,高盛集团持有中国工商银行 4.9% 港股;苏格兰皇家银行持有中国银行 8.25% 港股;美国银行公司持有中国建设银行 19.13% 港股,按照"交叉持股"的做法,外资银行持有中国多少股份,中国金融机构也应该持有对方同等的股份。这样双方形成了"你中有我,我中有你"的利益共同体,这也是中国金融机构"走出去"的捷径。

5. 对重要行业进行股权及管理层的限制

一是对金融及通信等重要行业,要求外资在中国注册子公司制,并实行"广泛持有制"。由于子公司在境内是独立法人,有完整的公司制度,撤资较为困难。在"广泛持有制"的约束下,外国银行子公司的 90% 股权

由中国人持有,就算外国银行撤去那 10% 的资本,也难以对本地金融造成很大的冲击。二是对外企高管设置中国公民参与的比重。学习美国的做法,要求外资机构高管和董事会成员必须有一定比例为中国公民,不仅可以学习其管理经验,还可掌握其核心技术和商业机密。

七、国际金融监管规则演变新的特点①

国际金融监管规则的制定与演变,历来是西方国家输出其政策主张的一种方式,也是金融强国博弈的重地。2008 年国际金融危机以来,国际金融监管迎来了新一轮博弈与演变。如何在"防范国内金融风险与保持国际竞争力"之间保持平衡,不仅是西方国家推动新一轮金融监管改革的原动力,也是发展中国家的长期战略问题。只有准确把握危机后国际金融监管演变的新特点,才能制定出适合中国利益的金融监管体系。

(一) 历次国际金融监管规则演变的本质

历史上,西方国家曾经推动过三轮金融监管规则的改革,其本质是世界主要金融强国通过"上传国内规则,推动国内和国际并行改革",以达到既能最小化其监管改革的成本,又避免使其陷入不利国际竞争地位的目的。

第一轮:20 世纪 80 年代,美国、英国与日本、德国博弈,美国和英国联手推出"巴塞尔协议 I"(以下简称"巴 I")。20 世纪 80 年代,美国金融业的全球领先地位受到了日本、德国两国的挑战。拉美危机爆发后,美国国内加大了银行资本金监管。但过严的监管会导致本国银行国际竞争力的丧失,为了避免这种情况,里根政府决定利用美国的政治地位,在全球范围内推行统一的银行业监管标准。美国与英国结盟,迫使日本、德国妥协,加入巴 I。巴 I 实施后,美国银行业逐步走出低迷,实现了对日本、德国同业的赶超。

---

① 本部分钟震参与写作,在此表示感谢。

第二轮:20世纪90年代,美国、英国与德国等欧洲国家博弈,美国和英国联手推出"巴塞尔协议Ⅱ+金融自由化理念"。20世纪90年代,国际上爆发一系列金融危机,美国再次面临既要给金融创新这匹"烈马"套上缰绳,又不能令本国金融机构失去活力的难题。基于同样逻辑,美国再次主导第二轮国际监管规则变革,与英国联手,耗时8年,推出"巴塞尔协议Ⅱ"(以下简称"巴Ⅱ")。不同于巴Ⅰ简单易行,巴Ⅱ所推崇的三大支柱(即最低资本充足率、外部监管和市场约束)以及用于衡量信用、市场、操作三大风险的内部评级法,是美国大银行广泛使用的风控手段。巴Ⅱ的推行,一方面削弱其他发达国家的竞争优势。美国、英国企图通过提高风险权重等方式,剑指德国庞大的抵押债券市场,以及德国的中小企业。通过加大已获外部信用评级的资产对资本充足率的抵扣作用,打压持有大量未评级资产的欧洲国家。为了与之抗衡,欧盟于2002年倡导实施《金融集团指引》,拟对美国投行在欧分支机构实施欧盟监管规则,最终因美国的周旋而告失败。与此同时,以澳、荷为代表推出"双峰监管"理念,但因其政治影响力有限,没有在全球范围内形成主流。另一方面,全面提高发展中国家的实施成本。发展中国家金融业风险管理水平普遍较低,实施巴Ⅱ不得不倚仗标普、穆迪、麦肯锡等国际咨询公司,发展中国家为此支付了数额庞大的咨询费用,而这些公司几乎无成本地获得了大量数据和信息,成为美国窥视发展中国家金融运行情况的主要渠道之一。

第三轮:2008年国际金融危机期间,美国、英国与法国、德国博弈,美国和英国联手推行"巴塞尔协议Ⅲ"(以下简称"巴Ⅲ")。次贷危机爆发后,美国试图效仿前两轮变革,推行巴Ⅲ,然而在法国、德国等国的抵触下,巴Ⅲ并未达到巴Ⅰ和巴Ⅱ的效果。相比于巴Ⅱ,巴Ⅲ提高了对核心资本充足率、杠杆比率以及流动性等监管要求。这些要求对于危机后经过数轮去杠杆化和政府注资的美国、英国银行业而言不难实施,但对于高度依赖短期市场融资和受欧盟救助条件制约的法、德等欧洲银行业影响较大。为制衡巴Ⅲ,法国和德国不顾英国的反对,于2011年7月力主欧盟委员会通过了欧盟资本要求监管条例和第4版资本监管指南,大幅放松了巴Ⅲ中核心资本和流动性的监管标准;同时通过法国的施压,迫使巴塞尔委员会放宽了巴Ⅲ流动性覆盖比率中"高质量流动资产"的定义要求。对此,国际货币基金组织公开批评欧盟"在实施巴Ⅲ的关键条款上'放水'"。

经过三轮国际金融监管改革,美国国内监管标准包装成国际准则。反观美国,却没有如约履行国际金融监管合作协议的约束,无论是巴Ⅱ还是后续的巴Ⅲ,美国都以各种理由延缓执行。

(二) 危机以来新一轮国际金融监管演变的新特征

2008年国际金融危机中,德国和法国两国主导的欧盟在巴塞尔委员会话语权日益提升,发展中国家也迅速崛起,严重危及了美国原有领先地位。甚至,美国在与德国、法国等欧洲国家博弈升级中,渐失对巴Ⅲ的控制力。面对内外交困,美国改变策略,开始实施第四轮金融监管规则的演变。与前三轮相比,新一轮金融监管规则的演变呈现以下新特征。

第一,从承认"母国监管"转为直接"东道国监管"。2008年国际金融危机前,无论是国际性的巴塞尔协议,还是区域性的欧盟银行指令,均推崇"母国监管"原则。但2008年国际金融危机以来,美国越来越不愿意接受"母国监管"的束缚,转而对其他国家金融机构进行严苛的"东道国监管"。目前,主要针对两大类在美的外资金融机构:一类是银行类,即在美国境内设有分支机构、全球合并总资产达500亿美元以上的外国银行集团,约20余家,基本覆盖了当前非美"全球系统重要性银行";另一类是非银行类,即美国金融稳定监督委员会(FSOC)认定的具有系统重要性的外国非银行金融机构,此类机构认定范围及监管标准灵活度较大。

第二,从"事后监管"模式转为事前"压力测试"。2008年国际金融危机前,美国与其他国家类似,采用"事后监管"模式。这种模式是运用传统金融监管指标,属于事后观测性指标,大多反映的是金融机构正常运营状态而非危机状态。危机后,美国更多运用"压力测试"方式,即通过情景模拟对金融机构进行"事前预测",并实施更具前瞻性、更为严苛的监管标准。对于大多数以传统"事后监管"为主的国家而言,这种新模式是一个极大挑战。2015年,欧洲第一大全能银行——德意志银行就是新旧两种模式交锋下的牺牲品,其主要指标均满足德国和欧盟监管合规要求,却连续两年未能通过美国"压力测试"。

第三,从"主导规则"转为借助司法实施"长臂管辖"。2008年国际金融危机前,美国主要通过国际组织,主导监管规则的制定。"主导"并不意味着"完全控制"。危机后,美国金融监管对外战略中更多运用"长臂管辖"权。"长臂管辖"是指美国利用其在国际政治中的特殊地位,用一国国内之法去"管辖"他国经济金融实体。其中,反洗钱和直接制裁是"长臂管辖"的两件新武器。从打击范围来看,从战略对手国(德国、法国、俄罗斯等),到战略盟友国(英国、日本等),以及发展中国家(中国等),均是其打击对象。

第四,从强调"独立信息统计"到注重"微观信息共享"。危机前,不同国家之间的金融数据统计标准迥异、共享机制匮乏。直到危机爆发,美欧等主要监管机构尚不能掌握全部信息,延误了干预和救助的最佳时机。对此,美国于2010年首次提出在全球范围内推行"从摇篮到坟墓"(Cradle to Grave)式的金融市场法人识别码系统(以下简称"LEI")。LEI系统是全球性开放式标准化的微观金融数据收集和共享系统,能够为各国宏观审慎管理部门监控和分析系统性风险提供可靠的数据保障,有望成为与巴塞尔协议并行的国际金融监管新框架。

(三) 把握窗口期,寻求破局之策

面对新一轮国际金融监管规则的重塑,我国既无法回避和反对,又不能完全亦步亦趋,唯一的办法是充分利用各类资源和平台,积极参与,寻求破局之策。

一是警惕二十国集团演变成西方新的规则"上传平台",努力打造"以我为主"的亚投行等平台。英国和美国作为以直接融资为主体的国家,他们在历次监管规则演变中多次联合,是历史的必然。我国也应与印度、巴西等发展模式类似以及俄罗斯、德国、法国等政治诉求共同的国家结成战略伙伴,借助由我国主导的亚投行等平台,尝试以区域监管合作等形式,共同应对美国此轮金融监管演变的冲击。针对金融监管领域国际协调难的问题,充分借鉴美国的经验,从最容易取得国际共识的地方入手,进而打开整个局面。

二是集中内外部优势,有效回击"长臂管辖"权滥用行为。"长臂管辖"权的运用是新一轮国际金融监管规则变革的特色之一,从当前美国对外监管措施分类看,反洗钱、消费者权益保护、市场公平竞争、监管合规等都有可能成为监管处罚的依据。在外部环境恶化的情形下,我国应从国家战略高度提早制定预案,成立国家层面的"海外事务应对协调小组",统一国家司法、商务、会计、金融等领域资源,做好大数据时代金融数据安全防范工作。

三是积极参与美国主导下的全球金融市场法人识别码系统的构建。全球金融市场 LEI 系统可能成为与巴塞尔协议比肩的国际金融监管的基石。目前,中国应积极参与该系统的筹备工作,特别是要参与各项细则的制定,一方面在规则制定阶段表达自身的利益诉求;另一方面加强与各国金融当局的沟通与交流,通过本土金融市场 LEI 系统的建设,尽快弥补传统独立微观金融信息统计与现行宏观审慎管理对数据整合的需求之间的"信息缺口"。

四是警惕美国金融监管对外战略演变动态,鼓励中资金融机构主动从高风险领域撤离。我国金融监管机构应从大局出发,鼓励中资金融机构国际化理性发展。中资金融机构宜正确评估合规成本与收益,加快战略转型和调整业务发展模式,对于高风险领域应主动撤离。避免重蹈 20 世纪 80 年代日本和欧债危机后德意志银行盲目海外扩张失败的覆辙。

八、把握国际资本流动的新特点[①]

国际资本流动的实质是资本在收益性、安全性和流动性之间的平衡。判断国际资本流动趋势时应考虑长期因素和短期因素。短期国际资本流动与一个国家的财政货币政策以及国际间的套利投机等因素有关;而影响国际资本长期因素,则与全球政治经济以及贸易格局调整有关。正确认识和把握

---

① 本部分钟震、蒋伟参与写作,在此表示感谢。

后危机时代国际资本流动新的特点,是提高中国国际竞争力的关键。

(一) 在历史规律中把握影响国际资本流动的共性因素

20世纪70年代以来,国际资本流动具有明显的周期性特点。根据1970—2016年的《世界投资报告》统计数据分析,国际资本流动从最初在主要发达经济体间流动,到加速流向发展中国家,再到回流至发达国家,经历了四个演变阶段。

第一阶段(1970—1980年):美欧资本对流阶段。20世纪70年代美苏冷战时期,社会主义国家几乎被排除在国际资本对流之外。统计数据显示,1970—1980年的10年间,整个西方发达国家的对外直接投资流出占全球总流出的99%以上。其中,1970年美国占比高达60%。美欧之间的资本流动加速了彼此之间的经济融合,为欧洲摆脱战后危机和美国经济的腾飞奠定了基础。

第二阶段(1981—1991年):美日欧"三元对外投资"阶段。20世纪80年代,随着日本经济迅速发展,日本作为资本输出大国,呈现出与美欧并驾齐驱的局面。1981—1991年的10年间,欧美日三巨头国际资本流入和流出分别占全球的70%和80%。到1985年,日本取代英国,成为全球最大的债权国,美国则沦为世界最大的债务国。

第三阶段(1992—2014年):国际资本加速流向发展中国家。随着苏联解体、日本经济陷入低谷以及越来越多的发展中国家加入国际产业链,国际资本从集中于美日欧三巨头,逐步转化为分散投资,并加速流向发展中国家。截至2014年年底,全球流入外资最多的前10个国家和地区中,发展中国家就占据一半席位。其中,中国在全球外国投资中的地位和作用不断上升,并成为海外最大债权国。

第四阶段(2015年至今):国际资本回流发达国家。随着发达国家逐步走出危机,发展中国家却增长乏力,国际资本自2015年始呈现回流发达国家趋势,2015年中,虽然发展中国家吸引对外投资仍保持环比9%的高增速,并达到7650亿美元的历史峰值,但流入发达国家更为抢眼,吸引对外投资额几乎翻番至9620亿美元,占全球的份额从2014年的41%上升至55%,扭转了发展中国家占主导地位的态势。其中美国的增势最为明显,2015年全年外商直接投资流入量是2014年的近4倍。

那么,影响近半个世纪国际资本流动的决定性因素是什么? 从长期看,主要有四大推动力。

一是世界制造业中心的转移与变迁。在世界经济史上,先后出现过英国、美国、日本、中国四个世界制造业中心,世界制造业中心需要有庞大的资金流入和流出。从国际资本流向上可以明显看出世界制造业中心转变的趋势,18—19世纪的英国、第二次世界大战前的美国、20世纪50—60年代的日本和德国以及20世纪末的中国,就是凭借世界制造业中心的地位吸引全球资本流入与流出。

二是国际货币体系的演变。在金本位下,英国是国际资本流动的中心。在布雷顿森林体系下,全球经济和贸易的增长需要更多的美元作为支付手段,国际资本流动呈现以美国为主的单中心局面。从20世纪70年代中期开始,随着牙买加体系的建立,美国对外投资流出占世界总量的比例持续萎缩,欧洲、日本等拥有主权货币的国家对外投资量日益增大,以美国为单中心的资本流动开始向美日欧三中心互流转变。

三是超大型区域集团联盟的形成。20世纪80年代以来,随着全球化进程加快,区域经济合作越来越受到重视。尤其是近二十年,国际投资协议剧增,欧盟、北美自由贸易区、亚太经合组织、东盟自由贸易区等超大型区域级别联盟的形成,直接影响全球直接投资新格局。其中,亚太经合组织是目前最大的区域经济集团,占全球资本流入量的54%左右。

四是跨国公司的主体作用。20世纪90年代是跨国公司大发展的时期,跨国公司通过并购(而非传统"绿地"式外国直接投资)进入新的市场。20世纪80年代,跨国并购几乎是美国跨国公司的专有领地,但从20世纪90年代以后,欧盟跨国公司已成为主要角色,到21世纪的前三年,在跨国并购中,欧盟跨国公司占全球61%。

(二)后危机时代国际资本流动新的特点

国际金融危机对全球造成严重冲击,发达国家为扭转局面,加快了在全球的战略布局,无论是再工业化还是新的贸易规则,其背后实际是对资本的争夺。在这些长期因素的影响下,国际资本流动将呈现出以下几个新的特点。

1. 在工业 4.0 革命推动下,高端制造业中心崛起,推动着国际资本向发达国家回流趋势

20 世纪 80 年代以来,新兴市场一直是吸引国际资本投资的价值洼地,2008 年国际金融危机后,这种趋势随着高端制造业中心的崛起而有所改变。目前,发达国家加速布局新一轮工业技术创新,强化高端领域竞争优势和全球价值链掌控能力,吸引资本回流。2008 年国际金融危机后,日本的外商直接投资流入呈现大幅增长。美国页岩气跨境并购占 2013 年石油和天然气行业的 80% 以上,美国能源信息署估计 2040 年页岩气将占到世界天然气供应量的 30%。高端制造业中心崛起将对低端制造业的资本流入形成挤压局面。

2. 伴随大型区域贸易集团崛起,国际资本流动将进一步呈现多中心化、分散化的特点

从地区看,贸易圈内国家由于交易成本降低和资本回报率的提高,自然成为资本流入的目的地,而贸易圈外国家则会受到明显冲击。从性质上看,资本有可能成为超越主权国家控制的力量。在世界贸易组织规则下,资本开拓海外市场需要主权国家的支持,这时的主权国家扮演着重要的角色。在"T 三角"新的贸易规则下,通过"投资者—国家"争端解决特殊机制,资本有能力脱离本国政治和社会的控制,成为超越主权国家控制的力量,是一个更高层次的资本帝国。

3. 随着新兴市场资本账户开放,证券投资尤其是债权投资呈加快增长趋势

长期以来,外国直接投资是国际资本流动的主要形式,在 1991 年以前占比接近 100%。随着新兴市场资本管制的放开,证券投资占比预期将呈现上升趋势。这种趋势在过去十来年中,已有所呈现。统计数据显示,2005—2013 年,外商直接投资净流入占资本总流入占比从 56% 下降到 49.03%。在证券投资中,股权投资占比从 12.79% 下降到 5.40%,而债权投资占比从 10.85% 提高到 15.86%。因此,后危机时代,新兴市场受利率、汇率以及流动性突变的风险也必然加大。

4. 美元已进入长周期升值阶段,新兴市场资本流出风险加大

自 1973 年美元指数建立以来,美元已经历了三轮下跌和三轮上涨周期。历史上,美元上涨周期与美国新经济到来需要国际资本流入高度相关。危机后,美国的再工业化和页岩气革命必然推动美元再次进入长周期上涨。全球化时代,全球资金的关键不在总量,而在流向。新兴市场相对于发达经济体来说,美元贬值是"印钞机",美元升值是"提款机",即历次美元贬值,都给世界带来通货膨胀;而历次美元升值,新兴市场货币都会面临"攻击性贬值"而遭到灾难性打击,甚至爆发危机。

(三) 应对国际资本流动变化的对策建议

针对国际资本流动新的变化,我们应从国际资本流动发展历程中总结规律,积极应对。

1. 加快与大型区域贸易集团中的发达国家达成高标准、全面的双边投资协定(BIT)

一个有效的、成功的双边投资协定会吸引更多的发达国家的投资进入中国,同样,它也将增强中国投资者对发达国家的信心,支持中国境外投资的增长。如果中美之间能达成高水平的 BIT,两国之间将开启一系列的新的双边经贸合作,包括启动《中美双边投资和贸易协定》(BITT)谈判,中国加入《国际服务贸易协定》(TISA)的谈判。

2. 在全球整合"中国制造"的价值链和供应链,努力形成有利于中国跨国公司"走出去"的国际分工体系

一方面鼓励我国大型企业在全球范围内开展价值链整合,在研发、生产、销售等方面开展国际化经营,培育具有国际知名度和影响力的跨国公司,使其成为我国对外直接投资的骨干力量和重要依托。另一方面在全球打造以中国大型制造企业为核心的供应链体系。拥有知名品牌的大型制造企业,可依托自身的资本优势、技术优势和品牌优势来影响上下游企业,形成网络结构,以在全世界范围内进行最有利的采购、技术研发、生产和销售等经营活动。

3. 中国不仅要努力成为资本强国的一部分,更要善待资本

中国不能脱离资本强国而存在。20 世纪 80 年代以来,中国在全球化过程中就选择了加入资本强国。经过 40 年的开放,中国不仅接受了大量的外国资本,而且已经成为资本过剩国家。中国过剩的资本既要走向发达的西方,也要走向广大的发展中国家。"一带一路"倡议正在有效推动着中国资本成为资本强国的一部分。此外,中国还要善待资本,政府如果不能善待资本,资本就会跑掉,从而导致国家的发展出现问题。

4. 从国际货币体系"供给侧结构性改革"入手,打造"以我为主"的国际货币话语权

可借助亚投行、丝路基金、"一带一路"倡议等平台优势,努力使人民币成为全球流动性的提供者,完善新兴经济体流动性补充机制和金融稳定联动机制。效仿金融危机后欧美国家的做法,以货币互换等方式完善多边和双边流动性救助机制,同时尝试发行人民币计价的央票、债券、借贷便利、衍生工具等各类金融产品向其他新兴经济体注入流动性,维护区域金融稳定。

5. 联合其他新兴经济体共同推行"托宾税",为资本账户开放建立安全网

"托宾税"能够有效抑制国际资本异常波动,引导资金流向实体经济。如智利在 20 世纪 90 年代实行托宾税后,有效地将一部分短期资本转化成了长期投资。中长期资本流入在全部资本流入中的比例,由 1990 年的 23% 上升到 1997 年的 62%。由于托宾税是全球性税种,若单一国家单独启用易遭到市场抵制,我国应联合其他新兴经济体共同推行,构建新兴市场资金流动的"缓冲阀"。

九、美国退出《巴黎协定》及中国的机遇

2017 年 6 月 1 日,美国总统特朗普宣布退出《巴黎协定》,引起国际

社会一片哗然。在 2017 年 9 月 4 日召开的二十国集团峰会上,美国对气候问题的坚持,更令峰会罕见地分裂为"1+19"。美国为什么要退出《巴黎协定》? 美国退出对全球气候治理会产生什么样的影响? 对于中国来说是机遇还是挑战?

(一) 美国退出《巴黎协定》的深层次原因

美国退出《巴黎协定》,并非一时的冲动,而是在多重目标、多重压力与利益集团博弈下的选择。

一是在近期与远期"双重目标"冲突下的选择。特朗普近期目标就是要提振本国经济,并把制造业复兴和加大基础设施投资建设作为其实现途径,这势必会增加温室气体排放,客观上需要寻求更宽松的环境管制,这与奥巴马政府在《巴黎协定》提出的国家自主贡献的"远期目标"发生冲突。对追求"利益优先"的特朗普来说,制造业复兴是特朗普这届政府能够看得见的"收获",而美国在国际上领导力和影响力那是长期的一时难以见效的利益。在两者中,他选择了前者——提振本国经济的近期目标。退出《巴黎协定》的当天,美国股市道琼斯工业指数小幅上涨 0.5%,说明美国投资者整体支持这一行动。

二是在国内与国际"双重政治压力"下的选择。美国民主党一直认为这一代人所面临的最大威胁是气候变化;而特朗普所在的共和党普遍信奉自由市场理念,向来反对政府采取任何强制性减排措施。根据美国著名智库"美国进步中心"发布的调查报告,新当选的 100 多位共和党议员中,超过 50%的人否认"人类行为造成气候变暖"之说。特朗普执行时间不长,他目前面临国内空前的弹劾压力。能否与美国共和党保守派搞好关系,直接影响其政权的稳定。退出《巴黎协定》也是为获得共和党内的支持。

三是在传统能源与新能源"利益集团博弈"下的选择。美国是一个多元政体的国家,一项政策的出台受到多方利益主体的影响。多年来,围绕能源政策一直存在着多种经济利益集团的博弈。民主党一向主张发展清洁能源,为了节能减排,奥巴马政府大刀阔斧地建设新能源产业,并对车企制定了相当严苛的碳积分政策。而共和党与石油公司关系密切，这些石油利益集团在竞选中曾给予共和党大力支持。特朗普认为，美国的经济发展和就业增加要靠传统能源来带动。据美国劳工部统计，目前化石能源行业就业的 200 万人，是可再生能源行业员工人数的 3 倍。提升美国传统能源行业就业水平，也是美国考虑的主要因素之一。

（二）美国退出对全球气候治理格局的影响

《巴黎协定》是一项具有法律约束力的适用于所有缔约方的国际协议。美国退出，对全球气候治理影响有多大，这取决于全球气候治理模式处于什么样的阶段。

经历四十多年的发展，全球气候治理模式经历了四次大的转型：

第一阶段："科学与技术驱动型"的"自上而下"治理模式（20 世纪70—90 年代）。早期对气候变化问题的认知仅仅局限于科学界。全球气温升高是源于自然因素的周期性变化，还是与人类活动的碳排放有关，科学界一直存在争议。科学家通过系统的科学研究逐步形成气候变暖的共识，这种新的认知是在科学家的宣传和技术专家的推动下，得到广泛传播。

第二阶段："科学与政治驱动型"的"自上而下"治理模式（20 世纪90 年代至 2007 年）。这个阶段的特点是环境问题开始政治化。由于科学家与政治家的联姻，全球气候变化与环境保护，已超越了科学范畴，变成了政治命题。科学家通过其研究成果来影响政治，改变了政治家原有的过分依赖化石能源发展经济的偏好。而政治家乐于接受科学家的科研成果，是因为低碳经济能够成为发达国家继续管控世界的新方式。由于美国在 2007 年之前是全球第一大温室气体排放国，拒绝参加气候谈判，因此，这个时期的全球气候治理主要是欧盟在主导，更多反映了欧盟的利益与偏好。在欧盟的推动下，国际社会签订了《联合国气候变化框架公约》（1992 年）、《京都议定书》（1997 年）、《巴厘路线图》（2007 年）三个气候协议，建构了全球气候变化的基本治理框架。

第三阶段："政治与外交驱动型"的"自上而下"治理模式（2008—

2015年）。欧洲的环境政治最初只是局限于欧盟，难以成为全球政治。当美国于2007年重返《巴厘路线图》后，环境问题开始全球化，并成为国际外交的重要砝码。由于参与治理的行为主体日益增多，在不同议题上产生了不同的气候谈判集团，逐渐形成了大国主导的"三足鼎立"利益格局：一是作为发起者和推动者的欧盟，是国际气候谈判的重要政治力量；二是以美国为首的"伞形集团"，提出终结《京都议定书》论；三是以中国为代表的发展中国家，坚持"共同但有区别责任"的原则。各利益集团都试图从各自利益出发，提出有利于本国经济发展的气候政治话语，并极力说服其他国家接受和认同这些气候政治话语。

第四阶段："社会文化驱动型"的"自下而上"治理模式（2016年之后）。2016年，接近全球80%的温室气体排放的154个国家签订了《巴黎协定》，确定了2020年后的治理安排。《巴黎协定》的达成是各国搁置政治分歧共同应对全球气候威胁的成果。各国根据自身情况以"自下而上"的方式提交"国家自主决定贡献"方案，在"共同但有区别的责任原则"重新解释的基础上，发达国家与发展中国家之间达成了一种微妙的平衡。在这一阶段，由于大量社会力量的介入，治理的民主化水平显著提高。

如果说，在前三个阶段，作为全球第一大经济体和第二大温室气体排放国的美国参加与否，的确会影响气候谈判的进程，如2001年美国退出《京都议定书》后，加拿大、日本、澳大利亚等国也相继退出。但在"社会文化驱动型"治理阶段，不仅"全球气候变暖灾难论"已获得"政治正确"的地位，而且"全球认识共同体"已经形成，各国"自下而上"的社会文化力量在自觉推动着节能减排，新的国际秩序正在形成，仅凭特朗普一己之力和美国一国之力，改变不了整个世界走向低碳节能的发展趋势。

特朗普改变不了全球气候治理格局，但并不排除美国会有一些隐形支持者。没有签署《巴黎协定》的尼加拉瓜和叙利亚，对减排本来就不积极的石油输出国、减排成效较差的澳大利亚，都有可能再次成为美国阵营中的一员。正在大力推进工业化进程的发展中国家，减排力度也可能停滞或采取观望态度。

（三）抓住机遇努力提高中国在全球气候治理中的话语权

美国退出，对于中国来说，无疑是利好。中国的经济发展不仅会获得相对宽松的外部环境，而且可以利用美国退出留下的全球治理真空，扩大国际影响、争取更多的道义得分。在全球气候治理中，中国要善于像西方发达国家一样，将自己的国家利益包装在国际利益之下，从国家战略层面上塑造国际气候治理秩序。

1. 在提升"道义形象"与承担"全球责任"的能力上寻求平衡

随着全球治理模式从"自上而下"向"自下而上"的转型，国家的道德性和自觉性更加凸显。我国应该逐渐适应这样一种变化，填补美国退出气候协议留下的空间，努力塑造道义形象。但与塑造道义形象相关的是，国际社会对中国担当的普遍期待。在中国温室气体排放量占全球26%的情况下，中国承担的责任要与现实国情、自身能力、发展水平相适应，谨慎对待，留有余地，警惕被其他国家"道义"绑架。

2. 与国际社会结成广泛的气候议题联盟

一是深化与印度、南非、巴西"基础四国"的合作。要求国际气候法案明确计算"各国可允许二氧化碳排放量"，将工业化、城市化进程与碳排放峰值相关性写入补充条款中。二是与日本、德国结成"生产国"利益共同体。目前国际社会减排模式是"谁制造谁承担减排责任"，这对生产国（中国、日本、德国）来说是不公平的。而消费国（欧洲、美国）的碳排放主要体现在消费领域。在谈判中，中国要与日、德共同推出"消费端、生产端"两端减排机制，争取日、德支持。三是与欧盟深化合作。在美国退出的情况下，欧盟会有前所未有的结构性压力。中国应当充分利用这种有利形势，迫使欧盟在某些关键领域作出让步。如禁止欧盟对中国的新能源相关产品进行反倾销调查；要求欧盟向中国转让低碳"核心"技术；要求补充只对中国有利的条款，如以新增林木储量抵扣二氧化碳减排量。

3. 建立"一带一路"碳交易市场

目前国际上碳交易市场有四种形式：清洁发展机制（CDM）是发达国

家与发展中国家的交易市场,联合履行机制(JI)是发达国家与转型国家的交易市场,国际排放贸易(IET)是发达国家之间的交易市场,欧盟排放交易(ETS)是欧盟内部的交易市场。这四个市场交易机制有一个共同特点,通过"境外减排"为发达国家提供了灵活履行减排的机制。但目前国际碳交易体系明显缺失一个对中国有利的碳交易市场,这对于未来接受"总量指标"考核的中国来说非常不利。通过建立"一带一路"碳交易市场,中国既可以输出光伏等成熟技术,又能构建"碳—人民币"交易体系,提高全球碳贸易中的人民币结算能力。

4. 征收国内碳税,以应对国际"碳边境调节税"

当特朗普宣布美国将退出《巴黎协定》时,其他发达国家为了不让美国因此获得竞争性优势,有可能转向征收"碳边境调节税",即通过制定统一的国际碳税标准,对那些在本国没有征收碳税国家的出口商品施加惩罚。中国不能被动等待,应在发达国家征收"碳边境调节税"之前,先征收国内碳税。因为双重征税是违反世界贸易组织原则的,如果我们征收了国内碳税,就会免于在国际上被征收"碳边境调节税"。

十、美国提出"无差别 WTO"及中国应对策略①

2019 年 1 月 15 日,美国向世界贸易组织(WTO)总理事会提交了《一个无差别的世界贸易组织:自我认定的发展地位威胁体制相关性》。所谓"自我认定"或"自指定",就是每个成员方自我指定为"发展中经济体"或"发达经济体",而 WTO 给予发展中成员方一些"特殊与差别待遇"。2001 年,中国以"发展中国家"身份加入 WTO,随着中国成为全球第二大经济体,中国到底是"发展中经济体"还是"发达经济体",一直有争论。美国提出"无差别 WTO"的战略意图是什么?"无差别 WTO"对中国会产生什么样的影响?中国应如何应对?

---

① 本部分郭贝贝参与合作写作,在此表示感谢。

（一）世界贸易规则正面临第三次变革：从"无差别GATT"到"无差别WTO"

从历史角度来看，世界贸易规则已经历了三次变革：

1. 第一次变革：从"无差别GATT"到"有差别GATT"

签订于1947年的《关税与贸易总协定》（GATT）是世界贸易组织（WTO）的前身，当时有23个创始缔约国，其中11个为发展中国家。由于发展中国家的话语权相对较弱，起初并没有专门针对发展中国家的特殊规定，即"无差别GATT"。随着发展中国家不断加入GATT，其落后的经济发展水平以及在国际贸易与分工中的脆弱性得到了关注。1954—1955年GATT审查会议通过修改条款，给予发展中国家一些差别待遇条款，GATT逐渐从"无差别GATT"演变为"有差别GATT"。主要包括：（1）保证发展中国家避免国内"幼稚"产业遭受国外产业冲击的条款。在1954—1955年GATT审查会议中通过修改了第18条的A、B、C部分，允许发展中国家采取修改或撤回预定的关税减让表、货币储备不足下的进口数量限制以及在一定条件下使用不符合GATT的措施以促进特定产业发展。（2）给予发展中国家普惠制待遇以及非互惠原则的合法化。在肯尼迪回合（1964—1972年）中，于1965年通过了GATT法律和组织框架委员会起草的"贸易与发展"章节第36—38条的新条文，要求给予发展中国家产品以最大优惠条件进入市场的机会，最大可能地保障发展中国家的贸易利益等。（3）将特殊与差别待遇置于GATT法律体制中的核心地位。在东京回合（1973—1985年）中，缔约方签署了《东京宣言》，旨在为发展中国家的国际贸易谋求更多利益。于1979年正式通过的《对发展中国家的差别、更优惠待遇及对等和更充分参与问题的决定》（又称"授权条款"），在法律上永久确认发展中国家与发达国家之间贸易关系应遵循非互惠原则，明确了优惠市场准入、非互惠及履行规则和承诺的灵活性的主要规定，但也包含了"毕业原则"，即当发展中国家有能力履行义务和承诺时，发达国家可逐步停止非互惠的优惠市场准入规则。

2. 第二次变革:从"有差别 GATT"到"有差别 WTO"

在乌拉圭回合(1986—1995年)中,已有76个发展中国家加入多边贸易体系,最终 WTO 取代了 GATT,实现了从"有差别 GATT"到"有差别 WTO"的转变。在 WTO 协议中,特殊与差别待遇条款既融合了前期条款成果,也增加了新的内容:(1)旨在保障发展中国家贸易机会与贸易利益的条款。如《技术性贸易壁垒协议》第12条第3款规定,各成员在制定和实施技术法规、标准和一致评定程序时应考虑到发展中家成员的特殊发展、金融和贸易需要,以确保这些技术法规、标准和一致评定程序不会对发展中国家成员的出口产生不必要的影响。(2)允许发展中国家在执行多边贸易规则和纪律时享受一定灵活性的条款。如在《农业协议》中,发展中国家可以削减较少的关税和补贴,维持一般性的投资补贴和给予低收入或资源贫乏农民的农业投入补贴。《补贴与反补贴措施协定》第27条规定给予发展中成员方出口补贴减轻义务。(3)给予发展中国家更长的转型期条款,除反倾销协议和装运前检验协议以外。如《反补贴协议》要求发展中成员方在8年内逐步取消出口补贴,而发达国家则应在较短时间内迅速执行。(4)技术援助条款。如在《知识产权协定》《关于实施卫生和植物卫生措施协议》《海关估价协议》《装运前检验协议》等协议中均有技术帮助条款。(5)对最不发达国家的特殊与差别待遇。WTO 协议中所有适用于发展中国家的特殊与差别待遇条款均适用于最不发达国家,同时也设定了针对最不发达国家的专属条款,如在《补贴和反补贴协议》中,其被允许使用出口补贴且不受期限限制。[①]

3. 第三次变革:从"有差别 WTO"到"无差别 WTO"

特朗普政府向 WTO 总理事会提出构建一个"无差别 WTO"的需求,意味着 WTO 将面临第三次变革。

什么是"无差别 WTO"? 现有的 WTO 多边协定中部分体现了对发展中国家的优待,具体体现在货物贸易领域中"幼稚产业"保护条款;农业中微量出口补贴;贸易救济措施中的减轻义务;知识产权保护中过渡期保

---

① 肖光恩:《WTO 特殊与差别待遇的产生及发展》,《理论月刊》2002年第8期。

护;服务贸易允许发展中国家成员给予特定服务部门保护等。美国认为现有的 WTO 规则均适用于少数发达国家,但是只有部分规则适用于"自指定"的发展中国家。这种现状导致每一个 WTO 谈判都是为少数成员制定更高的标准,而大多数成员都允许享受灵活性和例外。因此,"无差别 WTO"要求在 WTO 多边贸易体系下所有缔约方均享受相同的权益与义务,共同遵守全部协议的条款,并不存在特殊与差别待遇等超出 WTO 多边贸易规则之上的优惠条款。这意味着发展中成员方将面临市场准入门槛降低甚至完全放开,也意味着美国将不会受到 WTO 争端解决机制的限制。

(二) 美国战略意图:从"体制外"和"体制内"两种路径颠覆多边贸易规则

2001 年多哈回合被列为 WTO 中心任务后,发展议题几乎成为 WTO 的唯一议题。美国一直对此不满,然而在 WTO 框架下无法作出任何有效变革,于是特朗普政府从体制外与体制内两个路径,以"渐进改革"和"激进改革"方式,颠覆全球贸易规则。

体制外路径——以"渐进改革"方式建立"双边多元"体制。奥巴马时期推出 21 世纪"T 三角"①,虽然把中国排除在外,但没有明确否认发展中成员方的特殊地位。而特朗普上台后,从"国家利益至上"出发,从原有的中心化经济金融谈判平台(世界贸易组织、国际货币基金组织、世界银行)中游离出来,以一对一谈判重构全球经济金融秩序,形成《美墨加协定》(USMCA)这样的"双边多元"体制。明确提出建立更自由与更公平市场的目标,以"对等原则"代替"特殊和差异性待遇原则"。

体制内路径——以"激进改革"方式颠覆 WTO 规则。从《一个无差别的世界贸易组织:自我认定的发展地位威胁体制相关性》文件看,特朗普政府一改以往的"细节"策略,从"源头"(即"自指定"原则)入手,试图

---

① "T 三角"包括《跨太平洋伙伴关系协定》(TPP)、《跨大西洋贸易与投资伙伴协议》(TTIP)和《国际服务贸易协定》(TISA)。

通过重新界定"发达经济体"与"发展中经济体"的标准,来改变发展中国家的身份特征,剥夺其享受特殊与差异待遇条款的权益。如在文件中,美国从人类发展指数、宏观经济指标、贸易、外商投资、公司规模、超级计算机、空间和军事八个方面列举了自 1995 年以来世界发生变化的各种指标。从人类发展指数看,截至 2017 年,新加坡、韩国和中国的人类发展指数已经超过经济合作与发展组织(OECD)国家平均值。从经济增长看,截至 2017 年,中国的 GDP 增长了 587%,印度的 GDP 增长了 340%。人均收入方面,中国的人均 GNI 增长了 5 倍,印度和越南的 GNI 增长了 3 倍。在总贸易方面中国的贸易总量已经增长了 5 倍;在高科技贸易方面,以前的排名是美国、日本、德国、新加坡和英国,现在的排名是中国、德国、美国、新加坡和韩国。因此,美国认为现有的 WTO 关于"南北"的划分和"发达国家"与"发展中国家"的划分已经过于简单和明显过时,并不能反映 2019 年的发展现状。其结论是,"自指定"导致 WTO 谈判功能丧失和体制边缘化。

(三)"无差别 WTO"对中国的影响:主要体现在农业补贴和服务贸易两个领域

梳理当前 WTO 中仍适用于中国的特殊与差别待遇条款,发现只有农业补贴和服务贸易两个领域享受特殊与差别待遇。

在农业补贴方面。中国加入 WTO 谈判中,被动放弃了部分特殊与差别待遇条款,《农业协定》对发展中国家允许的微量补贴百分比为 10%,但中国仅为 8.5% 等。"无差别 WTO"意味着 WTO 允许的微量补贴额将由 8.5% 下调至 5%。而我国在前期 WTO 农产品补贴政策的改革中,农业补贴占农林牧渔业总产值比值 2015 年就降到了 2.86%,大大低于 5% 临界值。[①] 因此,在农业补贴方面,中国将不会面临太大的风险。

在服务贸易领域。在《中华人民共和国加入 WTO 协定书》中,中国作出了服务贸易减让承诺。一是针对外资进入设置了限制。具体包括广

---

① 蒋冬英、李苗献等:《一个无差别的 WTO》,《兴业研究》2019 年 3 月 1 日。

告服务、建筑及相关工程服务、内水运输、计算机订座系统服务等领域。
二是中国对一些领域不作承诺。具体包括佣金代理和批发服务、零售
服务、教育服务、环境服务(不包括咨询)、部分保险服务、部分银行及
金融服务、部分证券服务、部分海运服务、航空运输服务、建筑及相关工
程服务等领域。"无差别 WTO",意味着这些行业市场准入门槛将完全
放开。由于广告服务(承诺期 4 年)、建筑及相关工程服务(承诺期 5
年)等领域,均已超过承诺过渡期,承受外部冲击较小。受到冲击最大
的是金融行业。

(四) 中国应对策略

从政治经济学视角看,一体化组织成员数目达到一定数量后,弥合成
员异质性的成本将急剧增加,甚至会吞噬一体化所带来的规模与范围经
济收益。此时,如果没有根本性的制度创新,一体化组织就面临解体的风
险。现阶段,WTO 改革势在必行。中国要从"人类命运共同体"出发,在
欧盟、日本以及其他的发展中国家寻找相同利益诉求,共同推进 WTO 在
几个关键领域的改革。

1. 把握改革方向,坚守 WTO "自指定"基石原则

根据世界贸易组织规则,"自指定"发展中成员方地位是一种长期的
做法,具有公认的合法性,是 WTO 所遵循惯例的基石原则。在 WTO 改
革中,发展中国家要从三个"坚守"来实现"自指定"基石原则的落实:
一是坚守 WTO 的最惠国待遇、国民待遇、关税约束、透明度、特殊与差别
待遇等基本原则,捍卫贸易自由化的总体方向;二是坚守以可持续发展为
核心,照顾发展中成员方合理诉求,反对贸易保护、本国优先,反对擅自以
退出 WTO 为威胁、随意提高贸易标准、损害发展中成员方利益等行为;
三是在坚守开放、平等、互惠的基础上,循序渐进,有效解决危及世界组织
生存的问题。[1]

---

① 孙金震、王仲尧:《投资策略专题报告——WTO 改革,顺世界贸易体系的关键》,《东方证券》2018 年 12 月 31 日。

2. 抓住改革诉求，推进争端解决机制（DSB）的改革

WTO 争端解决机制（Dispute Settlement Body，简称"DSB"）是 WTO 中负责裁决贸易争端的"最高法院"，承担 WTO 的贸易规则制定和维护。DSB 的存在，极大地避免了各成员方对贸易纠纷的争议和单边解决。据加图（CATO）学会统计，在现有 WTO 争端解决机制下，其他成员方针对美国提起的诉讼中约 90% 的案件均以美国败诉而终。无疑，现有 WTO 多边贸易体制是对霸权主义的有效限制。对 DSB 的改革侧重于两个方面：一方面，争取 DSB 的遴选过程的独立性与民主性。2017 年以来，美国频繁阻挠 DSB 的遴选与换届进程，已经严重影响 WTO 职能的正常运行，致其陷入瘫痪状态。目前，WTO 上诉机构的 7 名常设成员中，3 名已陆续离任，其余 4 名也将于 2019 年 12 月退休。另一方面，推进争端解决上诉程序改革，提升贸易争端的处置效率。两种方案：一是增加上诉常设成员数量，由 7 名增加至 11 名或 13 名，人员结构可按发达国家与发展中国家的 6∶4 划分。二是专家小组按照常设成员 1 名，发达成员方与发展中成员方各随机派遣 1 名，其中 3 名专家成员与该争端案件成员方无关联利益，即回避制度。

3. 秉持人均标准，捍卫中国的"发展中国家"地位

WTO 宗旨中有一条为"提高生活水平，保证充分就业和大幅度、稳步提高实际收入和有效需求"。可见，贸易发展的最终目标是"人的发展"。在世界贸易组织中，用于评估发展的所有指标均以人均作为计算基础。从人均 GDP 角度看，截至 2017 年年底，美国、欧盟等发达国家人均 GDP 均超过 3 万美元，美国甚至达到 5.95 万美元；而中国、印度、南非和巴西的人均 GDP 都在 1 万美元以下，其中中国为 8826.99 美元，仅为美国的 14.83%。从人均可支配收入角度看，截至 2018 年年底，我国人均可支配收入为 4265.72 美元，仅为美国的 8.99%。另外，从知识产权、全球价值链、金融服务还是研发创新能力看，发达成员方与发展中成员方，均存在巨大差异，尤其是"价值差距"。[1] 因此，从"人均"视角，我国当前仍处于

---

[1] 刘丽娜：《"南北"反思与规则重塑》，《中国证券报》2019 年 2 月 23 日。

"发展中国家"行列。

4. 防范改革风险，率先在自贸区推进"无差别 WTO"压力测试

尽管无差别 WTO 美国刚刚提出来，按照特朗普商人兼政治家的行事风格，他会以其政治经济力量推进 WTO 朝有利于美国方向改革。中国应未雨绸缪，早作准备。建议在自贸区推进"无差别 WTO"压力测试。中国自由贸易试验区的设立，可以解读为不是政策优惠区而是以开放倒逼改革的压力测试场，是中国为融入新的贸易规则的试验田。上海、广东、天津和福建四大自贸区应围绕"无差别 WTO"中的具体内容，进行压力测试。如果测试效果好，说明风险可控，在总结经验基础上再向其他地方复制推广。如果开放影响到国家安全，风险不可控，就在试验之后缓一段时间再做调整。总之，在开放的同时，要提高国家控制力。

第一章　危机演进中的逆周期调节

危机救助,既需战略研判,又需战术应对。在金融危机发生前往往以一系列宏观经济指标值的恶化为先兆,且距离实际爆发一般有前置期。在前置期内,如果能够及时发现宏观经济的异常现象并能及时进行逆周期调控,那么就能够有效地防范金融风险蔓延。在这里,重要的是把握关键时间拐点,能够超前判断。2008—2019 年,随着危机程度的不断加深及形势的不断变化,出现了金融危机向实体经济蔓延、通胀与通缩并存、流动性危机、系统性金融风险等多种不同的问题,针对这些问题,中国在战略研判的基础上,在战术上应积极采取逆周期的宏观调控措施。

一、警惕金融危机向实体经济蔓延①

在 2008 年国际金融危机中出现了两种值得注意的趋势:第一种趋势是美国次贷危机向全球金融市场蔓延,第二种趋势是金融危机向实体经济蔓延。第一种趋势已经形成,并且愈演愈烈;第二种趋势的影响则更为深远。

(一) 这两种趋势对中国影响有多大

2008 年国际金融危机不同于 1929—1933 年的"大萧条"。20 世纪 30 年代初,由于经济全球化程度还不高,"大萧条"主要冲击的是美国本土市场和欧洲部分发达国家,对其他国家或地区影响有限;而在全球

---

① 本部分完成于 2008 年年末,当时金融危机呈向实体经济蔓延之势。

化程度非常高的今天,金融危机具有很强的传染性,它不仅冲击了美国,而且冲击了欧洲及新兴市场。目前,第一种趋势对中国金融市场和金融机构已经造成一定影响,只是由于中国金融开放程度不高,还没有造成破坏性的影响。但中国不能排除第二种危机的可能性。中国是一个贸易大国,在拉动经济的"三驾马车"中,净出口占有相当大的比重,当金融危机在全球蔓延和加剧时,无疑会导致中国出口整体风险系数急剧攀升。

在这场金融风暴中,中国实体经济能否走好,需要决策层能够"预见性"地做好纾困方案,防止金融危机向实体经济蔓延。

(二) 全球实体经济已受到危机冲击

美国 7000 亿美元救市方案以及全球联手降息行动,虽然短期内有助于缓解金融危机蔓延,但并不能立即阻止危机的惯性与实体经济下滑。目前,美国的次贷危机从仅是"美国人的事",已演变成"全球人的事",从美国金融危机,已演变成全球金融危机,并开始冲击实体经济。

由于欧洲银行业涉足美国金融衍生品的程度较深,继美国之后欧洲银行业已开始集中爆发危机。2008 年 10 月 6 日欧洲银行间拆借市场陷入冻结;在纽约,道琼斯工业平均指数 4 年来首次跌落万点以下。新兴市场也惊现 1997 年以来最动荡的走势。2008 年 10 月 8 日摩根士丹利资本国际新兴市场指数下跌 11%,为 1987 年以来的最大单日跌幅;10 月 6 日,亚太股市跌幅普遍超过 4%,东京、中国香港及新加坡等股市纷纷跌至两年来最低点。

令人担心的是,金融危机下一步有可能演化成经济危机。金融危机对实体经济的侵蚀在加剧。数据表明,从美国到欧洲,从中国到日本,制造业活动都在不同程度地收缩。2008 年 8 月美国失业率达 6.1%,创四年半以来最高;英国的状况更糟,2009 年 GDP 增长率为负,预计英国将步入其 15 年来的首次衰退;法国消费者支出已严重萎缩,2009 年 GDP 增长率同样为负;德国更惨,GDP 负增长的程度更大。欧洲市场更倚重于出口,而出口业的表现每况愈下。

国际货币基金组织在七国集团召开会议前表示,全球经济将在2009年进入萧条期,许多先进的经济体离萧条已不远,而新兴经济体的增长速度也急剧减缓。

(三) 中国实体经济已出现衰退的信号

在这场金融风暴中,中国经济尽管在亚洲区内最被看好,但中国实体经济已出现衰退的信号,不少业内人士感觉国内经济已处于下降周期。

1. 工业企业利润加速下滑

国家统计局数据显示,2008年1—8月,全国规模以上工业企业实现利润18685亿元,增幅仅为19.4%,较2007年同期大幅回落37%。出口更是受制于欧美经济衰退影响,已先行陷入困境。

值得关注的是,部分实体经济已集体步入寒冬。有关统计数据显示,全国钢铁产品的价格平均下跌已达20%,钢铁行业已陷入降价风潮;纺织行业渐趋于衰竭,2008年前7个月出口价格上涨对出口额增长的平均贡献率,呈现节节下滑的态势;造船业由于船东取消或推迟了订单,正面临需求骤减的局面,部分企业已濒临破产。

2. 房地产市场即将进入"寒冬"

从2007年第四季度开始,我国大部分城市房地产市场进入调整期。数据显示,2008年8月份"国房景气指数"为101.78,比7月份回落0.58点,比2007年同期回落2.70点。房地产开发商已用"需求消失"来描述他们的处境。

房地产开发商贷款压力测试显示,房价下跌30%的情况下,银行业2009年的利润可能出现负增长。房地产资金链一旦断裂,银行不良资产将会大幅度上升。

3. 实体经济下滑导致信贷减缓

为"保增长",我国决策层已即时出台了"松货币政策",但商业银行仍然面临"存款激增,贷款难放"的困局。原因是我国信贷增长正面临两个约束——银根约束与市场约束。一方面,处在经济下降周期时的银行放贷更为谨慎,银行普遍"惜贷"已构成新的"银根约束";另一方面,中国核心经济区域企业对经济和赢利持悲观预期,其投资和商贸活动大大放缓,企业新增信贷的需求明显降温,从而构成信贷增长的"市场约束"。据调查,在长三角和珠三角地区,常常是银行找上门,企业也不愿借贷。

鉴于信贷市场的萎缩、实体经济的衰退,国际投行对中国经济增长预测纷纷下调。高盛将中国 2008 年和 2009 年实际 GDP 增长预测从 10.1% 和 9.5% 分别下调至 9.8% 和 8.7%,而实际上这两年的 GDP 增长率也就只有 9.6% 和 9.2%。

(四)　中国能否走好关键在于适时有效的逆周期调节

拯救危机不能靠市场,只能靠政府。在混合经济下,政府具有稳定宏观经济的职能。在这场金融风暴中,中国实体经济能否走好,取决于决策层能否采取适时有效的逆周期调节。

1. 调控政策要密切关注实体经济下滑的风险

2008 年及之后,宏观调控面对的不再是增长与通胀的简单平衡,而是要关注世界性的难题:金融动荡向实体经济蔓延。防止实体经济滑坡已迫在眉睫,货币政策、财政政策和金融政策必须共同发挥作用。

一是货币政策的放松势在必行。在 2009 年,应该更大幅度地降息和降低存款准备金率。在经济处于下降周期,小幅度降息难以鼓励贷款,这已被中国历次经济运行周期所验证。

二是财政政策要更加积极有效。建议立即在全国铺开增值税转型。据专家测算,如果把增值税全面转型、个税起征点提升、红利税减免等一系列税收措施进行累积,将带动 2000 亿—3000 亿元以上的资金规模,这些资金再通过投资乘数作用,能有效拉动需求,有望使 2009 年经济增速保持在 9% 左右。

三是金融政策要更加灵活。首先,鼓励中央企业和地方国有企业大股东增持股份。此方法能达到三个目的:其一,增强市场信心,对股市起到一定的稳定作用;其二,让国有企业承担起社会责任;其三,企业能达到投资目的。目前市价偏低,客观地说,企业在这个时候增持股份可能成为投资而非负担,当年瑞典基本收回了救市的全部成本,而芬兰甚至留下了不菲的盈余。其次,鼓励上市公司在二级市场回购股份。回购股份比大股东增持方法更为积极有效,它不仅能直接减少供给,平衡供求关系;而且注销的实施,会减少上市公司的股本,增厚收益。对于上市公司来说,现在行情低迷,股价又大幅度低于发行价,这个时候进行回购操作,事实上能为企业创造收益。

2. 立即建立金融机构纾困方案

一是成立金融机构纾困基金,将已出现财务困难的金融机构列入纾困名单。

二是建立"快速纠偏机制"。根据资本充足率的高低,把银行划分为几种状况,监管当局据此采取不同的预防性监管措施,严加控制银行风险和危机,以保证充足的资本需要。

三是注资。注资是中国政府维持金融稳定行之有效的主要方式。当金融机构尤其是国家大型商业银行出现流动性困难时,政府要多管齐下进行注资,以维持银行体系的稳定。

四是接管与并购。对已经发生或者可能发生信用危机的金融机构,由金融监管部门对其实行接管,进行业务重整。通过并购,有问题金融机构的债权债务由并购方承担。这样,既能保持金融服务的连续性,又可以保护客户的利益。

五是市场退出安排。银监会有权选择一家国家大型银行承担"过渡银行"职能,负责维持有问题银行的运营,同时检查、管理有问题银行的资产。"过渡银行"的存在,目的是使监管部门争取时间来安排即将破产银行的出售或合并。"过渡银行"的有效期限可定为 2 年,根据情况可以再延长 1 年。

二、平衡"通缩"与"通胀"之对策

2009 年,"通缩"还未退去,"通胀"就已如影随形。面对油价、铜价、农产品价格的升温,货币政策陷入两难境地:通缩是现实,通胀是预期。

央行该留出多少时间去观察经济复苏?①

货币政策要么调整过早,压制经济复苏的势头;要么调整太晚,放纵通胀火苗。政策如何在这两个极点之间寻求平衡,考验着政府的决策艺术。

(一) 本轮通胀预期的源头与演绎路径

市场对未来通胀的担忧,并非空穴来风。问题是,中国目前通胀压力到底有多大?

我们认为,这次流动性泛滥,更多的是一种货币现象,而不是来自实体经济复苏的带动。目前,通胀预期正沿着"量化宽松货币政策→美元贬值→大宗商品价格上涨→股价上涨→房价上涨→CPI上涨"的几个逻辑链条在演进。

链条一:量化宽松货币政策是此次通胀预期的源头。"通货膨胀永远是一种货币现象"。2009年3月18日,美国实行量化宽松货币政策,埋下了通胀的种子。历史资料表明,1932年的日本和1949年的美联储,也实行过量化宽松货币政策,致使日本和美国立即从严重的通缩进入到近两位数的通胀。这次美国通过量化宽松货币政策,带动基础货币大幅上升近1倍,广义货币供应量(M_2)年增长率近15%,创历史之最。

链条二:美元贬值启动了全球通胀预期的"发动机"。美联储及全球主要央行实施量化宽松货币政策,其直接后果就是导致美元贬值。历史告诉我们,每次美元贬值,在为美国经济复苏奠定基础的同时,也给世界的某些角落带来泡沫。2008年国际金融危机期间,美国再次向全球输出大量美元,造成世界范围内的流动性过剩。

链条三:美元贬值撬动了大宗商品价格上涨的"杠杆",发出了通货膨胀的早期预警。由于石油等大宗商品是以美元计价的,美元与大宗商

---

① 2008年11月,时任国务院总理温家宝主持召开国务院常务会议,在会议中提出了应对全球金融危机、稳定经济的一系列财政和货币政策。这些政策的总规模约四万亿人民币左右,史称"四万亿"投资计划。本部分发表于2009年,当时全球尚未走出金融危机,却又因为经济刺激计划而出现通货膨胀的趋势。

品呈负相关关系:美元升值,大宗商品价格下跌;美元贬值,大宗商品价格上涨。2009 年上半年,随着美元贬值,石油从前期 35 美元/桶已上涨至73 美元/桶,国际大宗农产品的价格综合涨幅接近 30%,伦敦金属交易所三个月期铜涨幅逾 54%。

链条四:资产价格上涨拉开了真实通货膨胀的序幕。在美元贬值和大宗商品价格上涨的推动下,资产价格存在较大的上涨想象空间。从世界各国和我国经济运行周期看,资产价格的上涨一般发生于通胀预期已出现、实际 CPI 上涨尚未出现之前,投资者为规避未来通胀风险而购买资产。其中,股票类资产是首选投资方向,从而股价通常首先上扬;随着通胀预期进一步加强,推动人们购房需求,房价由此推高。在最近短短三个月内,美国道琼斯工业股票平均价格指数推高 30% 以上,上证指数涨幅达 68%;2009 年 5 月我国 70 个大中城市房屋销售价格环比继续上涨,成交量显著放大。

链条五:随着股价上涨→房价上涨→CPI 上涨,通货膨胀终于从后台走到前台。从历史经验看,美国 2000 年后与中国 2006—2008 年的两次通胀周期,都呈现典型的"股价涨→楼价涨→物价涨"三部曲特征。这时货币政策如不进行调整,随之而来的便是消费物价指数的上涨。

(二) 寻找"通缩"拐点,把握"通胀"路径

寻找"通缩"拐点是一个非常现实且极具挑战的问题。一方面要密切关注来自实体经济的复苏信号,而这其中很多可能只是一些"假象";另一方面却要时刻警惕资产价格可能出现的泡沫。我们认为至少需要观察两个目标。

一是美国的货币扩张到 CPI 的整个传导链条需要多长时间? 这决定了美国何时发生政策转向。从历史上看,美国从货币扩张到 CPI 上涨,平均时滞 12—20 个月。如果从 2009 年 3 月美国出台量化宽松货币政策算起,美国 CPI 拐点最早在 2010 年第一季度、最迟在 2010 年第四季度出现。在失业率没有明显下降时,美国是不会收紧流动性的。因此,美国收紧流动性的标志性时点应该在 2011 年第一季度。

二是从中国的货币扩张到 CPI 的整个传导链条需要多长时间？这决定了中国应何时发生政策转向。根据历史数据,狭义货币(M_1)同比增速回升到 15% 以上是 CPI 走出通缩的前兆性指标,M 对 CPI、PPI 的影响存在大概 6—12 个月的时滞。从数据看,我国 M 在 2008 年年底和 2009 年年初已经见底,并出现大幅回升。2009 年 3、4、5 月份,M 同比增速持续三个月超过 15%(分别为 17.04%、17.48% 和 18.69%),即 M 已经历了三个季度的连续增长。为此我们判断,我国 CPI 和 PPI 的拐点可能在 2009 年第三季度和第四季度出现。如果将 3% 设定为物价水平的控制目标,我国货币政策应在 2010 年发生转向。

未来通胀对中国的影响,主要有这样几条实现路径:

路径一:美债泡沫破灭引发输入型通胀。我们预计,美国国债泡沫很可能因全球资金流向商品、股市、黄金等市场而破灭。中国是美国国债最大持有国,如果美元持续贬值,通胀率显著上升,中国外汇储备的国际购买力将显著缩水。因此,输入型通胀对我国造成的压力要高于其他经济体。

路径二:国际大宗商品价格的上涨,将引发成本推动型通胀。中国启动经济复苏的方式以投资为主导,生产成本更容易受国际大宗商品价格上涨的影响。而且中国的产业链是"两头在外,中间在内"(即市场、研发在国外,制造在国内),上游通胀和下游通缩,将使中国制造业同时遭受通缩和通胀的双重打击。

路径三:"热钱"接过信贷接力棒,将迅速推高资产价格水平。据专家测算,2009 年 4、5 两个月资金净流入规模分别为 33 亿和 157 亿美元。国外"热钱"持续进入与国内尚未明显退热的信贷形成内外合力,在一定时间内将迅速推高资产价格水平。不难预期,2009 年下半年股票市场与房地产市场将可能出现新一轮的资产价格泡沫。

路径四:粮食价格有可能再次暴涨的风险。2010 年,粮食价格暴涨将通过"油价上涨→国际粮价上涨→国内粮价上涨"链条实现。据测算,当油价涨过每桶 60 美元时,从粮食中提取生物酒精就变得有利可图,当前国际油价已达到这个临界点。如果油价继续攀升,2009 年下半年很可能出现新一轮国际粮价上涨。由于国内粮价与国际粮价之间存在显著的正相关性,国际粮价上涨会直接推高我国粮食价格。

路径五:甲型 H1N1 流感造成"猪贱伤农",是新一轮猪肉价暴涨的前奏。从 2004 年和 2007 年两轮猪价上涨引领通胀的经验可观察到,猪肉价格呈以下变动规律:一是当猪价暴跌迫使猪农"挥泪斩母猪"时,随之而来的是下一轮猪价暴涨;二是当猪肉价与猪饲料价之比跌破 6∶1,并持续 6—9 个月左右时,猪肉供给便会减少,引发猪价回升;三是由于猪饲料的主要原料是玉米(占 50%)和豆粕(占 20%),一旦猪肉价格上涨,将间接传递到上游产品,拉动玉米和大豆价格上涨。我们判断,从明年开始猪价可能重新进入上涨通道,2010—2011 年猪肉价格很可能重演 2004 年和 2007 年的上涨局面。

(三) 平衡"通胀"与"通缩"之对策

通缩是眼前的现实,通胀是当下的预期。如何在保增长与控制泡沫的矛盾中求"平衡",需要决策艺术。为此,我们建议:

1. 为了防止经济回暖出现反复,决策层有必要保持政策的稳定性和连续性

一方面,开放性经济体的单边政策对遏制全球性通胀作用有限。如果中国央行没有得到全球央行尤其是美联储货币政策的配合,即便回收流动性所造成的"洼地"会很快被全球货币填平,那么对防通胀也毫无帮助。而对中国而言,过早地启动从紧的货币政策,反而会扼杀经济复苏的萌芽。

另一方面,保持政策的连续性,是民间投资能有效接过政府投资接力棒的不二法宝。2009 年第一季度经济的止跌回稳,动力主要来自政府投资的快速回升。然而,能否激活民间投资,是决定中国经济能否持续"热"下去的关键。当前民间资本对宏观调控政策仍采取观望态度,如果过早地调整政策,有可能吓退民间投资。

2. 在保持政策稳定性和连续性的同时,防通胀同样也要提上日程来

既可以防范通胀风险又不会对现有经济复苏造成打击,可以通过以下七个对策得以实现。

一是要求美国政府将中国持有的美债置换成"通胀联动国债",防止美债泡沫破灭的风险。美国"通胀联动国债",是美国财政部发行的一种特殊形式的国债。在存在通货膨胀预期风险的情况下,将美国国债的收益率与美国通货膨胀率挂钩,能够有效保护我国外汇财富不因通胀上升而缩水。

二是在国内发行"通胀联动国债",以财政政策替代货币政策抑制通胀预期。在通胀预期背景下,财政部发行"通胀联动国债",能产生两个政策效果:(1)可以向市场发出明确的信号,如果真的通胀到来,政府也有抑制通货膨胀的决心,从而缓释公众的通胀预期。(2)由于"通胀联动国债"的收益率,是普遍国债收益率与预期通货膨胀率之差,据此,决策部门可以准确判断未来通货膨胀水平的高低。

三是央行可明确设定3%—5%的CPI目标值,合理引导公众通胀预期。一个清晰可靠的通货膨胀预期目标,会使人们对未来的物价走势形成一个比较稳定的预期,有助于减少企业和消费者对政策的不确定性预期。建议央行将物价水平明确设定为3%—5%的目标值,如果CPI大于3%,意味着经济已出现"滞胀"苗头,货币政策应及时从偏积极转向相对中性。CPI目标值一旦明确,投机空间将大大缩小,高估的资产价格也会得到相应调整。

四是重点监控"热钱"喜爱的五大市场,防止资产价格暴涨。根据"热钱"逐利本质及以往经验,房地产市场、资本市场、商品期货市场、黄金市场和民间金融市场,是"热钱"喜爱的五大市场。基于目前资金流向判断,"热钱"有可能进入的是房地产及资本市场。国家外汇管理局对跨境资本流入与流出的两个方向调控都要硬;银监会与央行要严查银行信贷资金流入股市以及银行信贷被挪用的行为。

五是调整信贷投放结构,解决从政府投资转向民间投资的动力切换问题。未来信贷投放结构要进行两方面的调整:一是进一步加大对创新能力强、产业前景好、有利于带动就业的中小企业的信贷投放;二是进一步开发多种消费信贷产品,促进居民消费结构的升级换代。

六是搭建统一的农产品流通信息和交易平台,让农民分享下一轮粮价上涨带来的收益。以往粮食涨价,农民得到的好处不大,甚至出现粮食"增产不增收"的局面。这主要是农民缺乏市场信息,没有粮食交易平台所致。要让农民真正从粮食涨价中获得利益,必须做到:(1)中央政府要建立全国统一的农产品流通综合信息平台,及时发布农产品流通的相关情况;(2)各地方政府要搭建覆盖全省所有县市区的粮食交易平台,让广大农民能够直接参与粮食交易,减少"中间商"的盘剥。

七是拉动内需,既要"家电下乡",更要"农产品进城"。只有让农产品进城,才能在拉动内需上让农村消费能力与工业品下乡产生呼应。为此建议:打造农产品进城绿色通道,让大型超市直接与农户对接。据了解,目前家乐福通过直接向菜农采购,省去从"农户→小贩→批发市场→超市"的两个中间环节,既让超市节省了采购成本,又让菜农获得了较高的利益。

三、政策"渐进退出"的方式与路径选择[①]

我国经济从下降向复苏的切换已在 2009 年第三季度基本完成,2010年上半年经济将进入全面复苏阶段。但在经济处在"宏观爬升"的同时,经济运行中出现了一些不可忽视的风险,包括部分行业产能过剩更加凸显、通货膨胀压力加大、地方投融资平台的风险、"热钱"大规模回流、银行不良贷款风险隐患积聚等。

为了避免经济陷入"冷热循环"怪圈,建议 2010 年上半年本着"渐进退出、稳中求进"的原则,宏观政策应从"保增长"调整到"调结构、防通胀、控风险"的思路上来。

(一) 2010 年宏观经济应重点关注四大问题

问题一:部分行业产能过剩更加凸显。目前,中国总产出超过总消

---

① 本部分完成于 2009 年下半年,是对 2010 年宏观经济政策的展望。

费,约占 GDP 的 10%。其中,汽车业过剩 25%、钢铁业过剩 28%、造船业过剩 60%、电力过剩 25%、矿业过剩将近 30%,部分行业(如水泥业)过剩产能竟高达 40%。产能过剩,部分是历史遗留问题,部分是新兴产业的问题。钢铁、水泥、铝冶炼等是历史遗留问题,而太阳能、风能等新兴产业过剩,80%则是"四万亿"投资计划以来的新问题。可谓是"旧病未除,新病又现"。危机前,中国可以向外输出消化过剩的产能;现如今,生产能力过剩已是全球性的问题。在欧美等发达国家的市场迅速萎缩下,2010年上半年已经显现的产能过剩将进一步突出。

问题二:地方投融资平台的风险将逐渐显现。2009 年以来,地方融资平台大规模举债,令地方政府隐性债务"大跃进"。据广东省银行提供的数据显示,在一年多的时间里,地方政府的投融资平台迅速增长到 3000 多家,其中 70%以上在区县级,总的银行借款从 1 万多亿元迅速增加到 5 万多亿元。如此快速的信贷增长,加大了地方政府的债务负担,地方负债日益"显性化"。数据显示,2009 年 9 月,地方本级收入 2598.94 亿元,同比增长 27.9%,而支出却达 5132.81 亿元,同比增长 29.6%。可以看到,地方财政"入不敷出"的情况正在日益恶化。某种程度上,2010年最有可能给中国经济带来系统性风险的,是地方政府的债务风险以及与之紧密联系为一体的银行风险。

问题三:"热钱"押赌人民币升值,资产价格迅速膨胀。由于中国经济基本面远远好于其他经济体,2009 年第四季度以及 2010 年中国将会吸引更多资本流入,从而加大人民币升值压力。2009 年 9 月以来,市场对人民币一年期升值预期由此前的 0.5%上调到 1.5%—2%,三年期升值预期已经从此前的 3%上升到 7%。随着人民币升值预期加大,中国资本市场正面临国内外流动性的双重夹攻:一方面,国外各种短期投机资金纷纷进入中国希望套利。数据显示,目前"热钱"涌入合计达到 2190 亿美元。有"资金自由港"之称的香港经历了比内地更加汹涌的"热钱"流入,自 2009 年 7 月以来,流入香港的"热钱"就接近 1000 亿港币。香港地区楼市的炒作之风,很可能进一步拉抬深圳等内地一线城市的楼市氛围,从而导致香港楼市的泡沫蔓延到内地。我们预计中国国际收支可能再度重演 2007 年与 2008 年上半年的狂飙突进,"热钱"会进入股市和楼市。另一方面,中国自己的信贷投放也有相当大一部分流向股市和楼市。据中国银行分析师指出,2009 年上半年可能有 1.2 万亿元人民币的中长期信贷资金未进入固定投资领域,而是进入了资本市场和房地产二级市场等(这其中不包括短期信贷和票据融资可能入市的数字)。银行体系放出了巨量流动性,一旦与升值预期联系起来,将更多地脱离实体经济部门。

问题四:银行不良贷款风险隐患积聚。尽管截至 2009 年 9 月末我国银行不良贷款余额和比例继续双降,但银行不良贷款却存在隐性化和长期化趋势。主要因为:一是现有的天量信贷完全是由项目投资驱动起来的,这些项目万一后续资金跟不上,或由于政策退得太快,必将形成大量"烂尾工程"。二是目前政府融资平台项目多由地方政府提供隐性担保,在产业政策调整时期,尤其是对产能过剩行业进行清退的过程中,很多企业可能会被关停,而不少与此相关的银行贷款就可能因此收不回来。三是房地产过度信贷可能导致拖欠贷款上升。截至 2009 年 8 月底,有逾 160 家房地产开发商的负债超过资产 90%,他们每家至少向银行贷款 5000 万元。2009 年前 8 个月,有近 1 万件房贷违约,8 月底时违约总数达到 14 万件。

(二)"调结构、防通胀、控风险"是 2010 年宏观调控三大主线

基于"中国经济已进入恢复性持续增长"的判断,我们建议下一步宏观调控政策应从"保增长"调整到"调结构、防通胀、控风险"思路上来。

调结构。我国目前"保增长"的基础比较稳定,但结构性问题进一步凸显。从生产角度看,中国经济最坏的时期已经过去,这意味着我们是一个"V 型"返暖。预计 2009 年第四季度中国经济增长将加速。在未来的一年时间里,经济运行将处于"高增长、低通胀"的理想通道之中,这是政府关注经济增长品质的绝佳时机。

建议 2010 年为"结构调整年",宏观调控政策由"不遗余力地确保增长"逐步转向"更加注重结构调整,注重培育新增长点"上来。

防通胀。当前,我国货币供应增速处于 13 年来的最高峰,2009 年上半年 M_2 的增长率为 28.5%,GDP 增长率为 7.1%,理论上 CPI 可以达到 20% 以上,而事实上 CPI 只有 -1.1%。这种货币供应增速"历史高位"与 CPI"历史低位"并存现象,使货币政策调整陷入两难境地。但是,如果从"消费物价通胀"和"资产价格通胀"两方面综合考虑,我们可以将此轮通胀预期演绎划分为两个阶段:通胀第一阶段为"资产价格通胀"率先上行,"消费物价通胀"继续下行并逐渐回稳;第二阶段为"资产价格通胀"继续上行,"消费物价通胀"也开始上行并逐渐加速。根据目前经济运行形势,我们判断,2009 年第四季度中国将走出通胀第一阶段,2010 年将会进入通胀第二阶段。2009 年 9 月 CPI 和 PPI 已实现了环比上升,第四季度能够诱发 CPI 大幅飙升的因素还较微弱,CPI、PPI 等物价指数降幅继续收窄并有望最快于第四季度转为正增长。2010 年上半年,伴随油价上扬,通胀预期将迅速升腾,并成为新兴亚洲的头等大事。因此,在潜在通胀忧虑不断升温的背景下,中国在扩张的宏观政策基调下采取部分收紧举措在所难免。

建议 2010 年第二季度,决策层应在"防通胀"上有些实质性举措。

控风险。当前,世界经济和中国经济都陷入极其复杂的多因素并存阶段,未来一年,可能是风险集中凸显期。由于目前的经济复苏主要是用信贷强行刺激和大规模政府投资推动的,这是一种低质高量的经济增长。随着短期超常规政策的退出与中长期结构调整政策的跟进,部分行业面临"断奶"后能否平衡发展的问题。

建议决策层要设计好政策退出的路径,避免经济出现大起大落的风险。

(三) 政策"渐进退出"的方式与路径选择

当前中国经济复苏正值关键时期,政策平稳过渡至关重要。如何在宽松抑或收紧政策之间拿捏准确,是未来几个月中国宏观调控政策面临的最大挑战。我们认为,2010 年上半年的宏观调控应本着"救急靠政府、复苏靠市场"的思路,渐进退出。

在政策组合中,要以财政政策调整为主,货币政策调整为辅。

之所以要以"财政政策调整为主",是因为中国这次经济复苏的主要动力在于"四万亿"投资计划的推出,货币政策只是做一个相应的配合政策。"解铃还须系铃人",控制经济过热和通胀风险也必须从财政政策着手。如果没有对新开工项目节奏调整的计划,那么货币政策的调整将会一事无成,反而会使中国的经济增长更加不均衡。具体说来,财政政策调整思路:在继续执行积极的财政政策的同时,适度调整收支关系。即保持现有赤字规模,但由前期的"增支"为主调整为"减收"为主,更多地依靠民间支出和市场机制实现复苏。要制定政府投资退出时间表,控制财政风险。随着经济形势好转,开放行业准入限制,通过"建设—经营—转让"(BOT)或特许经营模式,引导民间资本流向基础设施项目和公用项目,鼓励各地逐步将前期政府投资"置换"为民间投资。

适度宽松的货币政策要继续沿着下半年以来的方向"稳中有收"。具体包括:

一是选择好政策退出方式。为了保证中国经济能够实现持续的恢复性增长,宽松货币政策退出应分两阶段实施:第一阶段是政策从超常刺激水平向正常刺激水平转变。从这个意义上说,"管理通胀预期"属于第一阶段,即真正将货币政策从"极度宽松"向"适度宽松"回归。在这个阶段,信贷增长仍然可以维持在20%以上。第二阶段是刺激政策的真正退出,这个阶段更为复杂。如果现有增长模式不可持续,完全意义上的政策退出即意味着经济增长放缓。为了防止经济再次下探,政策退出还有个最适工具的选择。二是选择好政策退出的工具。总体来说,货币政策调整最适工具的选择,应该是数量性收缩先于价格性调整。政策"退出"次序就为:窗口指导→货币市场利率→存款准备金率→加息。我们认为,2009年第四季度,要重点加强对银行的窗口指导,在银行放缓信贷步伐的同时,提高公开市场操作频率。随着央行回笼力度有所加大,货币市场利率上升应该是一个趋势,2010年第一季度可以考虑提高货币市场利率。2010年第二季度,存款准备金率应上调0.5%,届时法定存款准备金率将调整为14%。对于"加息"工具的启动,须持谨慎态度。虽然以色列、澳大利亚、挪威、印度央行已先后加息,但我们认为,这四国经济并没有很大的普遍性,由于以美国、欧元区、日本为代表的主要经济体,仍然以"按兵不动"为其主要策略,如果我们加息在前,必将进一步带来境外"热钱"的流入。我们建议,2010年中期之前中国都不应出台加息这一紧缩政策。

在"保出口"的政策组合中,先调整退税政策,后调整汇率政策。调高出口退税税率是出口退税制度回归的表现,有利于保持我国出口产品在国际市场的份额,减轻相关行业和企业的负担,对于外贸形势有很大的正向刺激作用。等到出口退税调整到2008年年中的水平,出口退税政策逐步正常化后,即可考虑调整汇率政策。我们建议,2009年第四季度人民币汇率仍要保持稳定,2010年第一季度如果贸易形势得到根本好转,人民币汇率则可恢复温和缓慢地上升。

(四)"稳中求进"一揽子对策

1. 利用经济杠杆和行政手段,综合调控"产能过剩"行业

第一,通过信贷政策、财税政策、价格政策等杠杆,引导企业投资,使"过剩"问题形成"自主消肿"机制。对于新建项目,应严格执行"必须具备35%以上资本金比例"的规定;对于淘汰类项目,停止各类形式的新增授信支持,并采取措施收回已发放的授信;对"产能过剩"行业中生产企业实行差别电价政策,对暂时还不能退出市场的落后工艺技术生产提高电价。

第二,坚决限制"两高一资"(高污染、高能耗、资源型)产品的出口。除了限制这些行业产品的出口数量,还要从税收政策上进行约束,进一步降低甚至取消其出口退税率。

第三,严格审批产能过剩行业用地。加强土地规划和计划调控,严格审查建设项目批地、供地,遏制产能过剩行业和重复建设项目用地,对不符合产业政策和供地政策,或是未按规定履行审批或核准手续的项目,均不批准用地。

2. 继续执行结构性减税政策

结构性减税政策是政府将掌控的资金让渡给法人和自然人,法人和自然人将这些资金再转化为投资和消费,以市场拉动投资和扩大消费。其内涵主要包括:一是非全面的减,主要是针对特定税种、基于特定目的

的削减;二是非大规模的减,即有所控制的小幅度、小剂量的削减;三是非净效应为 0 的减,出发点和归宿均系实实在在的削减。现阶段,具体包括:一是将增值税税率由 17%降至 13%,以扶持中小企业发展。二是降低个人所得税税率。在个人所得税实现综合所得税制之前,稳步提高个人所得税扣除标准。三是继续推行汽车购置税优惠政策。2009 年 9 月中国汽车销量比去年同期增加 78%,成为全球最大的汽车市场。其中很大的一个原因就是政府在年初推出了购置税优惠政策。汽车购置税的经验告诉我们,只要有合适的机会,消费者还是愿意花钱的。因此,2010 年1.6 升以下乘用车购置税优惠 5%的政策不能断然取消。

3. 明确设定 3%为 CPI 目标值,将"管理通胀预期"落在实处

在全球低利率、极度宽松的货币政策背景下,一个清晰可靠的通货膨胀预期目标,会使人们对未来的物价走势形成一个比较稳定的预期,有助于减少企业和消费者对政策的不确定性预期。从新西兰、加拿大、英国等二十多个国家的实践看,这些国家的通胀率在采用 CPI 目标值后大幅下降,通货膨胀波动也急剧缩小。建议央行将物价水平明确设定在 3%的目标值,如果 CPI 大于 3%,意味着经济已出现"滞胀"苗头,货币政策应及时从偏积极转向相对中性。CPI 目标值一旦明确,那些炒作通胀预期的投机者,其投机空间将大大缩小,高估的资产价格会相应得到调整。

4. 征收外资税,限制"热钱"大量流入

巴西近期控制"热钱"的做法值得关注。2009 年 10 月 20 日,巴西财政部为防堵"热钱"炒股炒汇,宣布外资汇入巴西,投资股、汇市须先缴 2%的税。为了减缓人民币升值压力,避免股、汇市过热发展,建议我国也要对投放股票及固定收益市场的海外资金,征收 2%的资本税。征收外资税有助于引导外资直接投放于实体经济,更有利我国出口产业和金融市场的稳定。

5. 规范地方政府投融资平台建设

首先,提高地方政府投融资平台的透明度,推动当前地方政府通过投融资平台所形成的隐形负债向及时公开披露的合规的显性负债转变,改变当前信息披露严重不透明的状况。其次,推动地方政府融资平台融资行为的市场化。通过债券发行等形式筹资建设的项目,往往具有相对较高的透明度以及相对较严格的自我约束。最后,银行应当推进更为审慎的对地方政府融资的风险管理举措。这包括对项目资本金的严格监控,以及对偿还能力的深入分析,控制发放打捆贷款,重点跟踪不同地方政府的负债状况和偿债能力,以把握融资平台的还款能力和贷款风险。

6.加强信贷的质量监控

2009 年第四季度到 2010 年上半年的调控重点主要集中在三个方面:一是加强对贷款风险集中度的管理,重点监控大项目贷款的风险;二是坚决收紧对豪华住房的房贷要求;三是重点排查地方政府债务风险。

目前,全球通胀预期正沿着"量化宽松政策→美元贬值→大宗商品价格上涨→股价上涨→房价上涨→CPI 上涨"的几个逻辑链条演进着。中国面临输入型通胀和成本推动型通胀风险加大的危险。一方面,美元贬值的风险就像一颗定时炸弹,爆发只是时间问题。我们预计,美国国债泡沫很可能因全球资金从美国国债市场流向商品、股市、黄金等市场而破灭。中国是美国国债最大持有国,美元贬值给中国造成的直接损失,可以做一个简单估算:截至 2009 年第三季度,中国外汇储备为 2.27 万亿美元,其中 70% 为美元资产,相当于有总额为 1.6 万亿的美元储备。美元贬值 1%,那么每个月中国外汇储备的损失就是 160 亿美元。美元在过去的 8 年已经贬值了 40%。其中,在 2009 年 3—11 月的 8 个月中,美元贬值了 25%。这意味着中国国民财富的无情流逝。因此,输入型通胀对我国压力要高于其他经济体。另一方面,中国的产业链是"两头在外,中间在内"(即市场、研发在国外,制造在国内),在国际大宗商品价格上涨,而国内总体最终需求不振的情况下,企业生产成本会大幅度提高。上游通胀和下游通缩,将使中国制造业同时遭受通缩和通胀的双重打击。

四、避免全球经济"二次探底"冲击[①]

2011 年上半年开始,全球经济出现"二次探底"苗头,中国实体经济

[①]　本部分完成于 2011 年下半年。

也呈现出一些新的变化,与2008年年底的局势非常相似,为了防止金融危机对中国实体经济形成二次冲击,中国宏观调控政策应及时向"总体中性、结构性宽松"转变。

(一) 全球经济已出现"二次探底"的趋势和苗头

1. 欧债危机从区域性危机再次升级到全球性危机

近两年欧债危机已发生了三次质变:一是从希腊一国扩散到葡萄牙、爱尔兰。此次质变还是个局部事件。二是意大利、西班牙被拖入债务危机。此次质变是由危机传染性引起的。三是从欧元区外围国家向核心国家扩散。这次质变已演变成攸关欧洲整个金融系统稳定的大危机。如果危机再深入演变,将会发生第四次质变,从欧洲区域性危机升级到全球性危机。目前欧洲银行业的风险敞口巨大,如果高盛这种系统性重要银行评级被下调的话,对全球银行业将是致命打击。欧债危机全面恶化,最终受伤的是全球金融系统,后果就是全球二次金融海啸。

2. 发达国家危机已从私人部门危机演变成公共部门危机

当前全球金融危机表现形式,已与三年前首次爆发时大不相同,救助的路径也不同。那时的危机主要表现为私人部门危机,由公共部门救助。目前是公共部门危机。近三年,由于救助私人部门,公共部门严重受累,当整个国家主权债务出现危机时,谁又能拯救一个国家的命运?

3. 发达国家危机已从经济金融危机演变成社会和政治危机

欧美政府减少赤字的努力正受到失业率居高不下的威胁,一边是因为失业而怒火高涨的"占领华尔街运动",一边却是政府不得不在社会福利的财政支出上作出"精简"。双重压力使得这场主权债务危机在国内已演变成一场政治经济危机。为转嫁矛盾,欧美发达国家必将采取更加激进的贸易保护主义政策。

从全球实体经济运行看,已经出现"二次探底"的苗头。美国自2011年5月开始,制造业PMI、耐用品订单、消费信心、通胀等重要指数均开始出现显著的恶化倾向。美联储2011年9月通报,美国经济和全球经济有严重下滑的风险。欧洲央行预测小组发布的2011年9月欧元区宏观经济预测数据显示,欧元区 2011 年的实际 GDP 增速预计将在 1.4%—1.8%,2012 年将为 0.4%—2.2%。与 2011 年 6 月的预测相比,经济增速被明显下调。德国"欧洲经济研究中心"(ZEW)经济景气指数连续 8 个月下滑,10 月更是大幅下挫至−48.3,创 35 个月(2008 年 11 月以来)最低水平,预计德国经济或在 2011 年第四季度和 2012 年第一季度出现负增长。2011 年 9 月 16 日,在中国大连举行的夏季达沃斯论坛上,世界经济论坛主席克劳斯·施瓦布一连用了几个"非常",表示对世界经济前景的担心:"基础非常脆弱、形势非常复杂,不同国家都面临着不同的困境。"

(二) 中国若继续实行从紧政策,经济"硬着陆"风险加大

在经济结构上,欧美是以金融业为主,中国是以实体经济为主,与全球金融危机相对应的,往往是中国的实体经济危机。如果说 2008 年年底由美国次贷危机引起的全球第一次金融海啸对中国实体经济形成第一次冲击的话,那么 2011 年年底由欧美主权债务危机引起的全球"二次探底"则对中国实体经济形成第二次冲击。当前中国形势与 2008 年年底的局势非常相似。2008 年上半年,中国经济主要矛盾还是通货膨胀,7 月份的 CPI 是 6.30%、PPI 为 10.0%,比现在要高。但随着次贷危机演变,从 2008 年下半年开始形势急转直下,11 月份 CPI 降到 2.4%,PPI 降到 2.0%。实体经济也出现了严重的衰退信号,GDP 增长率从 2008 年第三季度的 9% 下降到第四季度的 6.8%。当时宏观调整政策如果提前 3 个月转向,经济不至于出现那么大的滑坡,也就不会有后来的"四万亿"的"强心针式"救市政策。

在全球经济"二次探底"趋势增强的情况下,中国经济也呈现出一些新的变化。

1. 通货膨胀势头有所减轻

第一,价格指数明显回落。一是农产品价格指数呈下行趋势。统计数据显示,农业部统计的农产品批发价格指数自 10 月以来几乎直线下行,商务部食用农产品价格指数 2011 年 10 月初的涨幅更趋近于零,而影

响重大的猪肉价格已在持续不断地回落。东南亚国家水灾对中国粮价影响或许存在,但基本可控,中国连续 7 年粮食增产丰收形成的总体"供大于求"态势能足够抵消一部分国际粮价上涨的影响。二是 CPI 下降趋势明显。综合考虑"翘尾+新涨价"因素,预计 2011 年 10 月的 CPI 同比上涨 5.4%左右,2011 年第四季度 CPI 同比上涨 5.1%,进入可容忍区域。预计 2012 年上半年通胀率为 3.7%左右。三是 PPI 降幅大于 CPI。国家统计局数据显示,2011 年 9 月工业生产者出厂价格环比稳中有降,同比涨幅继续回落。预计 2011 年第四季度,PPI 同比价格指数将呈现不断下降趋势,季度平均指数为 5.0%。预计 2012 年上半年平均为 4.2%。

第二,输入性通胀和成本推动型通胀有所减轻。受全球经济疲软和债务危机双重影响,全球经济刮起"逆风",国际大宗商品和国际油价呈下跌趋势。欧美通胀进一步走高,欧美量化宽松政策被通胀封死。数据显示,2011 年 9 月美国 CPI 进一步升至 3.9%,核心通胀继续保持在 2.0%的警戒高位。按照现在的通胀水平,美联储直到 2012 年中期的货币政策空间都会被压制。这对新兴经济体来说,反而减少了欧美出台量化宽松政策带来的通胀压力。

第三,国际资本流动"急剧逆转","热钱"助推型通胀风险也有所减轻。2011 年 9 月中国外汇储备 16 个月来首降,外汇占款下滑,央行主动投放货币冲抵"热钱"的动力不是上升,而是在下降。这折射了资本短期流出的苗头。国家外汇管理局在 2011 年 9 月末公布的一份报告中指出,目前欧洲主权债务危机不断发酵,新兴经济体资本流动也面临不确定性,短期内出现波动的风险增加。国际货币基金组织警告说,如果欧洲未能遏制债务危机,新兴市场将面临资本流动"急剧逆转"的风险。

第四,全社会流动性显示紧缩状态。统计数据显示,2011 年 9 月货币供应量的增速、新增信贷量等依然处于历史低位。4700 亿元的新增贷款,是 2010 年以来的最低数额;而 M_2 同比增速在 2011 年 8 月创下 2002 年以来的新低后,9 月继续走低至 13%,这几乎是 2000 年以来的最低水平。2011 年前三季度社会融资规模为 9.8 万亿元,同比巨减 11.4%。如果从全年 14 万亿元的目标来看,当前社会融资规模显示紧缩状态。

2. 中国实体经济下行风险加大

首先,部分外贸企业已陷入经营困难。出口是欧债危机影响中国实体经济的第一链条。据华泰联合近期在东莞调研结果显示,东莞作为广东乃至全国出口制造中心,出口订单在 2011 年 6、7 月份开始出现明显下滑,至 8 月份,300 家企业综合订单同比下滑 15%—20%。平安证券近期对浙江出口企业的调研也显示,浙江省 2011 年上半年进出口增速均出现下滑态势,其中机电产品出口增速下滑最为明显。被视为中国出口风向标的广交会上,对欧美市场出口量环比大幅下滑,其中机电产品对美国成交下降高达 54.9%,五矿化工产品对欧洲出口下滑 15.3%。中国陶瓷产业更是遇到了 10 年来最大的困境,约有 20%—30% 与陶瓷生产、贸易相关的企业处在倒闭的边缘。

其次,温州事件①有蔓延全国之势,"影子银行"隐藏着中国式次贷危机的风险。"影子银行"与民间借贷两个看似独立的融资市场,却被错综复杂的资金供应链直接或间接相连在一起。从目前事态演变看,温州事件已绝不是"孤立事件",资金链断裂引发的"跑路潮"有蔓延全国之势。先是江苏泗洪疯狂的高利贷案件被曝光;再是 2011 年 8 月初,温州巨邦鞋业老板失踪、闽北担保链崩溃、福建建阳案爆发;还有 2011 年 8 月中旬,南京的高利贷者人间蒸发和一家银行的支行财务经理相继失踪,浙江丰华木业有限公司老板封庆华被警方押回衢州;2011 年 9 月 24 日鄂尔多斯一房地产老板上吊自杀;2011 年 10 月 8 日,深圳钧多立实业有限公司负债近 20 亿元董事长全家失踪,深圳 LED 企业老板举家"跑路"。

再次,房地产景气指数逼近 2008 年谷底。最能反映行业温度的国房景气指数显示,2011 年 9 月房地产开发景气指数 100.41,已连续 4 个月下降。在严厉的调控政策下未来国房景气指标将持续处于下行通道,2011 年第四季度将跌至 100 点以下的不景气区间,行业正在"入冬"。北京房地产景气指数也已连续三个季度下滑,已经逼近 2008 年最低水平。

---

① 2011 年秋天,时任中国人民银行行长周小川接获温州求援报告,报告显示温州几十家企业主出现跑路的情况,周小川敏锐意识到这种风险蔓延的破坏力,直接致电中国人民银行温州支行,商讨施救措施。

然后,部分行业固定资产投资呈下行趋势。数据显示,在构成固定资产投资的 16 个行业指标中,已有 3 个行业出现了负增长:一是铁路运输业投资已连续 4 个月快速回落,2011 年前三季度同比增速-19%。二是作为重要工业半成品的乙烯产能在 2011 年 9 月份突然急剧回落至-18%。三是房地产行业整体开始下行趋势,2011 年 9 月数据已显示房地产开发投资、新开工、施工面积和销售等方面都出现了一些明显的下滑现象。

最后,资金出逃加剧,A 股市场已失去融资功能。益盟软件统计显示,2011 年 10 月 13 日至今证券期货、化工、煤炭、有色金属和房地产行业净流出资金分别高达 27.98 亿元、21.57 亿元、20.78 亿元、19.02 亿元和16.21 亿元,成为资金净流出额最大的行业。在资金大肆净流出冲击下,这五个行业同期分别重挫 6.02%、4.10%、5.62%、7.55%和 6.18%。

(三) 中国应采取"总体中性、结构性宽松"的宏观调控政策

目前,亚洲各央行普遍放松货币政策。2011 年 8 月以来,土耳其、巴西、印度尼西亚、俄罗斯和巴基斯坦等新兴经济体先后宣布降息。巴西在通胀率很高的情况下,果断于 2011 年 10 月 19 日宣布将基准利率下调 50个基点。2011 年 10 月 14 日,新加坡金管局当日宣布,将通过放缓新加坡元升值步伐的方式来放松货币政策,这是新加坡两年来首次放松货币政策。韩国、菲律宾等亚洲经济体也暂时止住了紧缩的步伐。不少国家还在考虑财政方面的经济促进措施,2011 年 10 月 12 日菲律宾宣布启动一项总额为 720 亿比索(约合 16.6 亿美元)的经济刺激计划,以应对全球经济减速对菲律宾经济造成的影响。在全球经济"二次探底"以及新兴经济体进入减息宽松大环境下,中国实体经济是否能避免受二次冲击,取决于决策层能否适时调整宏观调控政策。

1. 货币政策"渐进"放松势在必行

一方面,货币政策应终止"紧缩"步伐,适时向"中性或宽松"转变。鉴于我国目前通胀水平还处于较高水平,宏观调控政策可采取"渐进"转变方式。第一步:最多再保持 1 个月的观望期(2011 年 11 月)。第二步:

如果事态进一步恶化,应果断采取向"中性或宽松"货币政策转变。如果外汇流入停滞,建议年内(2011年12月)就要下调0.25—0.5个百分点的存款准备金率。第三步:如果2012年物价水平继续回落,建议在第一季度调整存贷款利率,并进一步下调存款准备金率。

另一方面,"结构性"放宽信贷规模,对小企业的不良贷款率容忍度可提高至5%。未来几个月,对外贸企业、中小企业和保障房应实行定向宽松政策。推出支持银行对中小企业信贷投放的刺激政策,对小企业的不良贷款率容忍度可提高至5%。

2. 财政政策要更加积极有效

一方面,对部分中小企业实行临时性的免税政策。对中小企业的减税和减负政策改革是一项重大工程,考虑温州等区域性企业目前面临的困境,可以推出特定法案,实行临时性的税收政策。建议对那种10人以下、为社会就业已作出贡献的微小型企业,应予以免税。

另一方面,借鉴重庆扶持微型企业。2010年,重庆市委、市政府把发展微型企业纳入"民生十条",探索出一条以创业来带动就业、激发社会活力、改善民生的新路径。如一个微型企业创业,投入资金10万元,可获得政府补贴30%—50%,政策贷款15万元,这样一下子就有了将近30万元的启动资金。而且经营期间给予资本金等额的税收返还;企业再投入,财政就再补助、税收就再返还,直到发展成为中小企业。如此算下来,相当于零成本创业。目前,重庆享受这样待遇的微型企业已达上万家。

3. 金融政策要更加灵活

第一,推广深圳发展银行的"供应链金融"模式,解决中小企业融资难问题。2006年,深圳发展银行推出"供应链金融",2009年把它进一步发展为"线上供应链金融",截至2010年年底,深圳发展银行的线上供应链用户已达1000多家。深圳发展银行"供应链金融"的创新意义在于,它通过"巧用强势企业信用、盘活企业存货、活用应收账款"三大路径将中小企业融资的风险降低或化于无形,解决了中小企业"信用弱、周转资金缺乏、应收账款回收慢"三大障碍。

第二,购买"欧洲金融稳定基金"。如果中国斥巨资救欧洲经济,建议不要购买欧洲单一国家的国债,若欧盟决定发行"欧洲金融稳定基金",中国可考虑购买此债券。在财务盈亏之外,中国与欧元区合作的另一重考量,就是对中国长期发展是否有利,欧洲必须拿出实质性筹码与中国交换,比如欧盟承认中国市场经济地位,放宽对华武器禁运,拿核心技术与中国交换等。

第三,鼓励在欧洲上市的中国资源类企业,用外汇资产回购股份。在国际资源价格回调和欧洲行情低迷之际,在欧洲上市的中国资源类企业全面回购股份,既能减少外汇储备的缩水损失,符合国家利益;又能为企业创造收益。

4. 建立风险预警机制,防范系统性风险发生

一方面,紧急启动金融稳定基金,以遏制温州事件的蔓延。建议中央财政拿一部分资金建立"金融稳定基金",先盘活实体经济,帮助身陷困境的优质企业渡过难关。金融稳定基金可以起到示范和引导作用,可带动社会资金参与互助。据测算,1亿元的金融稳定基金可带动3亿—9亿元民间资金进入实体经济。

另一方面,将"影子银行"纳入正规金融体系。央行公布的数据显示,2011年上半年人民币贷款以外的融资规模占到整个社会融资规模的46.3%,非银行金融机构的贷款规模已是三分天下有其一。来自"影子银行"的大量资金,扰乱了宏观调控的效果,而且一旦出现资金链断裂潮,游离在监管之外的"影子银行"体系,可能引发系统性风险。20—30年前,美国的银行都是"影子银行",之后才逐渐被纳入银行体系。目前最好的办法是改变民间资本的尴尬境地,通过法律手段将民间资本验明正身,从地下走向地上,进行阳光化运作。

五、欧债危机影响和我国宏观调控的首要目标[①]

2012年,欧债危机又一次发生质变,即从欧元区国家向中东欧地区

---

① 本部分发表于2011年年底,当时欧洲主权债务危机(欧债危机)的负面影响已经初现端倪。

蔓延。如果欧洲无法摆脱债务危机,其未来发展的最坏结果是引发全球经济"二次探底"。欧债危机对我国金融系统的直接冲击非常有限,但对我国实体经济的冲击则是显而易见的。在全球经济"二次探底"的冲击下,我国经济下行风险大于物价失控的风险,"保增长求稳定"应是 2012年首要调控目标。

(一) 欧债危机正从金融和实体两个路径影响我国

当前,欧债危机又一次发生质变,即从欧元区国家向中东欧地区蔓延。中东欧国家目前最严重的隐患就是银行体系被欧元区国家高度控制。在匈牙利、保加利亚、罗马尼亚等国家,来自意大利、法国、希腊的外资银行已经具有了支配地位。如果欧元区债务危机继续升级,西欧国家的银行可能从东欧撤资,中东欧地区正面临自 2008 年国际金融危机以来最严峻的形势。若欧洲无法摆脱债务危机,其未来发展的最坏结果是从欧洲区域性危机升级到全球性危机,引发全球经济"二次探底"。

在此背景下,人们自然要关注的是欧债危机将通过什么渠道传导给我国。笔者认为,欧债危机将主要通过两条路径对我国经济产生影响:一是金融渠道;二是实体渠道。

从金融渠道看,2008 年国际金融危机爆发时,我国金融机构持有不少次贷资产,雷曼倒闭之后,这些资产都不得不强行减记。这一次,我国金融企业提高了警惕。据我国银行 2011 年第三季度报告披露,我国银行已经清空了"欧猪五国"中的四国债券,其持有的欧洲债券主要集中在英、德、法等资信良好国家。因此,欧债危机对我国金融系统的直接冲击将非常有限。

从实体渠道看,欧债危机通过实体渠道影响我国经济则显而易见。在经济结构上,欧美是以金融业为主,我国是以实体经济为主,与全球金融危机相对应的,往往是我国的实体经济危机。如果说 2008 年年底是全球第一次金融海啸对我国实体经济形成第一次冲击的话,那么 2011 年年底的全球经济"二次探底"对我国实体经济则有可能形成第二次冲击。由于欧洲已成为我国第一大贸易伙伴,欧债危机对欧洲经济的打击不可避免地会冲击我国出口企业。

（二）我国经济下行风险大于物价失控的风险

在全球经济"二次探底"趋势增强的情况下,我国实体经济也呈现出一些新的变化。

1. 价格指数明显回落

在经历了长达数月的物价保卫战后,CPI涨势连续3个月放缓。市场普遍预测,2011年11月CPI将会在时隔8个月后再次回到4%的同比增长区间,很可能创下年内新低,约为4.4%。定量层面的证据预示着,2011年11月CPI很可能出现首次环比零增长。有国内知名券商的最新预测结果显示,2011年11月CPI同比涨幅可能回落至4%以下。

2. PMI再创新低,制造业开始进入新一轮调整期

根据官方数据,2011年前三季度国内生产总值分别增长9.7%、9.5%和9.1%,呈逐季下行态势。刚发布的11月制造业采购经理人指数下降到48,跌到"荣枯线"①下方,并创出32个月新低。从分项数据看,"产出指数"从51.4骤降至46.7,创下2009年3月以来的最大降幅。短期内PMI出现下滑,表明我国制造业企业正在经历最艰难的时候。

3. 我国正面临资本流动"急剧逆转"的风险

一是近期人民币对美元汇率连续跌停,历史罕见,可以看作是对我国经济发展趋势的某种预警。二是外汇占款余额出现了8年来首降形势。国际货币基金组织警告说,新兴市场将面临资本流动"急剧逆转"的风险。据中金公司最新利率策略周报估计,2011年10月"热钱"流出我国的规模大约为1800亿元人民币。此外,我国2011年第三季度增加的外汇储备规模较第二季度缩小了509亿美元。这些都表明,"热钱"外流在加剧,而且规模庞大。

4. 我国面临持续性贸易壁垒,外贸企业已陷入经营困难

据商务部统计,我国已经成为全球反补贴调查的最大目标国,全球

---

① 荣枯线,即采购经理指数(PMI)和企业家信心指数的临界值,可反映宏观经济运行的景气状况、发展变化趋势和企业家对宏观经济的看法与信心。

70%以上的反补贴调查针对我国,地方政府的政策成为调查要点。更让人担忧的是,西方发达国家和地区原来只针对单一产品采取单一措施设置技术壁垒,现在已逐渐发展到针对大类产品采取系统性的综合措施;过去贸易摩擦主要集中在传统劳动密集型产业,现在则日渐指向支柱产业和高新技术产业,并且正在向产业政策等体制层面转移。

5.民营企业再现倒闭潮,2011年年底或再现2008年的一幕

从目前事态演变看,温州事件已绝不是"孤立事件",资金链断裂引发的"跑路潮"有蔓延全国之势。在2008年金融海啸中,我国实体经济受到冲击首先表现在民营经济发达的江浙和广东一带,有20%—30%的制造业企业倒闭。有专家预计,2011年年底或再现2008年的一幕,倒闭的制造业企业数量会达到30%—40%。

6.楼市转向买方市场,房地产景气指数逼近2008年谷底

万科称,2011年11月份主要城市市场的成交速度持续放缓。在严厉的调控之下,未来国房景气指标将持续处于下行通道,第四季度将跌至100点以下的不景气区间,行业正在"入冬"。

综上分析,我们对我国经济总体判断是:经济总体呈偏冷趋势,经济下行风险大于物价失控的风险。目前国外机构对我国经济增长预测开始纷纷下调,2011年12月7日亚洲开发银行发表报告,调低我国经济增长预测至8.8%;更悲观的是野村证券将我国2012年经济增速预测由8.6%下调至7.9%。

(三)"保增长求稳定"应是2012年首要宏观调控目标

在全球经济"二次探底"的冲击下,我国宏观调控应尽早"为经济负面影响"做好准备。在通胀压力减弱、经济减速压力增强格局下,"保增长求稳定"应是2012年的首要经济目标。

1.我国金融企业应当全面撤离欧洲金融市场

欧债危机对我国金融系统直接影响有限,但间接冲击难以评估。2008年,我国金融机构受冲击最大的不是来自美国的业务往来,而是欧洲。当时的中国平安因投资欧洲富通集团,导致231亿元的亏损。目前,欧债危机对欧洲各家银行的牵连有多大,对其他地区的金融牵连有多大,都是一个未知数,考虑到在29家全球系统性重要银行中,有17家集中在欧洲,这里面注定是一个深不见底的黑洞。在此,建议我国仅保留在欧洲的少量必要结算业务,只有当欧洲各国在政治层面上构筑真正有效的全面救市方案之后,再重返欧洲金融市场。

2. 如果人民币出现中期贬值走势,建立再次启动"盯住美元"的汇率政策

在2008年国际金融危机期间,全球资金的关键不是总量而是流向,从全球资金配置与流向上看,相对发达经济体而言,新兴市场在繁荣时期是"印钞机",在危机时期是"提款机"。全球经济一旦进入危机阶段,美元就会由贬值进入升值周期,国际资本将回流美国,相对应的是新兴经济体本币就会贬值,导致资金不断流出。自布雷顿森林体系解体以来,美元历次升值,新兴经济体都会因资金大量外流而引发危机。在美元走强期间,保持人民币兑美元的汇率稳定,是防止资金大量外流的智慧之策。

3. 采取特殊机制控制短期资本异常流动

一是把资本流动时差从T+0扩大到T+3,控制资本流动速度。二是在特殊时期,可考虑开征"短期资本交易税",加大短期资本流入和流出成本。

4. 进一步下调存款准备金率

2011年11月30日的降低存款准备金率将是一个起点,如果外汇流入停滞,建议央行在2011年12月份再次降低存款准备金率,2012年上半年可将存款准备金率下调200个基点。如果明年物价水平继续回落,建议2012年第一季度调整存贷款利率。

5. 落实信贷资金对中小企业的扶持政策

商业银行对中小企业发放贷款应获得营业税减免优惠;对小企业的不良贷款率容忍度可提高至5%;银行的中小企业呆坏账在500万元以内的,可以自主核销,而不需要报批财政部门的常规做法。

6. 对部分中小企业实行临时性的免税政策

对中小企业的减税和减负政策改革是一项重大工程,考虑温州等区域性企业目前面临的困境,可以推出特定法案,实行临时性的税收政策。建议对于那种 10 人以下、为社会就业已作出贡献的微小型企业,应予以免税。

7. 借鉴上海的做法,政府采购优先从中小企业采购

《上海市促进中小企业发展条例》要求,采购人和采购代理机构依据相关规定,对于预算金额内的政府采购项目,若中小企业能够提供并符合采购要求的,采购人应当从中小企业采购;超出规定预算金额的政府采购项目,在同等条件下,采购人应当优先从中小企业采购。符合条件的中小企业还可享受投标保证金等费用减免的优惠政策。

六、对"钱荒"的反思及应对之策

2013 年市场出现了流动性紧缩,即所谓的"钱荒"。在流动性紧缩情况下,股票市场大幅度波动,事情虽然已经过去,但仍有对它进行反思的必要。只有通过分析和思考,找出发生的真正原因,总结经验教训,才能防止今后类似情况的发生,防范系统性金融风险。

(一) 流动性紧缩对经济形成四轮冲击波

近期流动性逆转是多重因素叠加造成的,其中美联储量化宽松(QE)政策退出预期上升带来的资本超预期外流,是"钱荒"触发的导火索。国内则是财政存款增加、商业银行购汇、金融机构补缴法定准备金、商业银行前期贷款增加过猛等四大因素直接影响。流动性紧缩对经济形成了四轮冲击波。

第一轮是对银行间市场的冲击,导致短期利率大幅度飙升。随着 2013 年 6 月 25 日央行对银行间市场注入部分流动性,第一轮冲击波已经得到控制,并将较快稳定下来。

第二轮是对股票市场的冲击,导致资产价格暴跌。在资本市场中,银行间市场"钱荒"短期内会让各类资产的价格(股票和债券)因资金短缺而明显下挫。中国股市上证综指 2013 年 6 月 24 日暴跌 5.3%,创下了

2009 年 8 月 31 日以来的最大单日跌幅。

第三轮是对"影子银行"体系的冲击,导致银行表外融资持续受到负面影响。主要表现为票据和理财产品利率的飙升。6 月期票据直贴利率已经从 2013 年上半年 5%左右的较低水平跳升至 12%以上,接近 2011 年 9 月份的历史最高水平,并极有可能进一步上升。第三波冲击已初露端倪。

第四轮是对实体经济的冲击,导致企业和地方政府偿付能力出现问题。"钱荒"已经通过票据、信贷等市场传导到了实体经济,实体经济中的流动性紧缩难以避免。第四波冲击已开始持续升温。

综合上述情况来看,发生一场广泛的债务危机可能性不大。债务危机的爆发一般需要经济下降、资本外逃、通货膨胀和货币紧缩等宏观经济条件来促成或催化。目前这些催化因素并没有同时出现。但有两个结构性风险需要特别注意:一是"影子银行"体系脆弱;二是地方政府融资平台的杠杆和现金流问题未能有效解决。

(二) 多重因素叠加造成"钱荒"

对于"钱荒",各方面都在分析原因,归纳起来主要有国内外双重因素的助推:

从国际因素看,主要有两大因素:一是美联储逐步退出量化宽松(QE)政策,导致资本超预期外流。市场普遍担心存在这样的一种机制:由于美国 QE 政策退出,导致国债收益率上升和美元升值,引发资本回流至美国,从而给国内资产价格造成压力。二是担心欧债危机卷土重来。希腊政坛动荡令投资者对欧债危机前景忧心再起,欧洲股市全线回落,银行板块重挫。

从国内因素看,有五大因素直接导致"钱荒":一是经济基本面没有预期那么好。2013 年 5 月数据显示经济增长持续回落,2013 年 6 月的汇丰 PMI 初值再次预示经济下滑态势没有改变。二是 IPO 重启。2013 年 6 月 24 日证监会对新股开闸征求意见稿结束,意味着沉寂多时的新股将再度开闸,供给增加,客观上将分流市场有限的资金,打击了市场信心。

当天 A 股再度下挫,上证综指暴跌 5.3%。三是货币市场流动性被抽走。2013 年五六月份商业银行贷款增长较快、企业所得税集中清缴、端午节假期现金需求、补缴法定准备金、国家外汇管理局 20 天连发六文加强对异常资金流入的监管等,多种因素造成货币市场流动性减少。四是实际"钱荒"与心理"钱荒"交互作用。2013 年 6 月 20 日,银行间同业拆借利率大幅飙涨,银行间隔夜回购利率大幅上升至 30%,7 天回购利率最高达 28%(而近年来这两项利率往往不到 3%)。这时,市场又传闻光大银行对兴业银行的同业拆借资金到期毁约。"钱荒"立刻成为人们关注的焦点。而恰在此时,工商银行的提款机因"升级"造成取不了钱,由此引发人们心理"钱荒"。五是体制机制因素。马克思主义哲学告诉我们,偶然性中体现着必然性,必然性往往通过偶然性表现出来。这次"钱荒"事件,不仅暴露出了商业银行体制改革不到位,也暴露出了证监会和银监会监管不到位,央行的宏观调控和应急机制不到位。

(三) 经验与教训

"钱荒"过后,需要很好地总结一下经验与教训。

一是央行作为"最后贷款人"稳定预期非常重要。预期紊乱对金融市场是灾难性的。当代著名的货币经济学家伍德福德说过:在目前的状况下,对货币政策来说,预期不仅是重要的,而且几乎是唯一重要的。2013 年 6 月 25 日以后,央行尽管释放流动性信号,稳定了市场预期,但由于行动滞后,客观上造成了两个不可忽视的负面效果:表态来得太晚,市场上已谣言四起,市场恐慌不断加剧;由于"钱荒"已经发生,对实体经济已造成伤害。

二是央行要根据形势变化,适时调整政策非常重要。这次央行之所以没有在第一时间里对市场变化作出反应,主要是因为过去几个月央行工作重心一直放在对冲资本流入的压力上。但当形势发生逆转,央行仍然从自身政策逻辑角度,继续保持政策的惯性运行,而没有根据外部环境的变化适时调整政策。

三是在市场动荡的情况下,舆论引导非常重要。舆论冲击是造成股价异常波动的主要外部因素。由于舆论的非中立性和投资者对舆论存在着一定程度的依赖性,舆论对中国股市具有天然的发动市场和左右市场的特征。新闻媒体尤其是党报,在股市已出现非理性预期的情况下,要给股市以正确的解释和引导,才能阻止市场恐慌情绪的蔓延。

(四)化解风险之对策

要防范系统性金融风险,关键要做好以下几项工作。

1.“一行三会”要建立科学的发言人制度

“发言人”是一门学科,什么时间发言、谁来发言、发什么言,需要认真研究。现阶段,要按国际惯例和中国国情来建立发言人制度。发言人要对资本市场重大新闻事件信息、舆情去伪存真,为投资者提供更加准确的资本市场舆情导航;为上市公司信息披露更加公开透明提供支持。尤其是在市场出现任何异常情况时,要在第一时间进行解读,以免谣言四起加剧市场恐慌。

2.央行要提高宏观调控能力,对流动性管理要有预案

当前,国内外经济环境仍然十分复杂,加强宏观调控对经济金融稳定至关重要。中国人民银行要不断提高金融宏观调控的前瞻性、科学性和有效性,对流动性管理要有预案。要根据国内外形势变化,充分考虑风险,及早锁定风险,研究合理控制流动性、抑制国际“热钱”大进大出、应对可能出现的局部金融风险。

3.商业银行要深化市场化改革

商业银行必须严格遵守央行的存贷比管理和规模管理,要充分认识到表外业务扩张所带来的金融风险。在日常工作中,必须坚持以客户为中心,以市场为导向,不断提高自身的经营能力和全面风险管理水平。

4.监管部门要加强对金融机构监管,推动“影子银行”的改革

目前,我国有大量的新型金融机构游离于国家监管部门之外,加大了整个社会金融体系的风险。我国的“影子银行”业务及机构更是覆盖了证券、保险、信托、新兴机构等多个领域。为防止出现监管真空,建议在不改变我国分业监管体制前提下,按照“影子银行”的产品功能和性质,由

一家监管机构统一监管。监管部门还要大力推进"影子银行"改革,促进我国"影子银行"在支持实体经济和中小企业融资方面发挥积极作用。

5.加快以"盘活存量、用好增量"为重点的改革

按照央行"M_2＝GDP 增幅＋CPI 涨幅＋2%—3%"经验公式计算,目前7.7%的 GDP 增速和 2.1%左右的 CPI 涨幅,M_2 合理增速应该在12%—13%左右。而央行数据显示,2013 年 5 月底广义货币 M_2 增速为 15.8%,大大超过 13.5%的货币增速目标。这反映一个问题——这些资金没有进入实体经济,资金在金融机构内循环运转。要想改变经济现状,必须加快以"盘活存量、用好增量"为重点的改革,提高资金的使用效率,引导资金投向实体经济,尤其要引导资金流入一些关系基础民生的领域,包括有效益的领域、节能降耗的领域,将金融支持经济结构调整和转型升级落到实处。

七、谨防宏观经济下行中的系统性风险集聚

资本市场的微观事件,往往折射出宏观经济的走势。2014 年年初,中国信达和光大银行在香港上市,股价不同,指向的是同一个事实:2014年中国宏观经济继续下滑。如何防范系统性风险,管理层需要早作政策储备。

(一) 资本市场奇事一桩:"好账银行"受冷遇,"坏账银行"受追捧

2013 年年底,香港资本市场出现了一个奇特的现象,同期在香港上市的光大银行和中国信达,投资者有着不同的表现。光大银行 H 股发行,上市首日股价竟跌破发行价。而中国信达 H 股发行,市场反响强烈,零售部分股票超额认购达 160 倍。

国际上有"好账银行/坏账银行"理论,即商业银行的资产是由正常资产和不良资产两部分组成的,为了防止有毒资产对银行体系正常信用创造功能的影响,一般将银行不良资产剥离出来,成立一个"坏账银行"

来管理和处置,正常资产在原有的"好账银行"继续运转。在这里,光大银行是"好账银行",而中国信达则是"坏账银行"。

"好账银行"与"坏账银行"不同的待遇,当然与他们自身经营业绩有关。光大银行是中国光大集团旗下以经营银行业务的企业。在股份制商业银行中光大银行排序相对靠后,其利润规模落后于招商、民生、兴业、中信等股份制商业银行。中国信达在四家国有资产管理公司中,无论是收入、赢利、业务规模还是现金回收能力,均处于同业领先者地位。截至2013年年底,传统类不良资产收购市场中国信达占比53%,持续保持市场领先地位。而且,对于不良资产的处置,中国信达一直践行"根雕"理论——即对一个有潜质的不良资产,只要通过一定资产重组,将资金链盘活,实际上就是优良资产。经过十几年的实践,中国信达达到了债权回收最大化和令人满意的处置效益。

(二)微观事件的背后逻辑:宏观经济进入下行周期

投资者如此不看好"好账银行",却追捧"坏账银行",其实是市场对中国新一轮不良资产余额攀升的预期,是对中国宏观经济下行趋势的判断。

2014年,中国经济系统性风险正从国际和国内两个方面集聚:从国际方面看,一是发达国家货币政策集体逆转,"钱荒"成常态化。尤其是美国退出量化宽松货币政策,必然引起全球资本跨国流动。二是美元已进入上升周期,人民币有潜在的贬值压力。美元指数呈周期性波动,一般在经历10年左右下跌周期后,就会进入5—7年的上升周期。过去三十多年来,美元经历了两轮上升周期。笔者预测,2014—2019年美元有可能进入第三轮上升周期。推动这新一轮美元走强的动力,是奥巴马政府的新能源革命与页岩气革命。从市场逻辑看,如果美元进入上升周期,人民币具有潜在的贬值压力。

从国内来看,一是在宏观经济下行的压力下,银行不良贷款率呈上升趋势。从资本市场运行规律看,银行股呈强经济周期,其股价的最直接决定因素是宏观经济。随着实体经济的明显下滑,企业和地方政府的偿付能力会出现问题。高度依赖宏观经济周期的中国金融业,将面临不良资产大幅度攀升。二是信托理财产品"刚性兑付"的违约风险。近年来银行将一些高风险业务通过理财产品、信托产品转移到资产负债表之外。在"刚性兑付"条件下,信托公司抵御风险能力较弱。2014 年年初,中诚信托"诚至金开 1 号"、吉林信托"吉信松花江 77 号"等已出现兑付危机。从结构上看,2014 年到期的信托产品中,30%左右是地方政府的,其中有 1/4 投向了风险较高的房地产类和产能过剩的煤矿、太阳能和钢铁行业,多个项目是没有能力兑付的。

"好账银行"利空,正是由于"坏账银行"利好。经济周期规律表明:在经济周期上行时,企业和银行都运行良好,此时经营坏账的银行相对寂寞;而在经济周期下行时,企业的利润会下滑,向企业发放贷款的银行等金融机构的不良贷款会上升,随着"好账银行"的不良资产上升,"坏账银行"开始繁忙起来,这正是经营不良资产的"坏账银行"的特殊逆经济周期商业模式。

从中国信达的业务构成分析,中国信达对不良资产收购和处置分为金融类和非金融类。从其核心业务——处置金融类不良资产看,截至 2013 年年末,中国银行业的不良贷款率呈现温和增长趋势,银行不良贷款余额和不良贷款率均连续 9 个季度上升。到 2015 年年末,中国各大银行的坏账将从 2013 年年底的 5930 亿元飙升至逾 1 万亿元。这无疑给经营不良资产业务的中国信达带来了更为广阔的市场。从其特许业务——处置非金融类资产看,截至 2013 年年末,规模以上企业应收账款 9.6 万亿元,这部分应收账款中沉淀的不良资产规模可观,中国信达在非金融类业务领域,也大有可为。截至 2013 年 6 月 30 日,中国信达在应收款项类投资的不良债权资产中,房地产领域占比 60.4%;债转股资产中,煤炭行业占比 61.5%。而这些行业恰恰是高风险和产能过剩行业。

(三) 化解系统性风险之对策

1. 要客观评估美国退出量化宽松货币政策的正负效应

在美元主导的国际货币体系下,一方面,要充分估计到其货币政策的负面影响。美国四轮量化宽松货币政策,大约有 4 万亿美元的资金流向新兴经济体,一旦美国退出量化宽松货币政策,这些资本撤出,新兴经济体的经济失衡状况将进一步恶化。另一方面,还要看其积极影响。量化宽松货币政策退出,我国可以从复苏的发达经济体中受益,尤其是拉动出口;由于美元与大宗商品呈负相关关系,美元走强将有利于降低我国企业的生产成本。

2. 央行是否要通过"加息"来稳定资本预期,需要权衡利弊

为了防止资本外流,目前新兴经济体普遍采取加息的策略。我国央行是否要通过"加息"来稳定资本预期,需要权衡利弊。目前,已出现资本大量外逃的国家,主要是经济基本面较差、通货膨胀压力大、外汇储备少、大规模经常账户赤字和政治动荡的国家。而中国拥有经常账户盈余和雄厚外汇储备,暂不需要通过加息来阻止资金外流。在经济基本面下滑、制造业 PMI 处于"荣枯线"以下的情况下,利率水平上升,会加大中小微企业的破产风险;而且加息会直接从股市抽走资金,对本来就低迷的股市来说是雪上加霜。

3. 如果出现大规模资本流出,我国可启动"盯住美元"策略

在开放性经济下,新兴经济体相对于发达经济体来说,美元升值是"提款机",美元贬值是"印钞机",即历次美元升值,新兴经济体都因为流动性减少而遭到灾难性的打击。2014 年流向新兴经济体的资本正面临断流的危险,此时,若某个有影响力的货币出现贬值危机,则可能导致"以邻为壑"式的货币竞争性贬值,最终演变成新兴经济体"连锁危机"。此时,采取"盯住美元"策略,保持人民币兑美元汇率稳定,是防止资金外逃的最佳选择。

4. "新老划段、分类处置",逐渐化解金融产品"刚性兑付"风险

"刚性兑付"是信托行业健康发展的最大隐患,它背离了"风险与收益相匹配"的资本市场规则。但打破此规则,尚需过程。现阶段,建议采取"新老划段、分类处置"策略,即对信托产品进行存量和增量划分,对新发行的信托产品,一律不再"刚性兑付";对于存量部分(10 万亿左右)进行具体分析,分类处置。第一步:分析存量信托产品风险主要集中在哪类产品上。信托产品分"单一信托计划"（主要对机构投资者）和"集合信托计划"（涉及广大投资者），目前风险主要集中在"集合信托计划"上（3万亿左右），如果按1/3产品出风险，只有1万亿左右，这部分需要政府兑付本金。第二步：进一步分析这有风险的1万亿"集合信托计划"投向了哪个行业。如果是投入实体经济，政府可考虑兑付本金；如果是投入高风险的房地产和证券行业，应由信托公司与投资者协商解决。

5.建立偿债准备金制度,防控地方政府债务风险

国际上，有些国家通过建立偿债准备金制度来减少债券违约风险。如印度14个邦政府建立了统一的偿债基金，基金筹集方案根据中央政府和印度储备银行的计划制定。在我国，各级政府也要设立相应的偿债准备金，可按照"谁举债、谁偿还"的原则，严格确定偿债责任单位，确保落实偿债资金来源。

八、培育新的经济增长点
防止经济陷入"通缩"风险

在开放经济条件下，本国经济是否陷入通货膨胀或者通货紧缩，有两个思维逻辑：一是美元的逻辑，二是经济基本面的逻辑。2014年我国GDP增长率距离"破7"（跌破7%）已经很接近，"通缩"阴影正从这两个方面向我国袭来。为防止我国经济陷入"通缩"风险，需要寻找新的经济增长点。

（一）美元的逻辑：我国经济正直面"输入性通缩"的风险

从2014年年初开始，随着美国货币政策转向，"输入性通缩"正沿着"美国退出量化宽松货币政策→美国进入加息周期→美元升值→大宗商品价格下跌→全球资金回流美国"的路径在影响我国物价总水平。

从近期看，美国退出量化宽松货币政策，美联储加息导致美元走强。美国经济持续向好，成为推动世界经济增长改善的主要动力，市场普遍预期美联储将在2015年年中开始加息。由于欧洲和日本备受通货紧缩之苦,仍然推行量化宽松货币政策,欧洲和日本央行的反向操作推动美元对欧元和日元升值,从而使美元强势周期进一步强化。近两年,美元指数走出一波强势行情,从 2012 年 2 月份至 2014 年 11 月份累计攀升 12.6%。这与我国 PPI 出现负增长几乎同步。

从长期看,美国经济趋势向好,美元将进入上升周期。美元指数呈周期性波动,一般在经历 10 年左右下跌周期后,就会进入 5—7 年的上升周期。美元上升周期与美国的新经济高度相关。过去三十多年来,美元经历了两轮上升周期。第一轮是 1980—1985 年,当时推动美元走强,是里根政府的个人电脑革命;第二轮是 1995—2002 年,推动这一轮美元走强的是美国网络经济的大繁荣。2014—2019 年美元有可能进入第三轮上升周期。推动这新一轮美元走强的动力,是奥巴马政府的新能源革命与页岩气革命。

与美元走强相呼应的是,短期跨境资金转为"净流出",人民币呈贬值态势。2014 年 1—10 月份人民币兑美元中间价累计贬值 0.7%。如果人民币贬值压力是长期的,"热钱"撤离中国也将是个长期趋势。据测算,从 2014 年 5 月份开始,国际资本流动"急剧逆转",5—9 月份"热钱"撤离从 396.9 亿美元增加到 1211.8 亿美元。

(二) 经济基本面的逻辑:国内经济系统性风险加剧

1. 宏观经济下行压力持续加大

2012 年 2 月份至 2014 年 11 月份,我国 PPI 已经连续出现了 34 个月的负增长,创下了近三十年最长工业领域通缩时间。2014 年 12 月 16 日汇丰中国制造业采购经理人指数(PMI)显示,当月我国制造业 PMI 预览值创 7 个月低点,降至 49.5,低于 50 的荣枯线。虽然净出口对经济增长的贡献转负为正,但一些发达国家对我国制造业投资大幅下降,对我国出口形成了一些中期的制约。

2. 制造业处于绝对的、持续的过剩局面,"供给过剩型"通货紧缩特征明显

通货紧缩分为"需求不足型"通货紧缩和"供给过剩型"通货紧缩。

与1997年亚洲金融危机相比,本轮通货紧缩属于"供给过剩型"通货紧缩。东南亚金融危机期间,是价格全面下降(包括居民消费价格在内),而本次只是工业品价格连续下降,这表明这次通货紧缩不是需求不足引发的,而是供给过剩引起的。

3.房地产周期濒临拐点

从2013年12月份开始,我国大部分城市房地产市场进入调整期。"国房景气指数"从2013年的97.21下调到2014年10月份的94.3,全国新建商品住宅库存量创新高,为近5年来最高。根据国际经验和房地产周期变化规律,房地产调整期一般需要3—5年。

4.实体经济融资难度进一步加大

根据央行调查统计司2014年11月份问卷调查,企业融资难度感受指数为55.8%,较2014年第三季度和2013年,同期分别提高0.3个和1.6个百分点,连续6个季度上升。银行贷款获得难度为55.1%,较2014年第三季度下降0.4个百分点,较2013年同期上升0.8个百分点。

5.实体经济风险开始向财政金融领域传导

我国金融业高度依赖宏观经济周期的中国金融业,面临不良资产大幅度攀升的新形势,峰值可能在2015年年中或年底出现。据国开行调研分析,全国不良贷款重灾区已经开始从长三角、珠三角向中西部扩散,东部地区的不良贷款余额和不良贷款率高于中西部,中西部不良贷款余额和不良贷款率也出现"双升"局面。从行业分布看,中小企业经营困境重重,风险变化主要呈现在小微企业风险扩散加速。钢贸、光伏、船舶等产能过剩行业风险向上下游蔓延。贸易融资风险由传统钢贸行业扩展到大宗商品贸易领域。

(三) 推出"四个一批"工程培育新的增长点

比起通货膨胀,通货紧缩一旦成真,对经济的杀伤力与危害性会更大更广。要防止经济陷入"通缩"风险,关键是要打好政策组合拳。

1.从国际层面看,要从两个方面防范风险

一是要客观评估美元升值的正负效应。要充分估计美元升值的负面影响。目前,全球资金流动要放在"美元升贬与新兴市场流动性减增"这个结构框架下来理解。美元一旦由贬值进入升值周期,大量资金将回流美国,导致新兴经济体国家本币贬值,资金不断流出。经济基本面和政局较稳定的新兴经济体受冲击小,经济基本面和政局较差的经济体受冲击较大。同时也要看到美元升值的积极影响。大宗商品价格下降,有利于降低我国企业的生产成本,是我国加大能源、黄金、铁矿石、粮食等大宗商品战略储备的极好机会。建议在国际大宗商品价格大幅下跌时,以信托理财产品方式吸引个人储蓄资金投资大宗商品现货。

二是如果出现大规模资本流出,我国可启动"盯住美元"策略。"盯住美元"策略是在国际资本出现大量外流情况下采取的特殊政策,1997年亚洲金融危机期间以及 2008 年国际金融危机期间,我国都采取过这样的策略,较好地保证了汇率稳定,防止资本外流。此时,保持人民币兑美元汇率稳定,是防止资金外逃的最佳选择。

2. 从国内层面看,推出"四个一批"工程,培育新的增长点

一是建设一批。加大政府公共投资,将"城市下水道"建设作为新的经济增长点。如果说过去 40 年的经济增长,主要是来自"地上工程",那么,未来的经济增长应该是来自"地下工程"。这是历史的欠账,必须要还的。日本当年在产能过剩最严重时期,政府通过加大公共投资来刺激经济增长。在 1955—1973 年间,日本政府支出公共事业费增长了 8 倍。其中"共同沟"的建设,是公共投资很重要的部分。"他山之石,可以攻玉",我国可以借鉴发达国家的先进经验,在城镇化建设中,对市政、电力、通信、燃气、给排水等方面进行科学规划、统筹建设。据专家测算,一座城市地下建筑的投资,大约与地面建筑等量齐观,如果是建球场、广场的话,地下管网的投入可以 3 倍于地面。

二是帮扶一批。对中小企业实行"一揽子"支持政策。应"定向"向小微企业和县域三农提供"抵押补充贷款",为他们提供低成本融资。给有发展前景只是暂时陷入资金困难的企业发放"援助式贷款"。通过降低非税收入(共 4 项)和政府性基金(共 45 项),进一步减轻企业负担。在社会分工体系上,确立国有大企业有帮助小企业的责任,促进中小企业发展,将中小企业纳入产业链中,让大、中、小企业形成相互配合的社会分工体系。

三是转移一批。通过"区域一体化"战略转移部分产能,在全球范围内解决中国外汇储备和产能"双过剩"问题。其基本路线图是:第一步:要想"富"先修"路"。这里的"路"指的是广义上的基础设施,也就是"互联互通",由此带动中国的交通、港口、建筑、铁路、电力、通信等产业"走出去"。但修路没有钱怎么办,由金砖银行、亚投行、丝路基金来帮忙,这又很好地运用了中国的外汇储备。第二步,修好路开"工厂"。这里的"工厂",指的是产能转移,包括过剩产能和污染产能的国际转移,由此带动中国的钢铁、水泥、电解铝、船舶、光伏、纺织服装"走出去"。第三步,开工厂"钱庄"帮。这里的"钱庄",指的是广义上的银行、保险、券商、信托等金融业,从而达到金融企业全球布局的目的。第四步,人民币国际化。当年美元、欧元、日元国际化,都是从区域一体化入手的。转移产能应加强区域选择,"劳动密集型产业"转移到东南亚、非洲、南美、东欧"自然资源寻求型"产业与"新丝绸之路经济带"建设一同推进,使之成为我国战略资源、能源稳定的供给带;加强"避税型"区位选择,将出口依赖度较高的产业向那些拥有出口免税区的国家转移。

四是培训一批。通过培训,让技术工人成为中国的"蓝领中产阶级"。中等收入阶层的扩大,就是低收入者不断向中等收入阶层变化的过程。我国目前缺蓝领中产阶级。根据调研,在东南部沿海城市从事简单劳动与复杂劳动工人的工资相差4—5倍。只有通过技术培训,让这些干体力劳动的人掌握新技术,才能提高他们的收入水平和消费能力,"蓝领中产阶级"才能真正培育起来。

九、社会融资规模与货币供应量应成为互补关系[①]

社会融资规模是国际金融危机后我国金融统计的重要创新,最初是

---

① 本部分发表于2013年,故而有些数据只涉及2014年之前。

2011 年由中国人民银行正式发布。随着直接融资比例不断提高,我国更加重视从社会融资规模的角度来衡量金融对实体经济的支持力度。但是对于要不要将社会融资规模替代货币供应量,作为货币政策调控的中间目标,却一直有争议。社会融资规模是货币供应量的必要补充,但不能替代货币供应量。现阶段,我国应该建立“以 M_2 为中心、以社会融资规模为补充,多项经济和金融变量组成”的中介目标指标体系。

(一) 社会融资规模的定义、构成以及与货币供应量的关系

社会融资规模包括两部分:通过银行系统的融资量和通过资本市场的融资量。根据中国人民银行定义,社会融资规模是指一定时期内(每月、每季或每年)实体经济从金融体系获得的资金总额。具体分析,该指标由四个部分共十个子项构成:一是金融机构表内业务,包括人民币和外币各项贷款;二是金融机构表外业务,包括委托贷款、信托贷款和未贴现的银行承兑汇票;三是直接融资,包括非金融企业境内股票筹资和企业债券融资;四是其他项目,包括保险公司赔偿、投资性房地产、小额贷款公司和贷款公司贷款。

我国社会融资规模呈不断扩大趋势。统计资料显示,2012 年社会融资规模 15.76 万亿元,是 2002 年的 7.8 倍;当年社会融资规模与名义GDP 的比率为 30.4%,比 2002 年上升 13.7 个百分点。据统计,2013 年前三季度社会融资规模接近 14 万亿元。从构成来看,银行贷款仍是社会融资规模最重要的组成部分,但占比在逐年下降。2002 年新增银行贷款占社会融资规模的 95.5%,但 2012 年降至 57.9%(2012 年第四季度为46.1%),表明非银行融资成为越来越重要的资金来源。

社会融资规模是 2008 年国际金融危机后,我国作为二十国集团成员国为应对统计信息缺口而做的一项重要尝试。该指标具有跨市场和跨机构的特点,其统计符合危机后国际金融统计的新趋势。我国的探索,得到了国际货币基金组织、国际清算银行、经济合作与发展组织以及多国央行统计专家的肯定。

　　社会融资规模与货币供应量的关系。社会融资规模与货币供应量是一个硬币的两个面,但两者具有不同的经济含义。货币供应量从存款性金融机构负债方统计,包括 M_0、M_1 和 M_2,反映的是金融体系向社会提供的流动性,体现了全社会的购买力水平。而社会融资规模则从金融机构资产方和金融市场发行方统计,从全社会资金供给的角度反映金融体系对实体经济的支持。因此,社会融资规模和货币供应量是相互补充、相互印证的关系,二者从不同角度为金融宏观调控提供信息支持。

(二) 社会融资规模指标提出的理论基础

　　社会融资规模概念的提出,是基于西方"整体流动性"理论。

　　20 世纪 50 年代后发达国家出现了大规模的金融创新活动,发展了一系列的非银行金融机构及其信用工具,削弱了货币政策有效性。针对这种情况,20 世纪 50 年代中期,英国"货币系统运行研究委员会"对英国的货币和信用系统的运行情况进行了广泛而深入的调研,形成了《拉德克利夫报告》。该报告指出,对经济真正有影响的不仅仅是传统意义上的货币供给,而且是包括这一货币供给在内的整个社会的流动性;决定货币供给的不仅仅是商业银行,而且是包括商业银行和非银行金融机构在内的整个金融系统;货币当局应控制的也不仅仅是这一货币供给,而是整个社会的流动性。

　　20 世纪 60 年代,美国著名经济学家格利(John G.Gurley)和肖(Edward S.Shaw)[1]首次提出了直接融资和间接融资的概念,并将金融中介分为货币系统和非货币系统的中介机构,即银行和非银行金融中介机构。两者都创造着某种形式的债权凭证,都发挥着信用创造的作用,因而没有本质区别。80 年代末 90 年代初,伯南克和布林德(Ben S.Bernanke 和 Blinder,1988)[2]认为随着金融创新的发展,一国的非银行金融机构在

---

[1]　John G.Gurley,Edward S.Shaw,Financial Structure and Economic Development,*Economic Development and Cultural Change*,1967,15(3),pp.257-268.

[2]　Ben S.Bernanke,Blinder A.S.,Credit,Money,and Aggregate Demand,NBER Working Paper No.2534,1988.

融资活动中发挥着越来越重要的作用,中央银行对贷款影响的重要性将会逐步减弱。根据这一理论,随着金融管制的逐步放松和金融创新的发展,中央银行需要监测更广义的信贷。

2008年国际金融危机期间,伯南克(2010)[1]认为,"金融危机暴露了我们在理解相互作用的金融市场、金融机构和整体经济方面存在着一些重要的缺陷"。越来越多的金融中介活动通过所谓的"影子银行"系统在存款机构之外发生,2008年国际金融危机中的挤兑就发生在传统的银行系统之外,主要是大量参与资产证券化与结构性产品交易的投资银行。斯蒂芬·莫里斯(Stephen Morris)和申铉松(2009)[2]指出,在市场主导型的金融体系中,银行与资本市场之间联系密切,休戚与共。随着直接融资的增加、资产证券化的扩大、金融中介链的延长,养老基金、人寿保险公司、共同基金、证券公司等金融机构直接或间接地成为贷款人,建议采用监管型干预、前瞻性拨备以及对金融中介进行结构性改革等方法控制金融机构资产规模的无限制扩张。巴塞尔银行监管委员会(BCBS,2010)在实证研究的基础上提出了广义信用的概念。广义信用囊括实体经济部门债务资金的所有来源。

上述理论已经为西方国家经济金融环境的变化所证实,并体现在各国对货币供给口径的修订中。

(三) 由于货币供应量难以界定,20 世纪 80 年代后发达国家用利率作为中介目标

货币政策成功与否的关键很大程度上取决于中介目标的选择。然而,中介目标的选择并没有统一模式。按照经典的货币理论,货币政策的中介目标主要是利率和货币供应量。美国经济学家普尔认为,当实际领域不稳定时,货币供应量是最适合的中介目标;当货币领域不稳定时,利率是最适合的中介目标。

---

① Ben S.Beranke, Causes of the Recent Financial and Economic Crisis, *Statement before the Financial Crisis Inquiry Commission*, Washington, September, 2010, p.2.

② Stephen Morris, Shin H.S., *Illiquidity Component of Credit Risk*, Princeton University, 2009.

20世纪70年代中期以后,美国、英国、法国、德国和意大利都曾经比较成功地将货币供应量作为货币政策的中介目标。80年代以后,发达国家放弃以货币供应量作为中介目标,选择利率作为货币政策的中介目标。其原因是:一是货币供应量与经济增长之间的关系被打破。从理论上讲,作为货币政策的中介目标,需要具有可控性、相关性等特征。从80年代末期开始,金融自由化和经济全球化不断兴起,货币当局对货币供应量的控制越来越困难(即可控性下降),而全球范围内的金融自由化、金融创新浪潮和大量国际外汇交易使各国货币供应量与国内经济活动的紧密联系日趋松散(即相关性下降),从而导致了以货币供应量为中介目标的货币政策的效果不断下降。二是大量流动资金没有包括在 M_2 中。规模日益增大的金融创新浪潮使得各种货币替代物大量出现,离岸金融和跨国银行活动为主导的金融自由化浪潮,使得国际间资本流动跳跃性增长,货币供应量的定义和统计变得日益困难。三是利率已市场化。即当时这些国家利率是由市场决定的,能比较有效地反映资金需求供给状况。利率是货币当局能迅速施加影响、控制的金融变数之一。当市场利率上升时,增加银行放贷;当市场利率下跌时,则紧缩信用供应。利率不仅能够反映货币与银行信用供给量,同时也能反映货币资金供给与需求的相对数量。四是低通胀率为平稳的利率政策创造了条件。90年代,美国的通货膨胀率一直维持在2%—3%之间。低通胀率为美联储转向平稳的利率政策创造了条件。90年代初,美国经济陷入萧条,美联储逐步降息,将短期利率从8%降到3%,促进投资与消费上升,从而带动了整个经济的发展。

发达国家尽管放弃了货币供应量作为中介目标,但货币供应量仍然是监管和监测指标。

(四) 由于 M_2 的不足,用"社会融资规模"作为补充是符合逻辑的

M_2 的不足。我国货币供应量分 M_0、M_1、M_2。M_2 包括流通中的现金、单位活期存款、单位定期存款、个人储蓄存款、其他存款。2001年将证券公司客户保证金计入 M_2,2002年将在中国的外资、合资金融机构的人民

币存款业务分别计入不同层次的货币供应量,自 2011 年 10 月起,货币供应量还包括住房公积金中心存款和非存款类金融机构在存款类金融机构的存款。货币供应量指标在实体经济为主的阶段具有重要价值和意义,它可以准确判断物价和经济走势。因此,各国货币政策都非常重视货币供应量指标的调控。但随着支付形式多样化,从现金、存款等衍生出股票、债券、票据、信用证以及各种金融衍生产品以后,货币供应量 M_2 的变化,就不能全面反映资金与社会经济活动的关系,在判断物价和经济走势的时候,这个指标的作用常常失效。

正因为 M_2 存在不足,社会融资规模指标作为补充成为必要。社会融资规模指标兼具总量和结构两方面信息,不仅能全面反映实体经济从金融体系获得的资金总额,而且能反映资金的流向和结构。首先,社会融资规模与经济增长之间关系密切。中国人民银行利用 2002 年以来的社会融资规模数据进行实证研究,结果表明社会融资规模与 GDP 存在稳定的长期均衡关系,可以根据社会融资规模的趋势预测 GDP 的长期趋势,也可以根据 GDP 预期目标推算出所需要的社会融资规模长期趋势值。重要的是,社会融资规模与宏观变量之间的相关性在全球金融危机后变得更为显著。其次,反映直接融资与间接融资的比例关系。社会融资规模由十项指标构成,它既反映实体经济通过金融机构获得的间接融资,也反映实体经济在金融市场上通过发行企业债券和股票获得的直接融资。再次,反映实体经济利用各类金融产品的融资情况。社会融资规模既包括银行业金融产品的指标,也包括保险业、证券业的金融产品指标;既包括金融机构表内业务的指标,也包括表外业务指标;既包括信贷市场业务,也包括债券市场、股票市场、保险市场以及中间业务市场的各类业务。因此,社会融资规模全面反映了我国实体经济融资渠道和融资产品的多样化发展。

社会融资规模不存在重复统计问题。目前,业界对社会融资规模指标的批判,较多的是因为该指标存在重复统计问题。国际货币基金组织的《货币与金融统计手册》是各国开展金融统计的指导性文件。根据中国人民银行最新解读,我国社会融资规模指标主要依据该手册中的金融概览和资金流量核算框架编制。按照 IMF 的统计框架,社会融资规模的统计有两个基本原则:一是合并原则。就是金融机构之间的交易、金融机构与金融市场之间的交易都要进行合并处理,以避免重复计算。二是增量原则。社会融资规模是增量概念,为期末、期初余额的差额,或当期发行扣除当期兑付、当期发生额扣除偿还额的差额。按照这两个统计原则编制的社会融资规模指标,不存在所谓"重复统计"问题。

(五)社会融资规模只能作为 M_2 的补充,而不能直接替代M_2

社会融资规模尽管与经济增长关系密切,但作为调控指标,社会融资规模仍有不足:一是社会融资规模是增量指标,不宜用同比增速来分析。一般说来,增量指标变化率的波动幅度要高于余额指标。从历史数据看,社会融资规模同比增速波动较大。如 2013 年第一季度社会融资规模同比增速为 58%,第二季度迅速下降为 2.6%,第三季度为 -3.5%。二是该指标只能用于判断短期资金形势的波动和变化,难以看出市场资金紧张或宽松,更难以判断资金市场的长期变化态势,而且其波动性因各种原因变化大,而这种变化往往不反映经济状况,可能反映资金的成本、收益率和投机性程度。三是该指标调控有难度。社会融资规模是经济活动的结果,不能事前设定,而且这个指标范围非常广,使政府对市场的调控能力受到很大挑战。如果政府要对所有社会金融活动都进行调控,可能会与金融市场长远发展目标相悖。四是该指标在统计上有重大遗漏。尽管该指标囊括了监管机构管辖的资金,但并不全面。如保险公司在理赔之外购买的信托、理财产品实际是融资。基金公司和证券公司的投资也不在统计范围内。更重要的是,该指标不包括国债、外债、境外上市筹集的资金,也不包括融资租赁和民间金融等。

因此,尚不能过早得出社会融资规模在政策评估中主导银行贷款和 M_2 增长的结论。即使是在后金融危机时代,社会融资总量指标对宏观经济影响力显著增强时期,贷款增长和 M_2 增长也具有相当的影响力。因此,将社会融资总量作为经济分析的补充指标较为恰当,但不应抹杀银行

贷款和 M_2 增长的重要性。

（六）对策建议

各国货币政策中介目标的演变轨迹揭示了以下规律:特定的货币政策中介目标选择及其运用方式,在很大程度上取决于不同国家的社会经济金融状况和背景。各国历史背景、经济发展起点及金融体制不同,中介目标的选择不同。同一国家在不同的经济发展阶段,金融变革与创新不断进行,中介目标的选择也不应固定在一个模式上。我国货币政策中介目标的选择必须根据客观市场环境,特别是金融市场的新变化及时作出调整。

1. 建立由"多项变量"组成的中介目标指标体系作为调控目标

任何一个指标都不是完善的。20 世纪 90 年代以来发达国家货币政策的重要特点是,货币政策中介目标日益复杂化,当他们放弃货币供应量转向利率作为中介目标的同时,还逐步把通货膨胀、汇率和股市等因素也纳入货币政策的调控范围,形成了"以利率为中心、多项经济和金融变量组成的中介目标指标体系",很好地克服了以往的追求"单一目标理想化"的那种顾此失彼的做法。

目前,中国的金融创新还没有达到 20 世纪 90 年代美国的水平,货币供应量指标仍能一定程度地反映经济增长和物价水平,具有其重要的指导意义。同时,利率作为货币政策中介目标的条件尚未成熟。因此,我国货币政策也应该放弃"单一目标"的理想化方式,应该建立"以 M_2 为中心、以社会融资规模为补充,多项经济和金融变量组成"的中介目标指标体系。

2. 对货币供给统计口径进一步修订

第二次世界大战后,随着货币创造过程的巨大变化,美英等国对货币供给统计口径不断修订。如美国 1971 年之后,货币总量指标增加至三项:M_1、M_2、M_3。1975 年之后又增加 M_4、M_5。1980 年 2 月 7 日公布了新定义的货币总量指标体系:M_{1A}、M_{1B}、M_2、M_3 和 L 五种。1982 年 1 月 6

日,美联储将 M_{1A} 和 M_{1B} 合并为 M_1,形成 M_1、M_2、M_3 和 L 的体系。20 世纪 90 年代起,又增加了债务总量指标。英国从 1970 年开始公布的数据包括 M_1、M_2 和 M_3 三个层次。之后,针对不断发展的金融系统,英国在过去 40 年一共调整了 18 次货币供给统计口径。目前,英国公布的货币统计主要包括狭义货币(现钞和硬币)和代表广义货币 M_4。

当前,我国货币的创造过程和需求主体都发生了巨大变化。建议将我国货币供应量指标口径扩展到 M_3 或 M_4。M_3 反映存款性公司向实体经济提供的流动性,将存款性公司概览中未纳入现行 M_2 的各类存款,即其他金融性公司存款、住房公积金存款、委托存款、银行理财资金、外汇存款和地方财政存款计入 M_3。M_4 则反映全部金融机构向实体经济提供的流动性,包括流通中货币、本外币存款、理财、回购、实体经济部门持有的金融债券(含央行票据)、权证及资产支持证券、证券投资基金、银行承兑汇票、信托投资计划、保险技术准备金和金融公司发行的股票及股权。

3. 在利率市场化完全之后,直接用利率作为中介目标

货币政策工具包括价格型调控工具和数量型工具。从数量指标转向价格指标是世界各国宏观调控趋势。我国随着利率市场化改革的推进,M_2、银行贷款、社会融资规模作为中介目标的重要性将逐渐下降,利率将在我国货币政策框架中发挥越来越重要的作用。转向以利率等价格型调控工具,是我国未来货币政策调控的必然趋势。

第二章　输入型金融风险与
国家金融安全战略

输入型金融风险,主要是指由外部因素引发的风险。新兴经济体由于普遍实行开放性经济,金融风险往往具有输入型特点。在当今经济全球化时代,世界各国的经济和金融市场间的联系越来越紧密,在金融市场间联动性增强的同时,金融风险的传导性也不断增大,经济金融风险的扩散也相应呈现出全球性、系统性和交互性特点。2008—2019 年,金融危机十余年,新兴经济体不断受国际货币政策转向,大宗商品价格波动、国际金融市场动荡等外部因素影响,其实体经济和金融市场遭受负面冲击风险。面对波谲云诡的国际形势,如何根据外部环境的变化,审时度势,适时调整国家金融战略,至关重要。

一、在全球金融格局演变中调整国家金融战略

2008 年国际金融危机继续向实体经济方面深入扩展,国际经济界已经普遍认识到,这次百年一遇的危机必将对全球金融秩序现状产生重要影响,美元信用体系的弱化趋势很难避免。全球金融秩序和金融格局正在进入一个很重要的调整时期。这种情况下,中国应该采取更加积极和有作为的态度,同时需要认真把握合理的战略选择。

(一) 中国的选择应着眼于战略资源投资而不是财务投资

全球金融格局的调整是对现有金融资源的重新洗牌,不少国内学者

和业内人士认为,这是中国进行海外财务投资实施"抄底"并购的难得机遇,不能轻易错过。我们不同意这个看法。

第一,许多金融投资机构的运作严重脱离经济实体,其资产数额只是数字概念,并不具有投资价值。在次贷危机爆发前,美国银行和美联银行截至 2008 年第二季度的杠杆率只有 11 倍,而许多美国投资银行为了赚取暴利,大多采用 20—30 倍的杠杆操作。瑞士银行的数据显示,美林公司的杠杆率从 2003 年的 15 倍飙升至 2007 年的 28 倍,摩根士丹利达 33 倍,高盛亦有 28 倍。如果我们大量收购这些金融资产,一旦估值失真,损失将非常惨重。

第二,中国大多数企业目前尚缺乏跨国并购经验。中资机构的海外投资基本处于亏损状态,例如我国主权投资基金投资摩根士丹利和黑石集团在 2008 年国际金融危机中亏损约 61 亿美元;国家开发银行对巴克莱银行注资的 30 亿美元已经蒸发一半;中国平安保险购买富通集团股票遭遇了更大幅度的账面亏损;由央企参股的中信泰富因炒外汇,也造成巨额损失。近期里昂证券也发表报告称,由外汇衍生工具所引发的新一轮风暴,已冲击湖南有色、中国传动及粤海投资等多家红筹股。

第三,我们还缺乏对国际金融衍生品投资体系的深入了解和把握。这种投资体系的操作非常复杂,收益率很高,风险程度也很大。迄今为止,国际金融界对这种操作体系的行业规制尚不完备,各国政府的监管也存在很多漏洞。国内金融业参与过这种交易活动的人不多,中高管理层的人就更少。在这种情况下贸然介入其中,还要大量进行辨别资产优劣的工作,显然是我们力不胜任的。

认真权衡利弊,在全球金融秩序和金融格局的调整中,中国进一步"走出去"的选择应着眼于战略投资而不是财务投资。其中,石油和黄金是中国战略投资应该考虑的两大重点领域。

当前国际金价和油价大幅度下调(黄金价格从 2008 年 3 月 17 日 1032 美元的历史高点跌至 600 多美元,国际原油期货价格由 2008 年 7 月 11 日每桶 147.27 美元的历史最高点跌至每桶 35 美元),这是在全球金融危机的特殊条件下出现的情况,并不是常规状态。一旦全球经济复苏,在需求恢复和投资回盘之后,金价和油价还会上升到较高价位。因此,在国际黄金和石油价格被严重低估的危机发生时期,正是我国进行石油和黄金战略储备千载难逢的机会。

(二) 战略选择一:减少美元资产,增加黄金储备

在危机后的国际金融秩序调整和重建中,美元霸权体系的弱化趋势很难避免,但一种全新的货币信用体系也很难出现。现在看来,目前任何一种主权货币或几种货币都难以满足全球流动性的"无缝对接";任何一种新的货币体系框架和制度安排都难以解决"特里芬难题"(即保证清偿力和信心力在中长期一致)。因此我们有理由认为,如果一个仍然强大的美国都不能充分保护其主权货币信用的话,其他国家和经济体就更难以做到。这里最有可能的答案就是,在美元的信用发生极大动摇而短期内又难以找到替代品时,人们会更多地把信用转向真金白银。

已经有一部分国际知名学者提出,在全球金融危机过后,"黄金将会重新货币化,至少是部分货币化"。这场全球货币信用体系的变革与博弈,无论未来全球金融新秩序是沿用现有的"一超多强"式储备货币体系,还是谋划一个新的"全球通货",黄金的作用都将明显提升,并将成为新货币体系中一个非常重要的基石。因此,中国积极加大黄金储备,可以说是万无一失之策。在这方面,中国老一辈领导人已经有过成功的探索。1973—1974年,国际货币动荡,陈云同志纵观大局,从国家利益出发向李先念同志建议动用外汇储备购买一批黄金以保值增值。正是采纳了陈云同志的建言,中国适时购进了600吨黄金,对当时稳定国内货币体系运行和经济增长起到了重要作用。

目前,我国官方储备的600吨黄金仍保持在1974年的水平。美国的黄金储备已达8100多吨,德国和法国为3000多吨,意大利为2000多吨。按照欧盟对其成员国规定标准(黄金储备应占总储备的15%),我国储备应达到1200吨黄金。现在,俄罗斯、南非和阿根廷等国已开始实施增加黄金储备的战略,中国作为全球第二经济大国,更加应该较大幅度地增加国家黄金储备。截至2008年9月末,我国外汇储备超过1.9万亿美元,

按照当前黄金兑美元的比价,即使拿出外汇储备的6‰,也足以兑换406吨黄金,使国家黄金储备达到1000吨以上。

为了更好地实施增加黄金储备的战略,我们建议采取如下措施。

1. 中央立即上收金矿开采权

目前国际上有十多个跨国公司在中国淘金,其足迹几乎遍布全国。我国三大"世界级金矿"——贵州黔西南烂泥沟金矿、辽宁营口市盖县的猫岭金矿、云南东川播卡金矿,分别为澳大利亚的澳华黄金、加拿大的曼德罗矿业公司、加拿大的西南资源公司掌控,外方控股比例分别高达85%、79%、90%。中国大量金矿被外国资本低价掌控,不只是经济方面的重要损失,而且也是国家金融安全和经济安全的一个重大隐患。建议国家在黄金资源开发上采取"关门"政策,对已有国外资本股份进行购买,限制新的外资进入。在黄金产业政策、市场准入、新探采矿权审批等方面采取保护性措施,将金矿开采权集权于中央。

2. 继续实施免征黄金增值税政策

1994年税制改革后,中国对黄金增值税一直采取优惠政策,2014年的免征黄金增值税的政策对于维护国家经济安全和金融秩序,起到了极其重要的作用。目前,财政部、国家税务总局和海关总署等部门正在酝酿推行征收黄金增值税。我们认为这种政策取向值得研究。从目前国际趋势看,大多数国家对黄金增值税采取了优惠政策。传统的世界四大产金国中,南非、美国、澳大利亚、加拿大没有黄金增值税。韩国、日本、印度尼西亚、蒙古国已经先后取消了黄金增值税或实行即征即退的政策。就连增值税的起源地和税收征管比较严格的欧洲,也对黄金实行完全免征增值税的《特殊税制计划》,实行黄金增值税即征即退政策。因此我们建议,在中央上收金矿开采权后,继续实行免征黄金增值税政策。

3. 放宽黄金进口规定,适度下调黄金饰品进口关税

目前我国黄金原料进口和黄金饰品出口采取鼓励政策,黄金饰品进口关税(40%)则高于大多数国家(10%)。这种政策值得研究。1997年亚洲金融危机爆发时,韩国政府为了增加国家黄金储备,号召全国人民献出黄金饰品共渡危机,结果老百姓献出黄金饰品总量相当大,对增大黄金储备起到了重要作用。可见居民购买黄金饰品也是藏金于民,应该加以鼓励而不是限制。建议对黄金饰品进口关税下调至 10%。

4. 鼓励大型国有企业到国外去开发黄金资源

在国际金价大幅度下跌之时,建议国家采取财政、税收等扶植政策,鼓励大型国有企业到国外去开发黄金资源。

(三) 战略选择二:积极增加石油战略储备

根据国家海关总署发布的数字计算,2007 年我国原油对外依存度接近 50%。到 2030 年中国的石油需求量将达到约 5.9 亿吨,其中 3.9 亿吨依靠进口。随着中国经济的进一步持续发展,对国际石油依赖度会越来越大。从中长期发展趋势看,由于全球新型工业化国家对石油的需求不断增长,国际油价肯定还会走高,目前金融危机时期出现的低价和超低价水平,一定不会持续太长的时间。利用这个难得的机会,我们应该把石油储备积极纳入国家战略储备体系的大格局之中,作为一个重要组成部分,以较低成本加大石油储备总量。

1. 买进外国石油

鼓励中石油、中石化、中海油等大型央企走出去,收购国外石油类企业。油气资源属于国家的战略性资源,发达国家一直十分警惕跨国并购。危机之前,中国企业在国外寻找资源之路阻力重重,2005 年中海油竞购美国油气企业优尼科受阻风波就是很好的例证。目前,金融危机和初级产品市场的下跌,改变了海外投资者和东道国企业的谈判地位。中国海外收购的政治阻力大减,如美国能源部副助理部长黑格博格已明确表示,欢迎中国投资于其石油天然气领域。中国能源企业应利用西方企业迫切需要资金周转之机,达成以前那些难以企及的海外交易。

2. 实行"藏油于民",允许民间资本购买石油

从世界发展经验看,"藏油于民"已成为各国石油储备的一个重要趋势。在美国,除了 5 大石油公司,还有 4000 家小公司都参与石油行业中;德国施行"联盟储备"机制,官民联盟储备、政府储备、民间储备比率为57:17:26;日本石油产量虽然仅是该国石油需求量的 0.2%,但由于实

行"全民找油"战略,其自身的石油储备可用 169 天,居世界第一,其中民间储备为 77 天,占据国家总储量的 46.4%。

目前,我国民营油企进入的"制度门槛"仍然很高,2007 年 1 月 1 日起实施的《成品油市场管理办法》《原油市场管理办法》以及 2007 年 5 月的《成品油经营企业指引手册》,明确规定企业的油库容积须达到 1 万立方米、注册资金不少于 3000 万元人民币,如此高的"门槛",令众多民营企业望而却步。中国应该参照日本的模式,允许、支持并鼓励民营企业参与石油储备,将民营油企纳入国家石油储备体系。

3. 买进中国石油,即用外汇资产回购中国石油 H 股

在国际油价回调之际,全面回购中国石油 H 股,这样既能减少外汇储备的缩水损失,符合国家利益,又能对振兴香港和内地两个资本市场起到积极作用。

二、从美元变动规律研判外部性风险

美元是美国国家金融战略的载体。作为国际贸易的主要结算货币与最重要的储备资产,美元走势对全球经济产生重要影响。回顾近 40 年世界经济的升腾和沉沦,意外地发现美元指数是一条可以将之串联起来的线索。研究美元变动规律,是中国把握战略机遇,适时调整国家金融战略的关键性变数。认识和把握美元变动规律,有助于识别潜在的系统性金融风险。

(一)规律一:美元历次升值都给新兴经济体带来灾难性打击

自 20 世纪 70 年代布雷顿森林体系解体以来,美元前三次升值周期,除了第二次对日本的打击外,其他两次都使新兴经济体某些国家遭到金融危机的重创。

1979—1985 年美元走强期间发生了拉美债务危机。1978 年,保罗·沃尔克担任美联储主席,上任伊始就开始打击世界范围内的通货膨胀。

美国高利率政策导致大批美元流向美国。在受害者中,发展中国家首当其冲。研究表明,美元利率每提高 1 个百分点,发展中国家偿还外债的利息负担就要增加 40 亿美元。美元强劲的升势以及大幅提升的利率使以美元为外债的拉美国家偿债能力大大下降,最终在 1982 年爆发了拉美债务危机,以至于拉美的整个 20 世纪 80 年代被历史学家们称为"失去的十年"。

1995—2002 年美元走强期间,发生了 1997 年的亚洲金融危机、1998 年的俄罗斯金融危机、1999 年的巴西金融危机和 2001 年的阿根廷金融危机。1995 年 6 月,国际外汇市场形势逆转,美元的货币汇率由贬转升,泰铢汇率也紧跟美元不断走强,巨额赤字的累聚不仅伤害了泰国的出口竞争力,而且招致汇率风险。1997 年 7 月 2 日,亚洲金融危机终于在泰国爆发。1997 年的亚洲金融危机给印度尼西亚、巴西、韩国和俄罗斯、阿根廷等外围国家造成了严重破坏,美国却毫发无损。

为什么美元升值会引发新兴经济体的金融危机? 20 世纪 70 年代以后,全球资金的关键已不在总量,而在流向。因为金融资本主义时代的资金等于产业资本主义时代的石油。资金流向对一国经济影响重大。而美元升贬直接影响全球资金流向。

从全球资金配置和流向的角度看,对欧美金融机构而言,新兴经济体在繁荣期是"印钞机",在调整期则是"提款机"。美元一旦由贬值进入升值周期,大量资金将回流美国,导致新兴经济体本币贬值,资金不断流出。

(二)规律二:美元是商品波动的"指挥棒",美元指数是观察市场风险的风向标

1. 美元与石油等大宗商品关系

从历史规律看,布雷顿森林体系瓦解后,由于全球大宗商品是以美元计价的,美元与石油等大宗商品呈负相关关系:作为石油的定价货币,美元升值意味着石油更加便宜;美元贬值意味着石油越来越昂贵。而美元指数是用来衡量美元对一揽子货币的汇率变化程度,它直接反映了美元的相对强弱程度。2008 年国际金融危机期间,以 2009 年 3 月 18 日为界

（美国出台第一次量化宽松货币政策）之前美元涨，之后美元跌。在美元不断波动期间，石油及其他大宗商品市场价格就出现了大幅波动的现象。

但国际油价与美元指数并非一直都是完全负相关的。一般而言，当美国经济表现强劲时，国际油价上涨、美元升值。但美元升值并不意味着美元指数一定是走强的。因为美元指数是用来衡量美元对一揽子货币的汇率变化程度，所以如果此时美元相对其他货币走弱，那么美元指数呈下降趋势。这种情况下，美元指数和国际油价的走势恰好是相反的。反过来，如果此时美元相对其他货币走强，那么美元指数呈上升趋势，而此时美元指数和国际油价的走势却是同向的。此外，美元往往是资金的"避风港"，所以当大量资金选择美元作为"避风港"时，而这些资金很有可能就是从国际原油期货市场中流出的，这也将使美元指数走强以及国际油价走弱。可以说，美元指数与国际油价并不是单纯的正相关或负相关。

2. 美元与黄金的关系

在所有的商品中，美元指数无疑对金价的影响最大，这其中既有历史因素，也有黄金本身的商品特征。由于黄金具有货币和商品的双重属性，黄金价格与美元的变动关系略有别于大宗商品：当地缘政治稳定、经济正常运行的情况下，黄金与其他大宗商品一样，更多呈现商品属性，与美元走向呈强关联性，即金价与美元走势呈负相关关系（如在过去十多年时间里，美元汇率贬值是黄金价格上涨的主要驱动因素）；但在经济危机和地缘政治不稳定的情况下，黄金则更具货币属性，金价走势与美元走向呈弱关联性。由于资金避险的需求和投资工具稀缺，反而还会增加黄金的吸引力，如 1929 年大萧条开始后的十年，黄金从每盎司 20.67 美元上升到 40 美元。根据资料显示，美元与黄金自 1985 年至今均呈相反关系，指数为-0.3291，正相关性只在几个很少的年份出现过，如 1993 年下半年、1994 年及 2006 年等，其余大部分时间属负相关性。

历史上来看，金价出现最大幅度上涨的时候是 20 世纪 70 年代。从 1972—1975 年，美国的通胀率从 4%开始节节攀升，在 1974 年年底达到 12%的峰值，随后逐渐下滑，此间，金价由 60 美元/盎司左右升至接近 180 美元/盎司，上涨了近 2 倍；1977—1980 年，美国通胀率从 5%升至 14%，此时金价从 130 美元/盎司左右升至 660 美元/盎司,上涨了 4 倍多。20 世纪 70 年代金价的上涨不仅仅是由于通胀的原因,还有布雷顿森林体系的解体。在这两点上,目前的局势与 20 世纪 70 年代有些相似。

如果我们认为美元的地位在未来几年都不会受到实质性挑战,无论其是升值还是贬值,那么黄金的货币属性就不应当作为主要矛盾。短期内,还是需要更加关注黄金的商品属性,即避险和保值的作用。目前,金价连创新高无疑将进一步强化通胀预期,而这种预期反过来又将推动金价走强。

3. 美元指数与全球资本市场指数关系

由于美国股市是以美元计价的,在过去 20 年时间里,美元指数与道·琼斯、纳斯达克以及标准普尔指数呈负相关关系。

(三) 规律三:美元与通胀关系:美元每次贬值,都给世界某些角落带来泡沫

历史告诉我们:美元每次贬值,在为美国经济复苏奠定基础的同时,也给世界的某些角落带来泡沫。布雷顿森林体系解体以来,美元经历了三轮 10 年贬值周期,与此相对应的是全球发生了三次通货膨胀。第一次美元贬值(1970 年 1 月至 1979 年 12 月)制造了"滞胀"的 20 世纪 70 年代;第二次美元贬值(1985 年 9 月至 1995 年 6 月)制造了 80 年代日本泡沫和 90 年代拉美恶性通胀;第三次美元贬值(2001 年 7 月至 2008 年 7 月)造成美国从互联网泡沫快速过渡到房产泡沫。新一轮美元贬值(从 2009 年 3 月开始),美国再次向全球输出大量美元,造成世界范围内的流动性过剩。

1971 年尼克松政府财长康纳利威胁说"美元是美国的货币,但是是你们的问题"。这句话不仅契合 20 世纪 70 年代的"尼克松冲击",而且契合了 20 世纪 80 年代被迫接受"广场协议"的日本,如今还契合了拥有几万亿美元外汇储备的东亚地区。

基于对美元变动规律的认识,我们提出以下风险防范对策建议:

对策一:美元走强期间,保持人民币兑美元汇率稳定,以防资金大量

外流。

对策二:在美元走强与石油价格下跌时期,加大国有石油储备。尤其要充分利用民间资本加快我国石油储备。

对策三:在美元走强与大宗商品大幅下跌的战略机遇期,大力收购俄罗斯等国家的能源和资源类企业股权。

对策四:在美元贬值与美国国家主权违约风险加大之时,中国应首选黄金作为投资和货币保值品种。

三、让美国独自承担汇率和通胀风险之策①

2009 年 11 月 15—18 日,美国总统奥巴马首度访华,再次游说中国继续购买美国国债,是奥巴马此行的一项重要议题。对中国来说,这既是一种压力,也是一种从根本上解决美债风险的机遇。

美元贬值令中国不安。尽管之前美国有过"保证美元资产安全"的口头承诺,但却没有提供很好的制度保障。为了让美国口头承诺落在实处,应利用奥巴马访华之机,迫使美国政府作出进一步的制度安排。

(一) 关于"美债安全"谈判的思路和建议

1. 摸清双方底牌

在谈判前,我们要了解中美两国"最需要什么"这个核心问题。我们认为,"中国需要技术和美国需要钱"是双方的根本需求,也是谈判的关键。

2. 明确告知美债存在系统性风险

中国持有美国国债,无非有两种潜在风险,即美国"借钱不还",或还时已"不值钱"。美国"借钱不还"的可能性不存在,美国历史上从来没有发生过美国政府倒债事件。对中国来说,潜在风险是美国还债时已"不值钱",即美元贬值的风险。美元贬值分为对内贬值和对外贬值两种形

---

① 本部分写作于 2009 年奥巴马访华前。

式,对内贬值主要是由于通货膨胀和资产泡沫导致的美元购买力下降;对外贬值是汇率下跌导致的。对内贬值对于所有债权人的影响是一样的,而对外贬值即汇率风险会使外国投资者面临更严重的损失。也就是说,汇率风险和通胀风险是持有美债的两大系统性风险。

3. 向奥巴马提供"中国汇率损失清单"和"美国汇率收益清单"

美元在2001—2009年已经贬值了40%。其中,在2009年3月到11月的8个月中,美元贬值了25%。美元贬值给中国造成的直接损失,可以做一个简单估算:截至2009年第三季度,中国外汇储备为2.27万亿美元,其中70%为美元资产,相当于有总额为1.6万亿的美元储备。假定每个月人民币的升值幅度为1%,那么每个月中国外汇储备的损失就是160亿美元。据测算,2002—2007年6年间美元贬值,中国因此带来的损失分别为8.59亿美元、4.03亿美元、85.38亿美元、253.86亿美元、618.45亿美元和1066.67亿美元。

相反,美元贬值给美国带来的好处是十分明显的。根据美联储的宏观经济模型研究,美元每贬值10%,可以促进美国GDP增长1.2%。2002—2007年间的美元贬值,就给美国带来了高达1.3万亿美元的收益。

4. 用"中国汇率损失"交换美国的减排技术

我们要将"中国供给"与"美国需求"捆绑在一起"说事"。由于美国更需要钱,中国更需要技术,因此可以将汇率问题同加强与美国在技术方面的合作捆绑在一起,争取在高新技术和减排技术方面获得利益。据世界自然资源研究所一项研究表明,在基准减排情景下,中国需要60多种技术,其中40多种是我们不掌握的核心技术。在这次谈判中,我们可以提出将"中国汇率损失"折算成同等价值的减排技术,统筹考虑谈判筹码。

5. 向奥巴马提出让美国独自承担汇率风险和通胀风险的方案

即以"奥巴马债券"对抗汇率风险;以"通胀联动国债"规避通胀风险。如果美国需要钱,又不刻意逃避责任,就应该接纳中国的方案。

（二）提议美国发行"奥巴马债券"以对抗汇率风险

增持美国国债首先面临较大的汇率风险。从中长期看,美元趋贬是必然的。资料显示,自 1971 年美元与黄金脱钩以来,美元已经贬值96%。诺贝尔经济学奖得主克鲁格曼曾指出,美元贬值可能导致中国在美国的投资损失达 20%—30%的资本。中国可以乘美国急需资金之机,向奥巴马提出发行"奥巴马债券"的诉求。

奥巴马债券是一种以"非美元计价"的新型"卡特债券"。历史上,美国在冷战和越战期间,卡特政府财政赤字大幅度提高,1975 年财政赤字高达 532 亿美元,1980 年年底国债规模达 1 万亿美元;在国际收支方面,美国累积了巨额的经常项目逆差,而外围国家积累了巨额的外汇储备,大部分是美元资产;当时的全球经济正经历严重的滞胀和第二次石油危机;欧洲货币共同体正在积极组建中,国际货币体系正经历重大变革。卡特政府已意识到美元走跌的严重性,认为如果不拯救美元可能会丧失美国最重要的利益。于是,出台了"拯救美元计划","卡特债券"就是该计划中的一个组成部分。1978 年,卡特政府发行了以德国马克和瑞士法郎计价的美国债券,总价值为 52 亿美元。这种发债模式为美国提供了新的融资途径。

对比这次全球性金融危机,我们发现目前美国面临的国际环境与 20世纪 70 年代末情况极为相似。在美国政府扩张性财政政策条件下,加上阿富汗和伊拉克两场战争,美国财政赤字规模急剧扩张,2009 年财政赤字预计高达 1.7 万亿美元,为其 GDP 的 11.9%,国债规模接近 13 万亿美元。同时,美国经常项目逆差规模巨大,2006—2008 年贸易赤字分别为7881 亿、7312 亿和 6733 亿美元,占 GDP 比重分别为 5.98%、5.30%和4.72%。不同的是,现在经历的不是能源危机而是全球金融危机,危机的严重程度远远超过当年。国际货币体系正在酝酿改革,区域性货币在"去美元"声浪中已迈出了关键一步。

如果能够促成美国发行"奥巴马债券",不仅有利于外汇储备持有国规避汇率风险、提高资产的多元化水平,而且有利于转变美国过度消费和过度借贷的增长模式。美国以承担汇率风险为代价实现经济结构调整和增长模式转变也是值得的。

那么,美国政府会不会同意发行"奥巴马债券"呢?如果美国政府无意使美元贬值而逃避债务,就没有理由不发行"奥巴马债券"。发行这种债券的好处是它向市场发出一个明确信号:美国政府无意让美元贬值。这样的信号比奥巴马总统的口头保证更有力,能够让美国再度赢得新的投资者。

如果奥巴马有发行"奥巴马债券"的意向,接下来中国可以提供多种选择方式:

第一种方式,美国发行欧元、英镑、日元和瑞士法郎等债券,中国购买这类债券,这将直接提高中国外汇储备资产中的多元化水平,完善外汇储备的币种结构。

第二种方式,美国直接发行人民币债券,即熊猫债券。这对中国更为有利,可以将对外提供资金、规避汇率风险和促进人民币国际化相互结合。

第三种方式,美国可以委托国际货币基金组织等国际组织在中国发行熊猫债券。这种方式对中国最为有利,除了具有第二种方式的三大好处外,中国还可以有效防止美国违约的风险。

第四种方式,中国可以允许外资企业在华发行熊猫债券。当年美国国际商业机器公司(IBM)在日本发行武士债券、索尼(Sony)在英国发行斗牛犬债券等都取得了成功。

(三) 提议将中国存量美债置换成"通胀联动国债"以规避通胀风险

美国政府虽于2009年8月4日向中国承诺将继续发行通货膨胀保值债券(TIPS),但这只解决了增量问题,中国还有8005亿美元存量美债仍然存在贬值风险。尤其是在当前全球通胀预期不断升温的情况下,中国压力更大。

2009年3月18日以来,美国通过数量型宽松政策,直接带动基础货币大幅上升近1倍,广义货币供应量(M_2)以近15%的年率增长,高于名义GDP增速达16个百分点,创历史之最。目前全球通胀预期正沿着"量化宽松政策→美元贬值→大宗商品价格上涨→股价上涨→房价上涨→CPI 上涨"的链条演进。为了从根本上解决美元贬值引发的通胀风险,我国应坚决要求美国政府将中国持有的存量美债置换成"通胀联动国债",防止美债泡沫破灭的风险。

美国"通胀联动国债",是美国财政部发行的一种特殊形式的国债,其利息按照国债拍卖中竞标确定的固定票面利率每半年支付一次,但债券本金和实际利息却与通货膨胀指数相关联。由于通胀债在设计上的特性,使其不仅成为一种通货膨胀的避险工具,更由于其收益波动性小、与其他资产相关系数低,从而成为投资者的重要资产组合。从国际上看,"通胀联动国债"最早产生于 20 世纪 70 年代的高通胀国家,如巴西、智利、墨西哥、以色列、土耳其等,并且取得了很好的效果。发行通货膨胀保护债券成为这些国家政府融资的唯一可能手段。目前,美国通货膨胀联动国债的总发行额,已经占到全世界总发行额的 50%。在存在通货膨胀预期风险的条件下,将美国国债的收益率与美国通货膨胀率挂钩,能够有效保护我国外汇资产不因通胀上升而缩水。

从美国方面看,在当前全球通胀预期背景下,如能将中国存量美债转换成"通胀联动国债",就能向市场发出这样的诚意:如果通胀真的到来,美国政府有抑制通货膨胀的决心,更不会让投资者承担全部损失。

四、开征"金融交易税"以遏制国际"热钱"的冲击

2013 年,正当我国经济复苏之际,增发货币几乎成了发达经济体的共同选择。针对外汇市场"热钱"涌动,国家外汇管理局曾 20 天连发六文难阻"热钱"流入。在人民币升值压力不断加大、国际"热钱"异常流入的今天,只是加大外汇检查,并不能有效解决问题。笔者认为,在特殊时期,开征"金融交易税",才能从制度安排上有效遏制国际"热钱"的冲击。

(一) 热钱异常流入加大中国经济风险

受全球经济复苏低于预期的影响,世界主要经济体启动了新一轮量

化宽松的货币政策。全球充裕的流动性使得国际投资者在全球范围内寻找投资标的，国际资本从发达经济体流向中国等新兴经济体的趋势不可逆转。大量国际资本流入，加大了中国经济的潜在风险。

首先，导致外汇占款增加。央行为抵消外汇储备激增，频繁进行公开市场操作，大量外汇占款"挤占"基础货币投放渠道，使得货币政策失效。从理论上说，外汇占款属于基础货币供应的一个重要组成部分，与央行的公开市场操作和财政性存款一起决定了基础货币的供应，并在乘数效应的作用下生成广义货币（M_2），因此外汇占款对 M_2 有着直接的影响。从实际看，外汇占款余额单边增加趋势明显。在日元和东亚经济体货币竞相贬值的背景下，央行于 2012 年 12 月重新转向更多干预汇市，造成 2012 年 12 月至 2013 年 4 月外汇占款显著回升。央行口径外汇占款 1 月增加 3500 亿，2 月增加 3038 亿，3 月增加 2880.8 亿，4 月增加 2943.54 亿左右。2013 年 4 月，顺差和热钱的流入贡献了外汇占款增量的 80%。

第二，导致外贸增速出现虚高。本轮热钱主要是通过虚假贸易流入。现在很多外贸出口是"香港一日游"和"保税区一日游"。企业热衷于"一日游"生意，源于可以通过做高售价，骗取更多的国家出口退税。比如，彩电、空调、缝纫机等商品的出口退税率为 17%，一厂商 5 万元成本的货物出口，以 1 万元的价格卖给客户，看起来是亏本的，但在报关时虚构价格为 100 万元，这样就能拿到 17 万元的退税。2013 年第一季度，中国多数的贸易增长主要来自广东/深圳与香港之间的往来贸易，这一部分贡献了出口增量的 53%，而广东的出口总量也大大高于港口吞吐量数据。从增速来看，2013 年前 3 个月，内地对香港出口成为出口增长最主要的贡献力量，而往年中国对美国出口是我国出口增速的主要力量。

第三，导致中国双重汇率损失。中国处于产品国际化分工体系的中端环节，从亚洲国家进口原材料，然后加工成制成品向欧美发达国家出口。这意味着中国从亚洲进口，向亚洲国家输出升值的人民币，同时对欧美出口赚取贬值的美元，形成了中国对亚洲是人民币负债，而对美国是美元债券资产。随着人民币相对美元不断升值，这样的结构将会造成资产与负债的双重利益损失。人民币升值的不利影响主要集中在小企业，缩小企业微薄的赢利空间。据测算：人民币每升值 1%，企业利润就减少 5% 左右。其中，棉纺织、毛纺织、服装行业利润率将分别下降 3.19%、2.27% 和 6.18%。

（二）开征"金融交易税"是国外管理短期资本的国际经验

国际上，针对短期资本频繁流动，普遍做法是征收"金融交易税"，以达到将短期投机资本转变成长期投资资本的目的。"金融交易税"的思想源于"托宾税"，是诺贝尔经济学奖得主、美国经济学家詹姆斯·托宾在 1972 年首次提出的。金融交易税是以金融交易为课税对象的税收，其初衷是通过征收金融交易税减少短期资本流动的规模和金融市场的波动性，减轻金融市场中的羊群效应。托宾形象地将其比喻为"往飞速运转的国际金融市场这一车轮中掷些沙子"，降低国际资本流动规模和速度，缓解国际资本流动尤其是短期投机性资本流动规模急剧扩张造成汇率不稳定。

历史上发达国家通过"托宾税"，基本实现了短期资本长期化的目标。"托宾税"作为间接调控经济的一种手段，管理成本相对较低，能够平抑金融市场的汇率波动，曾在多个发达国家取得良好效果，不仅降低了央行外汇冲销成本，还控制了外资流入的规模，基本实现了短期资本长期化的目标。美国在 20 世纪 60 年代征收的利息平衡税；1977—1978 年，德国政府为控制马克升值，提高了非居民在德国的存款准备金率；1977 年，日本对多数非居民存款征收 50% 的准备金率，1978 年更是将这一比率提高到 100%；欧洲货币体系机制本身就隐含托宾税（当实际汇率偏离目标汇率区间后，就可对目标汇率区与实际汇率的差额进行征税）。

20 世纪 90 年代新兴经济体普遍采用"托宾税"来抑制资本短期流入。20 世纪 90 年代哥伦比亚实行无息准备金等资本管制政策。1996 年新加坡政府为遏制房地产泡沫，规定在购房三年内，如要卖出必须缴纳 100% 的资本收益税。1991 年智利政府为抑制资本短期流入，规定金融投资或证券投资进入的短期外国贷款，必须缴纳 10% 的非补偿准备金。

从实践来看,"托宾税"有助于引导资金流向实体经济。如智利20世纪90年代实行托宾税后,有效地将一部分短期资本转化成长期投资。中长期资本流入在全部资本流入中的比例,由1990年的23%上升到1997年的62%。智利的短期对外负债占整体对外负债的比重从政策实施初期的19.4%下降到政策执行期末的5.4%。同时,智利对外负债的总量(亦即外资流入智利的总量)保持了稳步增长。

2008年国际金融危机期间,较多国家倾向于征收金融交易税,以规避市场剧烈震荡。在金融危机期间,巴西的金融交易税曾变动多次。2009年10月,为了控制热钱流入,缓解汇率升值压力,巴西对进入该国购买股票或固定收益债券的外资课以2%的金融操作税(IOF)。2010年10月,该税率对债券投资提高到6%、对股票基金投资提高到4%,同时对一些潜在的漏洞进行了封堵,例如通过存托凭证市场(ADR)试图避免此税的交易。2010年12月,韩国对银行的非存款类外币负债额外收费。期限1年以内的征收0.2%,1—3年的征收0.1%,3年以上的征收0.05%。2011年年初韩国开始对外国人购买国债和货币稳定债券的利息征收14%的预提税。这些政策的主要动机是抑制国际短期资本投机韩元升值。2012年8月1日,法国成为欧盟第一个引入金融交易税的国家。截至2012年10月17日,已向欧盟递交有关金融交易税合作官方申请的国家有德国、法国、比利时、奥地利、斯洛文尼亚、葡萄牙、西班牙、意大利和希腊等九个国家。

国际货币基金组织也支持征收托宾税。在金融危机的冲击下,国际货币基金组织对国际资本流动管理的理念也有质的变化。2008年国际金融危机之前,国际货币基金组织主张资本流动管理开放市场。2011年4月5日,国际货币基金组织通过了一份支持资本管制的政策性框架文件,建议如果一国经济出现"货币没有低估、外汇储备超出合理水平或央行冲销成本过高、通胀压力或资产泡沫等经济过热现象,同时财政和货币政策收缩空间有限",即可采取资本流入管制措施。这些措施包括对外国短期资本和外资贷款征收托宾税和无息准备金等措施。

总之,发达国家和新兴经济体所采用的各种审慎手段在短期内都在一定程度上达到了其抑制资本流动的目的,否则也不会反复、持续地被使用。

（三）中国"金融交易税"方案设计

现阶段,我国可依据"托宾税"原理,开征"金融交易税",以实现短期资本长期化的目标。具体实施框架如下。

1. 在征收范围上,重点是对短期外债征收金融交易税

目前,中国资本项目实行管制,没有必要对所有的资本交易征税。从国家外汇管理局的监控数据来看,当前我国压力主要是短期外债增长较快,截至 2012 年年末,我国短期外债余额高达 73.39%,为自 2001 年以来的最高水平。其中有相当一部分"热钱"并不满足于汇率套利,而是盯住利润更为丰厚的房地产市场和资本市场。因此,可以考虑对短期外债(包括外资企业与外资银行的外债)征收金融交易税。

2. 在税率设计上,实行"基本流动税"和"多级惩罚性税率"两级体系

零"基本流动税",不影响正常资本流动。由于"金融交易税"是全球性税种,若单一国家启用,将对该国外商直接投资(FDI)等合法资金流动造成影响。对此,我们可以将税率设置成两级"金融交易税"。即以一定资本流入量和资本流出量为分界线,实行 0%基本流动税和 0.2%—1%的多级惩罚性税率。在资本流动正常情况下,0%的"基本流动税",不会影响正常资本流动,而且通过此操作,监管部门可以摸清人民币炒家的真实情况。

"多级惩罚性税率"可迅速抑制资本过度流动。国际市场上往往长期资本与短期资本并存,投资与投机力量相伴,在一定条件下,长期资本可能会转化成短期资本,反之,短期投机资本也有可能转化为长期投资资本。当资本流入量迅速增加,出现投机冲击时,实行 0.2%—1%的多级惩罚性税率,以增加短期交易成本。比如,在税率为 0.2%时,如果每交易日交易一次,一年累计税率达 48%;若每周交易一次,一年累计税率为10%;若每月交易一次,一年累计税率则为 2.4%。高昂的惩罚税成本,可迅速抑制资本过度流动,平抑人民币升值预期,也能达到鼓励国际资本作长期投资的目的。

3. 征收机关,由国家外汇管理局征收较为合适

由于短期外债、境外抵押借款的每笔结汇,都会在国家外汇管理局形成交易备案记录,由国家外汇管理局征收"短期资本交易税",便于及时监控。为此,监管部门应尽快建立一个真正有效的统计体系,明确且真实地反映"热钱"数量。目前,中国的监管框架很难完全监控"热钱"。比如,对贸易项下的"热钱"流动,负责监控"热钱"的是国家外汇管理局,但监测进出口价格变动的却是中国海关。对于国家外汇管理局来说,很难去清楚掌握类似"转移定价"的猫腻。

4. 用途

将征收来的金融交易税用于建立"国家金融稳定基金",达到对抗金融市场的动荡,强化"金融安全网"的目的。征收"金融交易税"可达到两个目的。一是有利于国际短期资本流向实体经济。税收手段直接影响投机者获得的回报率,因此能直接制约其投机的动机。建议在实体经济中开辟出"池子"接受外来资金,让短钱安分地转化为中长期的投资资金,引导"热钱"流入中国经济亟须的领域,将是应对"热钱"的积极思路。二是对资本项目管制,从数量型管制向价格型管制转变。当前,我国对资本项目中短期资本流动的管理,主要是通过设立境外合格机构投资者(QFII)的审批制度,由国家外汇管理局批准 QFII 可投资境内资本市场的投资限额,这是一种数量型的管制措施。随着国际资本流动呈现越来越多的多样性和复杂性,这种数量型资本管理的有效性也会随着时间的推移而有所下降。而金融交易税特点是通过提高资本频繁流动的成本,是一种价格型的管制措施,能够充分发挥市场机制在调节跨境资本流动中的基础性作用。

五、美联储"缩表"及中国应对之策[①]

2017 年 9 月 20 日,美联储酝酿已久的加息及缩表计划正式实质性出台。美联储公布了维持 1%—1.25%的联邦基金利率目标区间不变,预计 3

---

① 本部分郭贝贝参与写作,在此表示感谢。

年内将加息 7 次；并且从 2017 年 10 月起启动渐进式被动缩表计划。美联储
为什么会进行加息及缩表计划？美联储加息及缩表对全球经济发展会产生
什么样的影响？对于中国来说，该如何应对美联储缩表产生的不良影响？

（一）缩表的本质：挤出冗余，回归效率

2008 年国际金融危机期间，美联储实施了扩表计划，该计划对于危
机后美国经济复苏发挥着巨大的促进作用，但也无形之中改变了美国资
产负债表中资产规模以及负债端的准备金规模。危机后，2014 年美联储
资产已增加至 4.2 万亿美元，占 GDP 比重由约 5.5%（2007 年）提高到接
近 24%。资产端结构，美联储已由危机前以财政债券为主转变为以财政
债券和住房抵押担保证券为主，占比分别为 58% 和 42%。负债端结构，
量化宽松货币政策导致美联储存款准备金余额剧增，由危机前的 200 亿
美元增至危机后的 2.4 万亿美元。本轮缩表主要是减少资产端的 SMOA
证券组合（预计缩减 1.3 万亿—1.5 万亿美元），其中美国国债和机构债、
抵押贷款的到期再投资；减少负债端的联邦准备金规模（预计缩减约 1
万亿美元）和逆回购规模。值得关注的是，美联储缩表后的最终规模仍
高于危机前的资产规模，即缩表并不是回归到危机前的状态。

基于银行超额准备金的零利息支付，银行通常将准备金拆借给需短
期流动性的银行，获得利息收益。此时，美联储能够有效地通过联邦基金
利率调控准备金的供给。依据费雪方程式 $MV=PT$，在货币量化宽松政
策中主要提升了银行存款准备金规模和逆回购规模。虽然，美联储通过
购买市场中的国债、机构债和抵押贷款向市场提供了大量的流动性，但是
由于危机中市场低迷、前景未知，且需承担巨额利息负担，故银行宁愿增
加准备金额度而不愿意发放贷款，而超额准备金规模的增加，严重约束了
量化宽松货币政策的有效性。美联储不得不采用"下限系统"管理机制：
通过超额准备金付息率（IOER）、隔夜逆回购利率（ON RRP）来调节联邦
基金利率（FFR）[①]，但是受制于准备金冗余，其控制力较弱。当市场环境

---

① 在实际操作中，ON RRP 是 FFR 的下限，IOER 是 FFR 的上限。

转好、经济回暖,大量的准备金转变为流通货币时,会导致经济出现过热现象,扰乱市场秩序,产生资产泡沫。

从政治角度分析,时任美联储主席耶伦希望延续其任期内量化宽松减量和加息政策的持续性,为货币政策正常化稳定推进开启良好开端,配合经济发展状况适度调控。在"去监管化"上,耶伦主张保留"沃尔克法则"的主体部分,而不是完全支持特朗普取消"沃尔克法则"的呼吁,认为简化金融监管有利于市场发展,但是要渐进式地取消监管。2017 年 11月 3 日,特朗普正式宣布提名杰罗米·鲍威尔(Jerome Powel)出任新一届美联储主席。鲍威尔担任美联储主席将总体上延续耶伦谨慎和相对偏宽松的货币政策立场。在去监管中,主张放松金融监管,建议放松"沃尔克法则"和银行压力测试,支持重估针对银行董事会的监督义务;在货币政策上,鲍威尔可能会延续美联储当前的紧缩性及谨慎政策。这意味着美联储将以每次 0.25 个百分点的节奏逐步上调短期利率直至 2020 年,同时缓慢收缩美联储为降低长期利率而购买的 4.2 万亿美元美国国债和抵押贷款支持证券资产。

(二) 美联储缩表计划的深层次原因

从 2015 年 12 月开始上调基准联邦基金利率,结束了金融危机之后长达 7 年的零利率政策。2014 年 9 月,美联储就发布了《政策正常化原则及计划》,提出未来将以被动、渐进和可预测的方式通过停止再投资来减少其持有证券规模,实现货币政策正常化目标。并于 2017 年 6 月,针对缩表的方式由原来的被动停止证券本金的再投资修改为逐步减少再投资。美联储的缩表计划势在必行,究其原因主要有以下几点。

1. 美联储货币政策正常化,改善政策有效性

美联储量化宽松计划收效良好,但也改变了美联储的资产规模,货币调节机制也转变为"下限系统"管理机制。新机制具有一些难以克服的缺点:损害市场资金配置功能,放大风险杠杆水平;新机制受益于低利率环境,使收益率曲线更加扁平化;加息后,美联储的准备金成本增加和控制力降低;当市场回暖,大量准备金将转为流通货币,导致经济过热,产生

资产泡沫。

2. 美国经济实现复苏,符合美联储的预期

美国经济逐步复苏,近三年 GDP 增速均值为 2.0%,符合美联储预期。当前美国经济短期波动,长期上行预期明显;库存补仓已达上限,通胀预期上升,失业率达历史新低(4.3%);房价股价不断攀升,过度宽松的货币政策将加剧资产泡沫。自 2012 年以后,美国房价指数(S&P/Case-Shiller)持续攀升至 186.95,超过危机前 2006 年的高点。

3. 规避高通胀的威胁,保持市场稳步回暖

资产负债表中准备金规模过于庞大,一旦经济复苏,利率水平的提升将导致货币供给成倍扩大,引发通胀,进一步威胁美联储利益。"下限系统"管理机制虽能控制基础货币,却无法控制、监督货币供应量。未来美联储将会在加息阶段遭受损失。无论何种挽救方式终会产生不良效果:大量"印钞"必然导致通胀,美联储声誉受损,通胀预期提升,美元信用降低,各国将抛售美债。

(三) 美联储缩表对全球经济的影响

1. 美联储历次缩表对市场冲击的分析

依据格勒姆法(Greshams-Law)的研究追溯至 1915 年美联储资产负债表的变化,历史上美联储曾有过 6 次缩表,综合来看,先扩表后缩表,对收益率的抬升相对有限,即使缩表造成长端利率短期内上行,市场影响将很快逐渐递减直至消除,对于经济、通胀的直接消极影响最终还是依赖于经济基本面的强弱和财政、货币政策。①总体而言,历次缩表对应着四种情况:一是数量控制以遏制通胀,以第一次缩表(1920—1921 年)及第五次缩表(1978—1979 年)为典型;二是极端应急手段的退出,以第二次缩表(1929—1931 年)及第六次缩表(2000—2001 年)为典型;三是美国债务形势改善对美联储持有资产的"挤压",以第三次缩表(1948—1949年)为典型;四是被动收缩,以第四次缩表(1960—1961 年)为典型。回顾

---

① 中金公司:《美联储缩表:真老虎 OR 纸老虎?》,2017 年 9 月 19 日。

6次缩表,由此可见,缩表的主动与否和信息传递是否充分,是决定"缩表"影响的关键。[①] 采用主动抛售资产方式的主动缩表效果较好,缩表后经济反弹明显,通胀被有效控制,以第一次缩表(1920—1921年)和第三次缩表(1948—1949年)为典型。采用先加息后缩表的预期管理策略,给市场消化"利空"的稳定预期,以第五次缩表(1978—1979年)和第六次缩表(2000—2001年)为典型;但因加息和缩表间期较短(仅相距8—12个月)且大幅缩减资产,使得缩表效果不佳,如20世纪70年代缩表未能抑制通胀上行,反使经济增长减缓;21世纪初期缩表期间经济持续低增长,通胀保持合理水平。

2. 本轮美联储缩表对全球经济的影响

自2015年的首次加息之后,2017年9月推出的缩表计划是"货币正常化"的里程碑举措。缩表意味着美联储收缩市场流动性,减少美元供给,导致市场利率上升,加速美元回流美国市场。自2008年国际金融危机以来,全球似乎已依赖于美国为世界各地区提供流动性和信用,而美国退出"量化宽松",使得各方经济体担忧丧失美元流动性支持后本国经济发展的可持续性。由于本轮美联储货币紧缩是加息叠加缩表,而且缩表规模比较可观,可能产生深远影响。

(1)引领发达国家紧缩货币政策的浪潮

本轮缩表计划的实施标志着美国正式迈入货币紧缩阶段,缩减规模较大(预计占比18.89%),会引起发达国家货币政策转向:2017年10月26日,欧洲央行宣布维持三大利率不变,并于2018年退出量化宽松时代、开启缩表计划,将月度量化宽松规模从600亿欧元降至300亿欧元,持续9个月;日本央行预计也将会在未来通胀达标后减少资产购买计划,逐步退出量化政策;英国央行于2017年11月2日宣布加息至0.5%,维持债券购买规模不变,但脱欧进程将影响其加息路径。这意味着国际市场中"银根"将逐渐收紧,货币供给减少,市场流动性降低,对全球经济将产生明显的负面影响。

---

① 张槟:《美联储"缩表",国际市场将如何随之起舞?》,《华夏时报》2017年4月13日。

（2）新兴经济体面临资本外溢效应

此次缩表计划最直接的结果是导致全球美元货币减少，市场流动性降低，间接影响美国长期债券利率和债券期限利差的提升。特朗普"美国优先"政策和减税计划，也会导致美元资本回流。作为世界主要贸易国，美联储加息缩表必然会影响与美国经济依存度较高的国家，他们在一定程度上面临资本外流压力、货币贬值等危机。当前市场波动率较低、投资者风险偏好较强和新兴市场外汇储备/外债的覆盖率高达185%，新兴经济体对全球资本流动的容忍度有所提升，承压有限。

（四）中国应对美联储缩表之策

美联储缩表，对中国来说，一方面面临着巨大的挑战和风险，另一方面也具有潜在的机遇。中国需要统筹国际国内经济形势，主动应对国际市场的冲击，抓住美联储缩表的机遇，完善货币政策框架、深化推进人民币国际影响力、强化中国国际地位的提升、从国家战略角度上引导金融体系的全球治理秩序。

1. 短期与长期"双重目标"合理均衡

短期实施"稳定金融、放松实体"的策略组合。完善创新监管机制，守住系统性风险底线；货币、信贷投放要中性偏紧，适度调整资产规模；在"营改增"基础上进一步提前减税，尤其是降低增值税，为制造业较大幅度地减负；改变税收政策理念，倡导适度赤字的财政政策。长期保持稳健的货币政策。当前货币政策的核心是金融"去杠杆、去成本"，提升决策主动性和独立性。资产端：适度降低外汇占款规模比例，提升其他存款性机构的债权占比；负债端：调节基础货币结构，维持适宜稳定的流动性。调控机制：采用缩短放长或增加短期资金供给的方式。①

2. "弱汇市、稳楼市、温股市"的市场稳定策略②

现阶段，资本市场中资产价格相对稳定、预期合理，仍需大力推进供

---

① 娄飞鹏：《中美央行资产负债结构分析与建议——基于美联储缩表与人民银行政策选择的视角》，《金融理论与教学》2017年第6期。

② 王晋斌、卢丽阳：《美国加息、缩表和减税与我们的对策》，《证券日报》2017年6月17日。

给侧结构性改革,优化产业结构,对冲金融周期性下行波动的不良冲击。金融市场的稳定,是当前国内经济又好又稳发展的基础。一是弱汇市。严格监管资本,防止资本外流;强化逆周期调节因子的作用;适度调整利率水平,保持中美利差相对稳定;完善货币汇率指数定基和编制方法。二是稳楼市。稳定房价、地价,推进房地产"去库存"进程;加大土地供应的政策、住房和租赁房供应政策、房地产税收政策。三是温股市。守住股市托底线,完善股市配套设施,提升市场化程度和国内资本流动性,优化投资者结构,改善外资配置比例,加快与国际成熟市场接轨,深化"沪港通、深港通"合作力度。

3. 进一步推进人民币国际化,对冲美元紧缩的预期[①]

一是构建金融科技支持的人民币计价体系。按照短期货币市场、中期债券市场、长期多层次股权市场的发展顺序,结合国内金融科技技术,构建人民币计价结算、支付的新平台。二是"贸易+金融"双轮驱动。以直接投资(尤其是制造业投资)为主,构建"政府+市场+企业"的传导机制,引导资金"由虚向实",提升企业国际竞争能力。三是以债券市场为突破口。增加债券市场流动性,发展债券衍生品市场,丰富在岸、离岸市场投资产品种类。四是健全国家风险损失赔偿机制。加强对国家风险的监管,加强立法和国际法律、政策协调,建立统一监管框架,增加市场间互联互通。

4. 与国际社会达成广泛的战略合作

金融危机以来,新兴经济体经济发展迅速,全球资本从发达市场流向新兴市场,全球经济发展呈现"多元化涨潮"。中国应当强化与新兴经济体之间的贸易,扩大"引进来"与"走出去"的投资规模,提升国际贸易与投资的便利化、自由化。合理利用"一带一路"倡议和亚洲基础设施投资银行对贸易和资本投资的引导性和互利共赢效益。一是深化与新兴经济体的金融货币合作。建立多层次的金融合作机制和合作机构,与世界现有的货币金融体系形成良好互补,提升新兴经济体话语权,维护全球金融

---

① 中国人民大学:《人民币国际化报告 2017》,2017 年 7 月 15 日。

稳定。二是与"一带一路"沿线国家结成利益共同体。目前"一带一路"倡议效益逐渐显现,沿线各国政策有效对接,优势互补,全球资源要素合理流动,需进一步引导贸易和资本投资的互利共赢,促进中国大国形象的树立和共建人类命运共同体。三是与欧盟、美国深化合作。强化与欧盟的双边货币互换机制,加强双边金融市场的融合,共同抵御国际风险。积极参与美国基础设施建设,推进国内资本进入发达国家,提升人民币国际影响力。

六、在全球减税浪潮中研究
我国综合减税降费方案[①]

2017 年 4 月底,美国白宫公布特朗普税改纲要,这是自 20 世纪 80 年代里根政府大减税以来,美国又一次大规模的减税行动。各方估测,新一轮美国税改一旦通过并实施,在全世界范围内将引发减税浪潮,如英国政府宣布到 2020 年,将企业所得税税率从 20% 降到 17%,法国、印度等国也争相宣布制订减税计划。我国也应未雨绸缪,进一步做好减税方面的研究与政策储备,以应对可能到来的新一轮全球税收政策竞争。

(一) 特朗普税改本质在于保持美国在全球的竞争优势

自 1920 年以来,"减税"一直是共和党税收政策的核心。第二次世界大战后,美国基本上每隔 20 年就会出现一次较大的减税政策周期。基本遵循着阿尔文·哈维·汉森的"补偿性财政"思路,即在经济萧条时期减税,在经济繁荣时期增加税收。20 世纪 60 年代以来,美国已推行了四次大的减税周期,每次减税,都推动了美国经济复苏。这次特朗普税改方案也不例外,其本质是要使美国经济走出"奥巴马停滞"泥潭,继续保持"美国优先",实现"美国再次强大"的战略。

通过税改,美国将在以下三方面获得全球竞争优势。

---

① 本部分冯俏彬、王学凯参与合作写作,在此表示感谢。

1. 促进企业投资并增加就业

当前,美国企业所得税税率为 39%,新一轮美国企业所得税大幅度下调到 15%。减税后,美国企业实际承担的综合税负既低于全球平均水平(22.9%),也低于 OECD 国家的平均水平(24.99%)。企业直接获益,企业可用于投资的资金便会增加,并创造更多的就业机会。据美国税收基金会测算,新税改将增加资本存量 8.2%—23.9%,创造出 180 万—215 万个全职就业岗位,提高工薪收入 5.4%—6.3%,使美国长期经济增长提高 6.9%—8.2%。

2. 刺激消费并扩大社会总需求

当前,美国的个人所得税税率从 10% 到 39.6% 共分为 7 档,新税率分别调减为 10%、25%、35% 共 3 档。通过个税改革,不仅降低了美国中低收入家庭的税负,也减轻了富人的负担。新税改方案由于成倍提高了税前扣除标准,并为有子女和附属成员的家庭提供税收优惠,达到了为中低收入家庭减税的目的。将 7 级税率等级减为 3 级,收入较高的纳税人将以较低的税率交税,从而其所交税额减少;废除替代性最低税,收入相对较高的阶层将按一般所得税的规定交税,所交税额相对较低;取消 3.8% 医改税,中产阶级和富人投资意愿增强,可获得更高收益;废除遗产税,更为富人的财产在代际之间转移提供了便利。

3. 通过跨国层面的税改,吸引资本回流美国,带动制造业发展

特朗普税改方案中最引人注目的地方在于,对美国企业巨额海外留存收益,仅征收 10% 的一次性遣返税,并将美国的税收征管由"属人"改为"属地",放弃对美国企业海外收入部分的征税权。实行领土税收制度,加之美国不开征增值税,全球大量资本将流向美国,美国可能成为全球最大的"避税天堂"。实行海外资产回归一次性征税,且降低征税税率,跨国企业的海外利润可能源源不断地回流美国。资本聚集的地方,经济必然活跃。

特朗普税改计划与共和党所一贯秉持的税收政策理念相符。该计划一旦全面推行,将在短期内提振美国经济。据美国税收政策中心的测算,

特朗普税改计划有望在未来两年提高美国 GDP 约 1.1%—1.7%。

（二）中美税负存在"结构性差异"

在世界经济一体化的今天,全球经济周期趋于一致,美国每一次减税周期都会引发全球减税浪潮。如何降低美国税改对中国的影响,需要对中美之间税负差异进行深入分析。

中美税负差异,不在税负水平上,而在税负结构上。

从总量上看,中美税负水平都不高。税收总额占国内生产总值比重在 30% 以上的国家为高税负国;比重在 20%—30% 的国家为中等税负国;比重在 20% 以下的国家为低税负国。中美属于中等税负国。

从结构上看,中美税负差异较大。中国以间接税为主,含增值税、消费税等;美国以直接税为主,含企业所得税、个人所得税、房产税等。从国际比较看,我国直接税与间接税之比为 35∶65 左右。经济合作与发展组织国家直接税与间接税之比大约为 55∶45,而美国则为 75∶25。

间接税具有两个缺陷:一是间接税是对流通中的商品或劳务的课税,本质上是对需求和消费征税。在间接税下,纳税义务人不是税收的实际负担人,纳税人可以通过提高价格把税收负担转嫁给别人,最终由消费者承担。二是间接税具有"累退"的性质。一般来讲,高收入群体边际消费倾向较低,低收入群体边际消费倾向较高。收入高的人随着收入的增加,纳税比例小,收入低的人反而纳税比例大。因此,这种税负如果过重,就会导致低收入群体对物品的消费量减少,加剧贫富差距。

相对中国而言,美国的直接税具有两个突出的优点:一是直接税是以归属于私人的所得和财产为课税对象,纳税人较难转嫁其税负;二是具有"累进"的性质。直接税税率可以根据私人所得和财产的多少采用累进结构,具有调节收入分配功能。

税收负担并不是一国国民和企业的全部负担,非税负担值得关注。中国非税收入占比高,美国非税收入占比低。从整个政府收入体系的角度看,我国政府收入有一半左右来自非税收入,包括各类费、政府性基金、社保缴费、国有资本经营利润、住房公积金等。以 2016 年为例,全部政府收入为 26 万亿左右,其中税收与非税收入正好各占 50%。美国也存在非税收入,涵盖行政性收费、公共设施使用费等,但在财政收入中占比仅 5%。

(三) 积极筹划我国减税降费的"一揽子"方案

税制转化的过程往往伴随着社会剧烈变革,把握好转换的节奏和时机,十分重要。应对新一轮的全球减税浪潮,需要形成一个更加综合、全面、明确的"一揽子"减负方案,改变近年来"挤牙膏"式的做法,既要稳定社会预期,又要善于争取有利的国际舆论,在可能到来的全球减税浪潮中取得先机。

1. 我国减税应从自身的实际情况出发

由于我国税制是以间接税为主、直接税为辅,与美国及其他发达国家的税制正好相反,因此我国减税不可能也不必要复制西方国家的模式,而应当基于自身的实际情况,选择有中国特色的减税道路。

我国财政经济的实际情况,可用以下两组数据简要概括。一是我国直接税与间接税之比一般都在 35∶65 左右,多年来经济合作与发展组织国家直接税与间接税之比大约为 55∶45,而美国则为 75∶25,英国为 65∶35。二是多年来我国税收占全部政府收入的比重仅在 50% 左右,另有 50% 左右的政府收入来自于税外各类收费,而美国税收占政府收入的比重一般在 90% 以上。据此我们认为,我国减税的基本思路应当明确为:第一,就总量而言,税收减无可减;第二,就结构而言,企业所得税与个人所得税减无可减;第三,与西式减税主要向所得税动刀子相比,我国减税的重点主要在于"三个加快",即加快推进税制由以间接税为主向以直接税为主转型,加快清理税外收费体系,加快形成控制社会总负担水平螺旋式上升的体制机制。

2. 打包各类减税措施,形成综合性税改方案

近年来,我国以全面实施"营改增"、清理收费为主要内容的减税行动"始终在路上"。继 2016 年为社会减负近万元之后,2017 年各项减税降费措施仍继续为社会减负一万亿元,成绩有目共睹,功劳利在千秋。但

要应对新一轮的全球减税浪潮,还需要形成一个更加综合、全面、明确的"一揽子"减负方案,一方面稳定和明确社会预期;另一方面争取有利的国际舆论位置,在可能到来的全球减税浪潮中占领先机。

加快直接税改革进程,推动我国税制转型。一般而言,经济欠发达国家和地区,多以间接税为主,一旦经济发展到一定程度,将会迎来一个向直接税转型的阶段。但是,税制转型的过程往往伴随着社会剧烈变革,因此把握好转型的节奏和时机,十分重要。党的十八届三中全会以来,我国税制变革大方向已经确定,"营改增"的全面实施也在一定程度上优化了税制,但相对而言,直接税方面的改革明显滞后,宜适当加快节奏。

承诺在 2020 年实现税收法定。税收法定是一国营商环境的关键所在。当前,我国整体税收的法定性不足,十八种税中仅有五部税法,且执行过程不断打"补丁",具体税收政策变换无穷,是企业形不成稳定预期的主要原因。需要采取切实行动,以"简明、中性、方便征管"为原则,全面整理、修改税法。

全面整理企业所得税的优惠条款,降低名义税率。当前,我国企业所得税的名义税率为 25%,略高于世界平均水平。但由于广泛存在各式各样的优惠、减免、补贴等,企业实际承担的所得税并不高。据世界银行《2017 年纳税》(Paying Taxes 2017)报告中的测算,我国企业的总税率(68%)虽远高于美国(44%),但所得税部分仅为 10.8%,低于美国的28.1%。这主要是各级政府都出台了多样化的所得税优惠政策所致。建议全面、深入梳理企业所得税的各类优惠政策,将此前仅适用于一些行业、一些地区甚至一些产业园区的政策中具有普遍价值的方面,上升到法规层面,正式纳入《企业所得税法》,以此收敛名义税率与实际税率之间的缺口、缩小与其他国家之间的税率差异。同时,涉企税率根据产业发展的特点实施"三减三增"。一是降低高科技产业税率,提高成熟工业产业税率;二是降低劳动密集型产业税率,提高资本和机器密集型产业税率;三是降低生活必需品产业税率,提高奢侈享受型产业税率。由此,可在不影响财政总收入的情况下,提升企业竞争力,促进产业升级转型。

3. 全面整顿税外收费,切实减轻企业负担

正税清费,渐进式推进行政零收费。对于政府部门提供普遍性公共服务的行政性收费,要在全面清理的基础上,将其中确有必要保留的项目归并到相应的税收之中,正税清费。除此之外的收费项目,则可考虑借鉴广东、深圳、湖北等地的经验,渐进式推广"行政零收费",最终全部取消。建议给出行政性零收费的时间表,以增强企业信心,稳定预期。

完善"使用者付费"项目的定价机制和相关管理制度。我国收费体系中存在大量"使用者付费"项目,本质上属于服务交易,应当收取。但由于这些收费多介于政府与市场之间,有一定的政府背景,因此常常被企业和老百姓误认为是政府收费。对此,长期对策是积极推动事业单位改革,短期而言则是改善这些领域的定价机制,加大信息公开力度。如打破垄断、增强竞争,建立收费与成本之间随时间、余额甚至物价变化而动态调整的机制,以及适度公开这些准公共部门的成本信息等。

与行业协会、中介组织等全面脱钩。行业协会、中介组织等收取的会费、报刊费等,理论上与政府没什么关系。之所以常被公众视为政府收费,是因为这些组织与公权力之间的关系不清不楚。为此,需要进一步加大与其脱钩的力度,不背这无谓的"黑锅"。

分门别类整并政府性基金。在经过多轮收费清理之后,当前政府性基金已成为企业的主要负担。同样,我国政府性基金里面也是内容多样,既有"准税收",也有"使用者付费"、国有资源(产)收益,还有相当部分是具有"价格"性质的收入。建议其中与水、电、道路通行有关的政府性基金,结合正在进行的电力体制、交通运输体制改革,在理顺电、水等价格形成机制时,同步整并,以切实减轻企业负担。而具有税收性质的政府性基金,与税制改革同步整并。属于国有资源(产)收益的,纳入一般公共预算。

继续降低社保缴费水平。与发达国家相比,社保缴费率高是我国企业现阶段一项最沉重的负担,也是中美综合负担的主要差距所在。世界银行的报告指出,2015年中国企业的劳动力税费(主要指社保)高达48.8%,而美国仅为9.8%,悬殊巨大。建议将社保降费与深化社保体制

改革结合起来,以降费倒逼改革,加快养老保险全国统筹、社保异地转移接续、国资补充社保以及社保资金入市等步伐,向改革要效益、向制度要红利。

还必须指出,以上减税降费方案,要想达到实际减负效果,必须同时伴有中央和地方财政体制改革的配套支持。结合当前的实际情况,要跳出仅仅"构建地方税体系"的思维惯性,考虑构建一个更加综合、切实可行的地方收入体系(其中重点是进一步提高一般转移支付的比重,可考虑从60%提高到80%),以保证地方政府正常履职的财力需要。否则,减税降费浪潮冲击下的地方政府,一定会想出新招加大收入组织力度。这就会在无意中对冲掉中央政府减税政策的效果,造成"中央减税、地方加税"的实际后果,导致企业实际负担"名减实增""少减多增",缺乏实实在在的"获得感"。

七、多管齐下应对输入型金融风险

在2019年1月21日召开的"省部级主要领导干部坚持底线思维着力防范化解重大风险专题研讨班"上,习近平总书记指出要"深刻认识和准确把握外部环境的深刻变化",防范外部风险的冲击。

2018年,多重外部因素叠加,世界经济出现诸多风险。2019年,英国"脱欧"对全球经济冲击、贸易摩擦及全球多边贸易规则改革、全球供应链面临调整、美联储政策外溢对新兴经济体冲击等诸多不确定性因素依然存在。这些不确定性,集中反映了习近平总书记所指出的"波谲云诡的国际形势"。中国属于世界一部分,在全球经济金融一体化时代,世界各国的经济和金融市场间的联系越来越紧密,在金融市场间联动性增强的同时,金融风险的传导性也在增大,中国金融风险呈现出"输入型"特点。

(一) 输入型金融风险产生的内在逻辑

"输入型"金融风险,主要是指由外部因素引发的风险。新兴经济体由于普遍实行开放性经济,金融风险往往具有输入型特点。当前,输入型金融风险产生基于全球价值链贸易模式与世界多边贸易体系深度调整的双重逻辑。

一是全球价值链贸易模式正面临深度调整。自20世纪90年代以来,世界经济逐渐形成了"消费国→生产国→资源国"全球价值链贸易模式,在这种模式下,全球市场联动性达70%—80%,全球实体经济联动性达60%,为全球经济增长作出了巨大贡献。在这条价值链中,中美两国同为两个重要主体,已经形成了"你中有我,我中有你"的依存关系。中美贸易摩擦对我国产业链和供应链的影响是多方面的,造成部分在华经营多年的跨国公司向外转移,或回流美国本土,或流向我国周边国家和地区。

二是世界多边贸易体系正受到挑战。当前,全球发展深层次矛盾突出,保护主义、单边主义思潮抬头。在多边贸易体制受到冲击下,各国将重心转移到区域自贸协定上,如近年来出台的《美墨加协定》《欧日经济伙伴协定》、CPTTP协定(又称11国TPP)等巨型区域贸易集团。与以往不同的是,这些巨型区域贸易集团,成员国间同质性减弱,经济最发达国家与欠发达国家可以进入同一个区域组织,还可以将历史、文化、宗教、意识形态和政治制度不同的国家连到一起。有的成员国同时在几个区域组织交叉和重叠出现。新的巨型区域贸易集团,不仅服务经济,而且有助于主权国家参与全球治理。贸易圈内国家由于交易成本降低,生产效率和资本回报率高,自然成为资本流入的目的地,而贸易圈外其他国家则会明显受到冲击。

(二) 输入型金融风险传导路径

当前,中国金融输入型风险主要是通过以下三个路径传导进来的。

一是通过价格机制传导风险。从全球价值链看,生产国的生产成本往往受制于资源国的资源价格,即生产国通过从资源型国家进口大宗初级商品和制成品,因价格变动而输入风险。2019年成本推动型风险表现在两个方面:一方面,在全球贸易环境恶化的情况下,报复性关税政策的实施会产生成本推动型通胀预期。2018 年第四季度,大宗商品上涨 16%,预计 2020 年大宗商品价格将上涨 9.5%。另一方面,近期由于美国制裁伊朗的力度加大,全球石油供需平衡被打破,一旦伊朗石油大幅减产,国际油价将呈暴涨态势。虽然沙特有不少闲置产能,但沙特"脱离欧佩克"的统一决策,单独大幅增加产量的可能性不大。据全球大宗商品公司托克(Trafigura)和木库瑞安(Mercuria)预测:由于美国对伊朗实施制裁,2019 年石油价格可能涨至每桶 100 美元左右。

二是通过利率与汇率联动机制传导风险。在市场经济条件下,利率和汇率高度相关。利率变化通过影响套利资本流动,引起国际收支变化,最终影响汇率变动。2018 年,世界主要经济体出现政策分化。美欧等发达经济体收紧货币政策,而新兴经济体则在不同程度上放松了货币政策,这导致一些新兴经济体经济金融形势严峻。随着美联储加息,美元指数"超预期"上涨,2018 年美元对六种主要货币汇率的美元指数累计涨幅为 4.6%,年内最高曾达到 97.542。美元上涨,引起全球资金回流美国。国际货币基金组织总裁拉加德曾警告,美联储加息的外溢效应"可能导致信贷条件趋紧和新兴市场偿债成本上升,大量违约可'浸染'银行系统和各国政府"。新兴市场随着债务集中到期、贸易环境的恶化,面临着货币贬值与资本外流的双重压力。阿根廷率先爆发危机,土耳其紧随其后,巴西、印尼、南非、委内瑞拉等新兴经济体无一幸免。2019 年,美联储仍有加息预期,这种分化将继续加强。在金融资本主义阶段,全球资金关键不在总量,而在流向。对新兴经济体来说,美元贬值是"印钞机",会带来输入性通货膨胀;美元升值是"提款机",会带来输入性通货紧缩。可谓是"来时通胀去时崩"。与美元升值相对应的是人民币贬值预期。人民币对美元汇率的贬值,自然会影响中国外汇储备增长。国家外汇管理局 2019 年 1 月 7 日公布的最新数据显示,截至 2018 年 12 月末,中国外汇储备为 30727.12 亿美元,与 2017 年 12 月末的 31399.49 亿美元相比,缩水了 672.37 亿美元。因此,当前输入型风险正沿着"美国进入加息周期→美元升值→国际资本撤离新兴经济体"的路径演绎。

三是通过对外投资渠道传导风险。对外投资是长期资本流动的主要形式。2018年以来,全球投资环境发生明显变化,世界各国陆续建立了外国投资审查制度,如特朗普签署《外国投资风险审查现代化法案》,强化美国外国投资委员会监管权限;德国修改完善《对外经济条例》,计划拟定新的法律草案,针对非欧盟投资者进一步收紧政府监管;英国政府发布《国家安全和投资》白皮书,赋予英国政府更多对企业兼并和收购的监管;欧盟通过了旨在加强投资监管的草案,推出新框架审查标准,对投资进行监管。他们将关键基础设施、重要技术、国家安全等领域纳入外国投资审查范畴,而且标准不清晰,表述宽泛,给自己留出了更大的自由裁量空间。针对中国的对外投资审查蔓延之势,不仅限制了我国企业正常对外投资,也加大了我国企业对外投资的风险。据路透社报道,2018年中国对北美和欧洲的投资额从2017年的1110亿美元降至300亿美元,下降了73%。其中,我国对美国的投资下降了83%。同时,我国企业的海外并购规模也呈下降态势。Freshfields的数据显示,2018年中国的海外并购较2017年下降40.7%。相比之下,2018年全球并购交易额同比增长13.7%。

(三) 多管齐下应对输入型风险

防范输入型风险是个系统工程。2019年,政府要合理引导市场预期,确保流动性稳定,减小外部传导输入型冲击,确保2020年取得防风险三大攻坚战的胜利。

1. 央行对流动性管理要有预案

当前,国内外经济环境仍然十分复杂,加强宏观调控对于经济金融稳定至关重要。中国人民银行要不断提高金融宏观调控的前瞻性、科学性和有效性,对流动性管理要有预案。要根据国内外形势变化,充分考虑风险,及早锁定风险,研究合理控制流动性、抑制国际热钱大进大出、应对可能出现的局部金融风险。

2. 重启"盯住美元"策略,以"稳汇率"

2018年中央政治局会议以及中央经济工作会议都提出六个稳定,其中稳金融、稳外贸、稳外资、稳投资、稳预期,都与"稳汇率"高度关联,应该说稳汇率是牛鼻子,具有决定性意义。如果 2019 年美元仍然呈走强之势,新兴经济体会继续面临国际资本流动的风险。在资本外逃严重的情况下,保资金比保出口更重要。此时,保持人民币兑美元汇率稳定,是防止资金外逃的最佳选择。历史上,我国曾两次启动过"盯住美元"策略,一次是 1997 年东南亚金融危机期间,在泰铢等新兴经济体货币大幅度贬值情况下,由于人民币不贬值的政治承诺,很好地防止了资本外逃。另一次是 2008 年次贷危机期间,由于美元走强,新兴经济体出现了货币贬值的"连锁危机"。正是因为中国采取了"稳汇率"政策,从 2008 年 7 月—2010 年 5 月,汇率保持在 6.82—6.85 之间波动,稳住了汇率,也稳住了金融,稳住了预期。

3. 强化逆周期调节,确保金融体系拥有与实体经济发展相匹配的流动性

逆周期调节是对经济周期中的系统性风险在一定程度上进行对冲和缓释。按照央行"M_2 = GDP 增幅+CPI 涨幅+2% 至 3%"经验公式计算,2018 年 6.6% 的 GDP 增速和 2.1% 的 CPI,M_2 合理增速应该在 10.7%—11.7%。而央行数据显示,12 月末广义货币 M_2 增速为 8.1%,这相对保守。在经济下行压力较大的情况下,建议央行通过多种政策工具组合,发挥货币政策的逆周期调节作用,将金融支持实体经济落到实处。据 2019 年《经济蓝皮书》预计,2019 年我国 GDP 增速预计为 6.3%,CPI 为 1.8% 左右,那么,M_2 合理增速应该在 8.1%—9.1%。

4. 面对愈加严峻的对外投资环境,中资企业宜多方准备应对东道国的投资审查

一方面,中资企业"走出去"要充分了解东道国相关投资政策,在充分调研的基础上,做好可行性分析。中国驻外使领馆、商业协会组织要对中资企业加强培训,做好内部合规审查,规避法律风险。另一方面,一旦存在实质问题,中资企业要主动配合"外国控制"的交易审查。在美国,由于整个审查时间只有 30 天,东道国会要求被审查方提供大量的资料,如果被审查方在这段时间内不能及时、充分地提供对方要求的补充资料,则会在审查过程中变得很被动。

5. 维护多边贸易体制,实施双边贸易战略

一方面,中国积极维护以世界贸易组织为核心的多边贸易体制。习近平总书记强调指出,在当前国际经济形势下,坚定维护自由贸易和基于规则的多边贸易体制。这是国际社会的普遍心声。另一方面,加快与其他区域贸易集团中的成员国达成高标准双边投资协定(BIT)。西方经济体能否建立自由贸易区仍然是个漫长的谈判过程。一个有效的、成功的双边投资协定会吸引更多的发达国家的投资进入中国,同样,它也将增强中国投资者对发达国家的信心,支持中国境外投资的增长。例如,通过推动中日韩自由贸易区(FTA)谈判,加快中欧自贸区建设,加强东盟16国之间的区域全面经济伙伴关系(RCEP),外部风险会在很大程度上得到削弱。而我国正在推进"一带一路"建设,横跨欧亚大陆,涉及国家和地区广泛,且部分国家和地区属于环绕我国的超大型区域协定。

6. 建立输入型风险预警机制

金融危机的发生有一个形成过程,在危机爆发前总有许多征兆,常以一系列宏观经济指标值的恶化为先兆,且距离实际爆发一般有1—2年的前置期。在前置期内,如果能够及时发现有关宏观经济预警指标的异常反应并及时进行调控,是可以防范和避免金融危机发生的。可以说,金融风险预警是金融风险的"报警器",其关键是要建立比较完善和灵敏的危机预警指标体系。输入型风险可以通过一系列指标率先反映出来。完善的输入型风险评估系统至少由微观、宏观及中观三个层次的指标组成。微观指标,是金融安全预警系统的核心指标,一般由资本充足率、资产质量、管理质量、赢利情况、流动性以及压力测试情况等具体指标组成。宏观指标,是金融安全预警系统的基础指标。主要指标有经常项目盈余或逆差、外债、通货膨胀率、货币化程度、国际收支平衡等指标。中间指标,主要是反映国际市场风险的指标。微观审慎指标所反映的情况有一定的时滞,市场指标变量更具有预警的作用。主要有利率、汇率、国际资本流动、股价指数、国际大宗商品及金融产品价格波动、国际信用评级变化等指标。

八、稳外贸需要启动"一揽子"组合策略①

2018年年初，美国单方面挑起了中美经贸摩擦。美国实行的单边主义、保护主义和经济霸权主义，不仅严重威胁多边贸易体制和自由贸易原则，更给我国稳外贸带来巨大的挑战。稳外贸面临哪些外部挑战？应该如何做好稳外贸？

（一）我国贸易形势直面市场风雨

中美经贸摩擦是影响贸易形势的最大不确定因素，由此给我国贸易进出口造成直接影响和连锁效应。

1. 中美贸易摩擦继续发酵压低中国出口，货物贸易顺差收窄

一是货物贸易顺差收窄。根据海关统计，2018年前三季度我国货物进出口总额22.28万亿元人民币，同比（下同）增长9.9%；其中出口11.86万亿元，增长6.5%；进口10.42万亿元，增长14.1%；顺差1.44万亿元人民币，收窄28.3%。二是服务贸易延续逆差。2018年前三季度，我国服务贸易进出口总额3.88万亿元，同比增长10.5%。其中，出口1.27万亿元，增长14%；进口2.61万亿元，增长8.9%；逆差1.33万亿元人民币。

2. 2019年1月1日是又一个值得关注的时间节点

继美国分别于2018年7月6日、8月23日和9月24日对中国输美商品征收关税，2019年1月1日美国即对2000亿美元商品征收关税，从10%提高到25%。因此，2018年第四季度外贸进出口增速可能会有所放缓，中国出口企业或将尽可能增加出口规模，以减少成本。但受25%关税影响，2019年中国出口企业更是雪上加霜。

3. 中美经贸摩擦可能是持久而全面的

一是持久性。此前，中美经贸摩擦是偶有发生的事，这在国际贸易中

---

① 本部分王学凯参与写作，在此表示感谢。

也非常常见。但特朗普此次发起的经贸摩擦,显然有其深刻的原因,即美国内部经济、社会矛盾突出致使美国贸易保护主义抬头、民粹主义盛行,新冷战思维引发在位霸权国家遏制新兴大国崛起,这种情况非一朝一夕就能改变,摩擦态势短期内难以完全缓解。二是全面性。目前美国挑起的经贸摩擦,虽然涉及产品的种类繁多,包括机械设备、电气设备、电子、化工和轻工制造、塑料及制品、家电、军工产品等,但只停留在贸易领域。更需要注意的是,美国可能将经贸摩擦扩散至金融、资源、地缘政治、文化、科技、网络等诸多领域。

(二) 近期需要通过提振民营企业信心实现稳外贸

稳定企业预期,尤其是提振民营企业的信心,是我国促进稳外贸的关键。

1. 以更大力度的减税降费激发企业活力

对企业而言,美国对我国 2000 亿美元的出口商品征收 25% 关税的压力,远低于我国企业面临的国内税费的压力。美国的减税政策给企业带来的刺激效果,远超预期。下一步我国应进一步减轻企业负担:一是普及部分税收优惠政策。将此前仅适用于一些行业、一些地区甚至一些产业园区的政策中具有普遍价值的方面,上升到法规层面,正式进入《企业所得税法》。二是清理税外收费。借鉴广东、深圳、湖北等地的经验,渐进式推广"行政零收费",给出时间表以稳定预期。三是降低社保费率。2015 年中国企业的劳动力税费(主要指社保)高达 48.8%,而美国仅为 9.8%,悬殊巨大,建议将社保降费与深化社保体制改革结合起来,加快养老保险全国统筹、社保异地转移接续、国资补充社保以及社保资金入市等步伐。

2. 以"保护+容错"机制解决企业后顾之忧

发挥企业在稳外贸方面的作用,必须解决企业的后顾之忧。保护层面,推动法律法规"立改废释",从法律法规上给予企业和企业家的合法权益以保护;落实中共中央、国务院《关于完善产权保护制度依法保护产权的意见》《关于营造企业家健康成长环境弘扬优秀企业家精神更好发挥企业家作用的意见》，区分经济纠纷和经济犯罪界限，给企业家吃上"定心丸"。容错层面，区分失误与失职、敢为与乱为、善为与不为、负责与懈怠、为公与谋私的界限，保护改革者、鼓励探索者、宽容失误者、纠正偏差者、警醒违纪者；探索建立第三方评估机制，重点评价改革的必要性、民意的认可度、改革受挫的经验价值，最终综合权衡是否应当容错。

3. 以"竞争中性"原则营造公平营商环境

竞争中性原则旨在建立一个公平、平等的市场竞争环境，消除因企业产权特征而带来的竞争优势或竞争劣势，这有利于营造公平的营商环境。制定竞争中心原则的标准。参照澳大利亚《联邦竞争中性政策声明》的国有企业公司化改革、税收中性、债务中性、盈利率要求、监管中性、价格反映全部成本和投诉机制七项措施，以及经济合作与发展组织（OECD）《竞争中立与国有企业——挑战和政策选择》和《竞争中立——确保国营企业和私营企业的公平贸易》的企业经营形式、成本确认、商业回报率、公共服务义务、税收中性、监管中性、债务中性与补贴约束以及政府采购八项指标，尽快制定我国竞争中性原则的标准，加快国企改革。参考欧盟竞争委员会制定的市场投资者原则，评价商业类国企的经营绩效；以负面清单制度，逐步向民营企业放开电信、电力、铁路、能源、金融等重要领域和关键行业；将国企和非国企统一纳入《反垄断法》的管制范围，按统一标准进行监管。

（三）长期需要通过"调结构"实现稳外贸

改革开放以来，尤其是加入世贸组织后，我国外贸规模已经达到很高水平，但外贸结构仍有较大的调整余地。

1. 我国外贸存在结构性问题

按照世贸组织的数据，可从三个角度看我国外贸的结构性问题。一是进出口结构，贸易顺差波动较大，服务贸易出口是短板。贸易顺差波动较大，2008 年国际金融危机后，我国贸易顺差最多高达 3785 亿美元（2015 年），同比增加 62%，少则仅有 1084 亿美元（2011 年），同比减少 18%，德国与中国同为贸易顺差国，但德国的贸易顺差同比增速自 2010

年开始均为正增长,且保持在 20%内。服务贸易出口是短板,以 2017 年为例,我国服务贸易进口份额为 9.2%,商品贸易进口份额为 10.21%,二者相差不大,但我国服务贸易出口份额仅有 4.32%,与商品贸易出口份额的 12.78%相距甚远,更远远低于美国服务贸易出口份额的 14.52%,也低于英国(6.19%)、德国(5.71%)、法国(5.04%)等国家。二是细分产品结构,化学制品、药品的出口占比,自动化产品的进出口占比都低于主要发达国家。制造业产品是各国进出口的主要产品,根据世贸组织 2016 年的数据,中国制造业产品出口占商品贸易出口的 93.71%,美国、日本、英国、德国、法国分别为 74.9%、87.32%、77.26%、87.17%、80.13%,制造业进口也有比较高的占比。与主要发达国家相比,我国在办公及通信设备、电子数据处理和办公设备、电讯设备、纺织品、服装等领域出口占比较多,而在化学制品、药品、自动化产品等领域出口占比较少;我国在办公及通信设备、集成电路及电子元件等领域进口占比较高,而在自动化产品等领域进口占比较低。三是区域结构,东盟逐渐成为重要进出口区域,非洲具有较大潜力。传统的美欧日(即美国、欧盟和日本)仍然是中国进出口的主要区域,尽管中国对这几个区域的出口占比由 1997 年的 48.32%下降至 2017 年的 41.49%,从这几个区域的进口占比由 1997 年的 45.29%下降至 2017 年的 30.61%。东盟逐渐成为我国重要的进出口区域,1997 年中国对东盟出口占比为 6.58%,到 2017 年这一数值已经几乎翻倍,达到 12.33%,从东盟进口占比从 1997 年的 8.66%增加至 2017 年的 12.78%。非洲是促进我国进出口的潜力区域,2017 年我国对非洲出口占比为 4.19%,从非洲的进口占比为 4.08%,出口和进口占比都低于拉丁美洲,可以说未来潜力很大。

2. 我国稳外贸的关键不在总量,而在于结构

为促进稳外贸,我们提出如下结构性调整的对策。

产品结构性调整方面,以服务贸易为突破口,同时增加化学制品、药品的出口以及自动化产品的进出口。我国服务贸易出口是短板,部分货物贸易出口优势也不明显。促进服务贸易出口是突破口。落实《国务院关于同意深化服务贸易创新发展试点的批复》,尽快形成试点经验,及时实现经验共享与借鉴,并不断总结推广;以负面清单方式完善跨境交付、境外消费、自然人移动等新兴服务贸易业务的市场准入制度,逐步放宽或取消限制措施,实现服务贸易双向开放;搭建多个服务贸易平台,比如探索建立服务贸易建设中心、服务贸易行业协会等,充分发挥中国(北京)国际服务贸易交易会的作用,提高部分货物贸易进出口。详细研究中国货物贸易进出口的结构,以"加减法"思路调整货物贸易进出口。比如增加化学制品、药品的出口以及自动化产品的进出口,减少纺织服装的出口,等等。

区域结构性调整方面,以"一带一路"倡议为总抓手,构建更多双边或多边区域自贸协定。以美国为代表的西方国家转向区域经济一体化,甚至公开"逆全球化"。虽然我们是经济全球化的坚定维护者,但切不可误以为发达国家转向区域经济一体化,便是我们自主推动经济全球化发展的大好机会,因为展示更主动的姿态意味着承担更多超出现有能力的责任。应顺应经济全球化与区域经济一体化交替发展的规律,在"一带一路"倡议下构建更多双边或多边区域自贸协定。一是将亚投行部分原则运用于"一带一路"倡议。定位互补原则,亚投行与亚开行的关系不是竞争而是互补,"一带一路"倡议要与其他区域经济合作协定或方式形成有益互补,而非演变成压制或取代的关系。公开透明原则,亚投行的决策层分为理事会、董事会、管理层三大层次,按照出资比例确定话语权,投票原则分为超级多数、特别多数和简单多数,这些机制确保了亚投行的公开透明,"一带一路"倡议可完善公开采购政策、市场化运作等机制。债务适度原则,亚投行吸取了世界银行、亚开行关于债务管理的经验,在最大化收益与最小化风险之间寻求相对平衡,西方国家对"一带一路"倡议担忧的原因之一就在于中国会增加其他国家的债务,因而"一带一路"倡议要借鉴亚投行的债务适度原则,确保他国财政的可持续性。二是由中日韩自贸区到《区域全面经济伙伴关系协定》(RCEP)是优先选择路径。2017 年,中国—韩国自贸协定第二阶段谈判正式启动,中国首次使用负面清单方式开展服务贸易和投资谈判,应以大类概括、模糊表述、保留较多自由裁量等原则,尽快落实负面清单。提速中日韩自贸区谈判进程,可采用分阶段谈判的方式,先达成货物贸易协定,再扩展至服务贸易和投资领域,还可利用示范区或先行区,先行先试。加强中日韩三方沟通协调,推动中日韩自贸协定谈判采取的负面清单、阶段谈判、先行先试等方式,在《区域全面经济伙伴关系协定》中也能适用。三是中国与德国、英国、法国、加拿大的双边自贸协定是突破口。面对美国可能联合其他国家对中国形成的包围圈,中国与德国、英国、法国、加拿大等国家构建双边自贸协定,是突围的重要思路。中国—加拿大自贸区已经进入可行性研究阶段,但受美国影响,处于相对停滞状态,中国与德国、英国、法国尚未建立谈判意向。可先采取"州—省""区—省"合作的方式建立自贸区试点,加拿大大不列颠哥伦比亚省(BC省)与我国广东省签署的相互支持和参与"一带一路""太平洋门户战略"合作文件便是很好的典型。四是在中非合作论坛的基础上构建中非自贸协定是未来潜力所在。中国与非洲的进出口占比与亚洲、欧洲、北美洲有很大差距,甚至都没超过拉丁美洲。2018年中非合作论坛正式成立,在中国加大非资源类产品进口、协助非洲实施贸易畅通项目等基础上,以中非合作论坛为契机构建中非自贸协定。同时,需要做好三个平衡:做好和平安全与产业设施之间的平衡,非洲地区安全形势相对不稳定,除了协助维护地区安全,更重要的是保障在非的中资产业、DBOM(设计—建造—运营—维护)或 DBOMF(设计—建造—运营—维护—融资)模式的基础设施的安全;做好生态环境与经济收益之间的平衡,中非不能无限度地只考虑经济收益,更重要的是以"绿色"发展理念,为非洲加强生态环境保护提供有益支持;做好人道援助与能力建设之间的平衡,人道援助是"授人以鱼",而非洲更需要的是"渔",应向非洲宣传中国的发展经验,从人才、发展方式、治理等方方面面加强非洲的能力建设。

九、美国专家学者对我国经济不平衡的分析和政策建议

《中国经济增长,靠什么》是2012年8月中信出版社出版的美国著名

学者尼古拉斯·拉迪的一本新著。作者认为,过去 10 年,中国经济增长取得了令人瞩目的成就,应对国际金融危机的有效措施,也给世界留下深刻印象。但也正是过去 10 年,中国经济增长导致了多方面的不平衡,尽管 2007 年时任中国总理温家宝就提出要解决中国经济增长的"不稳定、不平衡、不协调、不可持续"问题,然而,不恰当、不到位的政策以及温和的、边缘性的改革,并没有从根本上解决不平衡问题。

现将该书对我经济不平衡的分析和相关政策建议作一介绍。

（一）对我国经济不平衡的分析

作者采用了消费支出分析法、生产分析法、收入分析法以及储蓄—投资分析法,四种方法分析了我国经济增长的不平衡现象。如果按照这四种方法中的任何一种方法来分析中国经济,作者认为从 2003 年起中国经济发展越来越不平衡。

1. 第一种方法——消费支出分析法

消费支出分析法主要是从需求角度,分析消费、投资和净出口对经济增长的拉动作用。

分析表明,中国经济失衡表现为严重依赖投资和净出口推动经济增长,而不是消费的增长,2003—2010 年消费占 GDP 比重下降。从消费来看,从 2003 年开始,家庭消费占 GDP 大幅度下降,2010 年下降到 34%。消费支出法揭示了中国经济不平衡的最明显迹象,是个人消费占 GDP 的比重极低,2008—2010 年的比重是 34%—35%,是世界主要经济体中最低的。从投资来看,扩大投资是中国经济增长的主要推动力,并且越来越重要。2003 年以来,投资占 GDP 比重持续超过 40%,这个水平甚至高于东亚邻国投资比重最高的时期。2003—2010 年平均经济增长的 54% 来自投资拉动。按照国际标准,这个比重高得出乎意料。从净出口来看,2005—2008 年年底,产品和服务净出口增长成为经济增长的主要动力。净出口对经济增长的贡献从 2001—2004 年的 0.35 个百分点,提高到 2005—2008 年的 1.98 个百分点。这些指标表明,中国经济大约从 2003 年开始严重失衡。从消费角度探讨经济结构的主要意义是,不平衡的增长压制了中国家庭消费,如果执行更加平衡发展战略,就能提高消费水平。

2. 第二种方法——生产分析法

生产分析法是从供给角度,分析农业、工业和服务业发展对总产出的贡献。

分析表明,中国经济失衡反映为再度出现过于庞大的制造业和相对落后的服务业并存现象,2003—2010 年服务业占 GDP 比重止步不前。数据显示,20 世纪的最后 20 年,中国服务业占 GDP 的比重持续上升,2002 年达到 41.5%的顶峰,但 2010 年只有 43%,2003—2010 年只增加 1.5 个百分点。与其他人均收入水平近似的国家相比,中国具有三个显著特点:其一,中国服务业占 GDP 比重相当低。2008 年新兴经济体服务业占经济比重达到 54%,中国只有 41.8%。其二,中国服务业就业比重远远低于国际经验反映的水平。其三,中国制造业占 GDP 比重比其他同等发展水平的国家高出 50%。

产业结构不平衡的原因:其一,汇率扭曲。2002 年以后,人民币的实际加权贸易汇率没有像 1990—2001 年那样处于均衡水平,而是开始贬值,这刺激了出口,加快了制造业的发展。通过作用于价格,被低估的汇率人为地提高了可贸易品行业(制造业)的利润率,同时减少了不可贸易品行业(服务业)的利润率。其二,生产要素价格低。由于政府控制了对资本、土地、能源和环境监管等关键生产要素的定价权,而且定价太低。由于这些生产要素在制造业的使用远多于服务业,这实际上是政府在为可贸易品生产提供补助,这种价格政策导致资金向制造业倾斜,同时远离服务业。

3. 第三种方法——收入分析法

收入分析法主要是考察家庭、企业和政府收入的比重。

分析表明,中国经济失衡表现为 2003—2010 年家庭可支配收入占 GDP 比重下降很大。数据显示,家庭可支配收入占 GDP 的比重 1992 年为 67%,2008 年下跌到 58%。大部分下跌发生在 21 世纪前 10 年,而不是 20 世纪 90 年代。家庭可支配收入占比下降的主要原因,是工资占

GDP 的比重下降(约占 50%)、家庭利息等资产收入下降(约占 20%)、家庭转移支付净额的比重下降(约占 20%)。从收入分析法解释不平衡现象的主要意义是,消费占 GDP 的比重下降主要是因为家庭可支配收入占 GDP 的比重下降,而不是因为来自可支配收入的家庭储蓄率上升。前一因素构成了消费比重 75%的降幅,后一因素只占 25%。

4. 第四种方法——储蓄—投资分析法

储蓄—投资分析法,主要是分析国内储蓄和国内投资之间的平衡。

分析表明,中国经济失衡表现为贸易顺差越来越大,2003—2010 年失衡的主体是政府和家庭。主要观点是:一是中国储蓄—投资不平衡现象极其严重。1998—2002 年中国是名副其实的平衡增长,储蓄—投资差额占 GDP 比重只有 1.5%,外部不平衡温和。但 2007—2008 年中国经济增长相当不平衡,储蓄—投资差占 GDP 的比重达到 9.9%,外汇储备达到前所未有的水平,外部不平衡创了新高。二是企业导致的国内储蓄—投资不平衡增长的比重比较适中。三是政府和家庭一样,对储蓄和投资失衡起了重要作用。2007—2008 年与 1998—2002 年相比,在储蓄—投资失衡变动的 8.4 个百分点中,政府贡献占 40%多,家庭占 44%,而企业只占 15%多。

以上四个分析法肯定了温家宝同志的判断:中国经济高度不平衡,现有经济增长模式不可持续。

(二) 关于利率政策与经济不平衡的关系

作者分析,中国经济不平衡,有多方面的原因,但不恰当的利率政策,是最重要的因素。

1. 存款负利率导致存款者承担隐性税收,直接后果是家庭收入减少

整个改革时期,中国政府控制利率导致存款的实际回报较低,甚至为负。这实际意味着,存款者需承担隐性税收。实际存款利率偏低是以 2004 年为分界线:1997—2003 年一年期实际存款利率为 3.0%,7 年间从未出现负值。2004—2010 年一年期实际存款利率为 -0.3%,7 年间有一

半以上的时间为负值。存款负利率直接后果是家庭收入减少。数据显示,1992—2008 年家庭可支配收入占 GDP 比重下降了 20%。

2. 存款负利率间接后果是导致家庭储蓄率上升,家庭消费减少

当储蓄的实际回报下降时,为了达到既定的存款水平,家庭将会从现有收入中拿出更多钱用于家庭预防性储蓄(以备未来医疗、养老、教育和购房之需),同时减少消费。数据显示,存款利率家庭储蓄占可支配收入的平均比重从 1997—2003 年的 29%,跃升至 2003 年的 36%。综合数据也证明,实际存款利率与储蓄率呈反向关系,家庭消费占 GDP 比重长期降幅中约 25% 是家庭储蓄上升造成的。

3. 贷款低利率导致投资异常提高,在房地产领域尤为明显

2003 年后,实际贷款利率出现显著下滑。1997—2003 年一年期贷款实际利率平均为 6.8%,而 2004 年以来只有 1.7%。低利率提高了投资占 GDP 的比重。低利率对投资的影响在房地产领域尤为明显。房地产投资增加是 2003 年后投资占 GDP 比重上升的一个重要原因。数据显示,2000—2003 年房地产投资占 GDP 的比重为 4.1%,2010 年达到 6.8%,2011 年上半年达到 9.1%。

4. 存款负利率导致居民把房地产作为投资的首选资产

房地产投资的异常,不是城市住宅拥有率快速增长的结果,也不是城市化进程迅速推进的结果,而是因为住宅成为更受青睐的资产类型。2010 年,股票占城市家庭财富的比重略高于 10%,而银行存款和房地产分别占 42% 和 40%。

导致房地产成为家庭首选资产的原因:一是银行存款实际回报下降幅度很大。1998—2003 年一年期存款实际利率高于同期购置新建住宅投资收益率 0.7 个百分点,而 2004—2010 年购置新建住宅投资收益率高于一年期存款 4.9 个百分点。由于投资回报高,即使在 2009 年对房地产投资进行多项政策限制后,2010 年投资购房占全部购买的比重仍然达到 40%,2011 年也超过 20%。二是个人抵押金融条款有利于房地产投资增长,如首次购房者可获得 8.5 折或 7 折利率优惠。三是没有房产税,闲置住宅维护成本低。四是人民币资本项下不可自由兑换,家庭不能将部分储蓄兑成收益更高的用外币结算的金融资产。五是中国证券市场缺乏有效监管,价格波动大,个人投资者缺乏信心,因而减少了股票投资。瑞士联合银行估计,2010 年的股票资产占中国城市家庭财富的比重仅为10%,而银行存款和房产分别占比42%和40%。六是企业债券规模小,政府债券收益低,债券投资对个人投资不具备吸引力。

作者指出,未来某个时刻,一旦房地产不再是家庭首先资产,经济增长则因房地产投资剧烈萎缩而放缓。房地产衰退的负面影响是长期的。一是大量闲置房产将重新出售,因供给加大而打压房价,抑制新建楼盘数量。二是房价大幅下跌将减少家庭财富,对消费产生负面影响。三是房地产业衰退将使地方政府财政陷入困境,必然影响地方政府提供公共服务能力。

5. 房地产投资占 GDP 比重过高,风险很大

与其他新兴经济体相比,中国房地产占 GDP 比重算是最高的。印度房地产投资占 GDP 比重 2005—2008 年为 5.2%,中国的比重是印度在高峰时的两倍。2002—2006 年美国出现房地产热,泡沫最大的是 2005 年,这个比例为 6%。房地产热曾经是美国经济增长的重要推动力,但房地产泡沫破裂造成美国陷入 20 世纪 30 年代大萧条以来最严重的经济衰退。

中国房地产市场衰退的宏观风险,不仅仅是房地产行业使用了高杠杆,真正的风险在于房地产投资在投资总额中占很大比重,并且中国经济活动有很大一部分与房地产开发有关,房地产占中国总需求的比重高达25%。因此,房地产的衰退将立即对宏观经济造成广泛的不利影响。

(三) 政策建议

中国应采取多种政策,尤其是财政、金融、汇率和价格这四项政策,来"提高缓解经济不平衡的可能性,尽早实现更加可持续的增长"。

1. 财政政策

推动经济回归平衡的财政政策主要包括以下几个方面:

一是减少个人税收。这将直接影响家庭可支配收入,增加消费支出。

二是增加政府消费支出。这既能直接扩大消费需求，又能通过抑制家庭预防性储蓄需求间接提高个人消费。

三是提高国有企业所有者（即政府）的分红。这会降低企业储蓄，缓解国内储蓄—投资不平衡，从而减少国际收支盈余。这还会带来预算外收入，为政府扩展社会服务提供更多资金。

2. 金融政策

金融改革的关键，并不需要引入复杂的金融工具，或加快开放资本账户，也不需要拓宽外国金融服务公司在中国市场的渠道，而是政府停止对利率的不恰当控制，按市场要求提高利率。利率自由化将通过两种机制提高家庭消费占 GDP 的比重：其一，直接效应是提高实际存款利率增加家庭收入；其二，间接效应是推动家庭消费。二者共同作用有可能使个人消费在 GDP 中的比重提高 5 个百分点。

中国金融改革还应该消除金融管制的其他因素，包括：改变"高存款准备金"政策。高存款准备金率会给商业银行带来隐性税收压力。2010年存款准备金率上调使商业银行新承担的隐性税收约占 GDP 的 1%。改变银行必须持有低回报金融工具的政策。央行强制商业银行持有"政府债券"和"央行票据"这样低回报金融工具的做法，也会产生隐性税收。2010 年商业银行持有央行票据所产生的隐性税收约占 GDP 的 0.4%。通过这些金融和银行业的改革，可以促进经济向消费导向型增长模式转变。

3. 汇率政策

通过逐步减少外汇市场的官方干预，政府可以赋予人民币汇率更大的弹性，允许货币价值由市场供求决定。这种方法最终还会使外汇储备的增加停止。

人民币升值在两个方面有助于经济恢复平衡。其一，货币升值将降低出口增长、加速进口增长，从而减少中国巨大的国际收支盈余。其二，更大的汇率弹性是执行市场决定利率政策的前提条件。

4. 价格政策

更加合理的定价，包括现有环保收费标准的改进，将增加制造企业生产成本,降低它们在全球市场的竞争力,进而减少中国的国际收支盈余。这在减少制造业特别是能源密集产业投资的同时,增加服务业投资,从而达到结构调整的目的。

以上四种政策手段之间存在高度相互补充和相互依存关系。人民币升值和生产要素合理定价高度互补,因为二者都会提高可贸易品相对不可贸易品的生产成本,从而减少国际收支盈余。执行更具弹性的汇率政策是实现市场决定利率的必要前提,这两项政策应该一前一后推行。

十、从营商环境谈中美贸易政策建议

对于美国企业关切的部分问题,中国如果能实实在在地解决,便能获得美国工商企业界的支持。这些企业在美国白宫具有很强的游说能力,甚至影响决策。为此,从具体问题着手,为在华经营的美国企业营造一个规范、可预测的、透明的商务环境,或许能够打开中美贸易摩擦中的"结"。

(一) 从具体问题着手营造一个可预测的营商环境

1. 改进加工贸易及保税货物管理政策

近年来,我国大力推行"工单核销""信用核销""企业自核"等加工贸易新的管理模式。但在现有的加工贸易制度下,企业仍然需要投入较大的人力、物力、财力来管理和运作他们的加工贸易账册、减免税设备以及生产用易耗品等保税货物。尤其是全国有各种特殊监管区域(综保区、出口加工区、保税区、保税物流园区等),各有不同的政策、要求、流程和系统,对跨国企业来说,在各地的工厂或公司按照不同的要求来设置内部流程、实施不同的内部管理,非常耗时耗力,也加大了管理的难度。

建议:对于诚信资质好的企业,建立"信任机制",充分利用"企业资源计划"(ERP)管理系统和内控机制,来支持加工贸易的管理,把在华经营的企业合规运作成本降到最低。加大特殊监管区域的整合。把不同种类的特殊监管区域整合成一种，统一政策、统一流程、统一标准，也可以更好地与国际接轨。

2. 多方位推进贸易便利化

目前中美贸易摩擦造成了极大的不确定性，不少企业在考虑关税成本的同时，不得不重新考量供应链的布局，把目光转向越南、马来西亚、泰国等国家以消除风险。因此，继续加大力度提供贸易便利化水平，对促进中美经贸发展将起到至关重要的作用。

一是压缩通关时间，提高通关效率。世界银行全球《营商环境报告》对于通关时间所采用的口径是，从货物抵港至货物提离码头的口岸作业时间。但国内港口目前的进口货物在海关放行后，还需要两天左右的时间才能提走。其主要原因是必须等海关放行后再进行各类口岸提箱缴费手续，但实际中 99.9% 的货物海关最终都会放行。建议进一步优化国际贸易"单一窗口"标准版平台功能，让各口岸众多企业能在同一平台上完成所有通关作业；与世界海关组织各成员国的海关建立单一窗口的合作机制，实现信息共享。

二是将"经认证的经营者"（AEO）制度转化为国内立法，以实现 AEO 企业的国际互认。目前，中国已经与十几个国家成功签署了 AEO 互认协议，为了更好地建设国家信任体系，建议我国能与美国等更多的国家达成 AEO 互认，并给予 AEO 企业更低的海关查验率等。

三是在监管执行中，完善"主动披露"制度。2016 年中国海关发布了海关总署 230 号总署令《海关稽查条例实施办法》，正式以法规形式对主动披露作出了规定。但目前我国主动披露的法规还比较宽泛，缺乏可操作性，以至于企业没法主动披露，给企业的合法合规管理带来了额外的风险和成本。建议出台更加详细的可操作性的指导性法规，便于企业和各地海关参照执行，使"主动披露"真正成为企业更好地规避合规风险的有效制度安排。

3. 建立知识产权贸易壁垒大数据分析预警平台

为保护本土产业、维护国家利益，目前美国已经实施并应用了基于 COMPAS 模型的知识产权预警系统，欧盟建立了"进口检测快速反应"预警系统,日本也成功制定了知识产权预警机制。中国政府也开始重视这个问题,但目前仅停留在利用信息技术记录知识产权相关事实发生的阶段。目前,各国积累了海量的企业、贸易、知识产权等数据,中国如何分析和利用这些海量数据,还处于起步阶段,整个国家层面预警体系尚未建立。由于知识产权贸易壁垒大数据分析预警平台,涉及国家知识产权局、国家市场监督管理总局、国家新闻出版广电总局(国家版权局)、海关总署、商务部等机构,建议整合现在的国家专利数据库、国家商标数据库、国家版权数据库、海关贸易数据库、行业发展数据库和企业数据库、世界贸易数据库、世界知识产权数据库,加快建立国家知识产权贸易壁垒大数据分析预警平台建设。

(二) 积极探索中国高科技产业如何与美国和睦相处

中美经贸摩擦可能是持久而全面的。在此形势下,需要理性地思考:中国高科技产业如何与美国相处。

1. 对美国贸易是坚守现有的规模还是实现有限地增长

日本在 20 世纪 70 年代,选择了"数量上限"模式。那么"数量上限"如何确定? 两个关键数据,是美国要发起贸易摩擦的临界点。根据美国商务部统计:一个是经常性项目收支逆差占美国 GNP 如果达到 1.0%,就会产生激烈的贸易摩擦;达到 1.8%,就会引起报复。美国经常性项目收支逆差占美国 GNP 在 2000 年是 0.8%,2008 年已达 1.8%,2017 年达1.9%。另一个是对一国贸易逆差超过该国贸易额25%,就有可能引起政治问题。美国对华贸易逆差占两国贸易额在 2000 年达 72%、2008 年达64%、2017 年达 60%,大大超过警戒值。选择"数量上限"模式后,产业如何发展? 可以将产能转移到第三国生产。20 世纪 70 年代,美国要求日本在纤维、电器、钢铁等产品上自设出口数量上限。最终,日本转投第三国后产品迂回出口到美国来缓解这些产品贸易顺差。中国台湾的高雄出口加工区、韩国的釜山出口加工区承接了日本的产业链。中国可以将出口依赖度较高的外贸产业转移到那些拥有出口免税区的国家。我国纺织、服装鞋帽、通信设备、计算机、化学工业等产业,对出口的需求依赖度高,这些产品在国内生产再出口到国外,既加大了中国贸易顺差,又要被征关税。目前洪都拉斯、摩洛哥、多哥、马达加斯加等国家拥有出口免税区,中国可以将外贸加工产业转移到这些国家去。通过转投第三国,可以达到双重目的:一是在统计上减少中国的贸易顺差额。按"原产地"统计规则,中国将产品转移到第三国生产,贸易顺差是算在第三国方。利用转投第三国后产品迂回出口到美国和其他国家,既规避了贸易壁垒,又缓解了贸易顺差。这也是20世纪70年代日美贸易战期间,日本的主要做法。二是合理避税。如刚果在《大型投资项目优惠政策法案》中规定,投资额达10亿美元以上可免除各类税费。

2. 中国应该进入美国主导的产业链还是另起炉灶

美国的意图是:其占优势的战略性产业不容挑战,这些产业的标准、核心技术和市场必须由美国来掌握。有两种模式可供选择:一种是产业链融合模式。20世纪70年代,日本利用国际石油危机,发展小排量汽车。80年代,日本汽车接棒家电行业,成为日本赚取高额贸易顺差的核心产业,对美出口飙升,日本汽车在美国市场占有21%的份额。由于大量出口,对美国就业造成大规模影响,也给美国带来巨额贸易逆差,日美汽车贸易摩擦加剧。在美国压力下,日本选择了进入美国主导的产业链模式,丰田、本田等日本汽车厂商,纷纷把生产基地搬到美国,并本地化采购。另一种是另起炉灶模式。美国"工业4.0"是从软件打通到硬件,以互联网激活传统制造,发挥技术创新优势,占据制造业上游。在互联网方面没有任何优势,且通信、电脑行业的行业标准掌握在美国手里,德国"工业4.0"则另辟蹊径,选择了从硬件打通到软件的路径,即从改进制造业中间环节入手,引入移动智能,把复杂生产过程变得简单,以降低成本。

3. 中国是全产业链模式还是要有所作为

20世纪90年代,日本选择了"势力范围划分"模式。20世纪70年代初的日本在半导体产业上还是严重落后于美国,日本对美国等外部的关键制程设备和生产原料依赖率达到80%。但是到80年代,日本半导体行业在国际市场上占据了绝对的优势地位,到1986年,日本半导体企业在全球最常见的系统内有DRAM的市场占有率达到了80%,超越了美国。

日本半导体业的不断崛起,使美国同行危机感攀升。1985 年 6 月,"日美半导体战争"正式开战。这场战争最终以"日美半导体协定"了结。协定内容主要包括改善日本市场的准入和终止倾销。日本与美国采取了半导体分工模式,即日本发展偏制造加工的内存和模拟半导体产业,美国发展技术要求更高的数码半导体和核心的电脑操作系统。日本错位竞争思路在 GPS 定位系统上也得到了充分体现。GPS 全球定位系统是美国人研发的,几乎全世界都在用,而日本不研发全球定位,只研究区域定位。日本发现美国 GPS 定位系统有 10 米的误差,于是发扬工匠精神,把 GPS 精准度做到极致,只有 6 厘米误差。如果说,美国的 GPS 系统只能找到街道,那么日本的 GPS 系统却能找到家门的钥匙孔。

第三章 国际金融监管战与我国金融监管体系重塑

正值全球经济复苏之际,国际社会发生了一个重大事件:2016年,美国司法部以不当出售抵押贷款支持证券并恶意助推次贷危机为由,裁定德意志银行(以下简称"德银")天价罚单。德银被罚事件绝不是单一的偶然事件,而是国际新一轮金融监管战的表现。德银危机,不仅仅暴露了欧洲现行金融监管问题,也暴露了中国金融监管盲区。中国如何从中接受教训,补监管短板,构建金融风险监管全覆盖的金融监管体制。与之相关联的一个问题是,我国国有金融资产如何管理的问题?目前,我国拥有规模巨大的国有金融资产,却缺乏一个国有金融资产所有者的"实体"。中国能不能成立"金融国资委"代表国家行使出资人职能,并配以切实可行的管理经营机制,专门管理国有金融资产,这对国有资产保值增值和国家金融风险的防范有重要意义。

一、从德银危机看美国新一轮金融监管战的特点[①]

2016年9月17日,美国司法部以不当出售抵押贷款支持证券并恶意推次贷危机为由,初步裁定德银缴纳140亿美元的罚款,极有可能刷新此类案件历史最高金额的纪录。作为德国乃至欧洲第一大银行,德银被罚事件绝不是单一的偶然事件,而是美国在2008年国际金融危机后为

---

① 本部分钟震参与写作,在此表示感谢。

维护其国际金融霸权,多次运用国际规则开展新一轮金融监管战的必然结果。剖析德银事件背后大国博弈原因和过程,准确把握国际格局新变化,提早谋划应对,防患于未然,对我国防范海外经营风险和维护金融体系稳定具有重要的战略意义。

(一) 美国新一轮金融监管战的特点

2008 年国际金融危机以来,美国政府在维护其金融核心利益的驱动下,主动发起新一轮金融监管战,对象以逐步由关键竞争对手国家及其金融机构向主要经济体及其金融机构扩散,手段也由传统的总量控制向当前的精准打击转变。

1. 从历史上看,全球正在经历着美国主导下的第三轮金融监管战

前两轮分别是 20 世纪 80 年代美英联手促成"巴塞尔协议Ⅰ"的实施和 90 年代"巴塞尔协议Ⅱ+金融自由化理念"的推广。前两轮金融监管战的结果都以美国的全面胜利而告终,对象主要是以德国和日本为代表的竞争对手国银行业;手段主要是通过影响巴塞尔委员会等国际组织对监管规则的制定和修订过程,使资本充足率计算、风险权重赋值以及风险计量方法等标准向符合美国利益靠拢,对竞争对手国家实施无差别的总量控制。

2. 从程序上看,监管处罚是此轮金融监管战最后的"杀手锏"

与前两轮相比,新一轮美国金融监管战的突出特点是"精准打击"。从程序上,依次表现为四大步骤:

第一步,确定打击目标——"定斩首"。此轮"精准打击"之所以杀伤力巨大,源于美国选择打击的目标大多为竞争对手国金融业的翘楚,在经济发展中地位越重要、国际名望越高和排名越靠前的大型国际化金融机构往往越容易成为"斩首"目标,进而彻底动摇该国金融业的根本。这种目标选择的手法与美国军事上多次成功的"斩首"计划异曲同工。比如,德银是与德国战后经济奇迹关系最为紧密的本国企业之一,支撑了德国经济数十年的稳步增长。同样被罚的巴黎银行、汇丰银行、渣打银行都是法英等国长期支持实体经济发展的重要金融机构。

第二步,寻找或者制造打击目标的致命弱点——"找死穴"。大体分为两类:

第一类是寻找长期打击"穴位",打击目标通常为长期占有较大市场份额或拥有较高话语权和市场地位的金融业务或活动。德银是欧洲全能银行的代表,多项业务居行业前列,是 Libor 和 Euribor 等市场利率基准的主要报价行:固定收益业务是其传统优势,其中债券业务净资产收益率曾高达 40%;2005—2013 年期间外汇交易市场占有率名列第一;投行领域成就辉煌,曾于 2010 年 12 月获得了《国际金融评论》杂志授予的"年度最佳银行"和"年度最佳衍生品银行"两项殊荣,即便是 2012—2014 年间,其投行及资本市场业务平均净收入占比仍为 43%。然而,这些领域恰恰是美国近年来重点打击对象。在美国接连打压下,德银市场排名跌势连连,自受罚 140 亿美元事件爆发后,其在全球投行中的排名由此前的第三名跌落至目前的第六名,而前五大投行全部来自美国。

第二类是因政治利益需要人为制造的打击"穴位"。出于国家利益需要,美国不仅自己实施单方面制裁,而且直接依据《美国爱国者法案》《海外账户税收合规法案》(FATCA)等国内法逼迫其他国家按其号令行事,破坏其他国家之间正常合理的经贸往来。2012 年美国对英国两大银行汇丰银行和渣打银行分别开出 19.21 亿美元和 6.7 亿美元巨额罚单,特别是前者成为美国历次洗钱案和解金额之首;2014 年 6 月,美国因法国巴黎银行违反美国法律为其制裁的国家转移资金,处以 89.7 亿美元罚款,创下在美外资银行类似案件的最高赔偿纪录;其他同样被指控和处罚的在美外资银行还有德国商业银行、日本三菱东京日联银行、中国昆仑银行等。

第三步,提前做空打击目标的股价——"埋炸弹"。另一个值得关注的现象是,本轮美国金融监管战中再现当年"推波助澜"东南亚金融危机的对冲基金的身影。这些曾被马来西亚前总理马哈蒂尔称为"全球经济的强盗"的对冲基金公司,已经提前做空欧日银行股,在后续事件不断升级过程中,因欧日主要银行股价暴跌而获取暴利。以德银为例,2007 年其股价曾达每股 152.28 美元,2010 年股价跌至 88 美元左右,而德银受罚消息公布当天其股价大跌 8.5% 至 11.99 欧元(合 13.47 美元)。据彭博数据显示,从 2016 年 5 月 31 日到 6 月 15 日,德银股票空头头寸增加了 3284555 股,增幅达 18.7%,至 20879531 股,这一规模超过欧洲债务危机时期水平。其中就有索罗斯在英国脱欧公投动荡期间下注 1 亿欧元做空的 700 万股德银流通股,即便以当时接近 14 欧元(合 15.72 美元)价格做空,索罗斯也已赚得超过 1500 万欧元账面浮盈。

第四步,公布证据实施精准打击——"开罚单"。从前期情况看,美国从掌握证据到公布证据往往历经数年,等待时机成熟,使出"杀手锏",开出巨额罚单或直接制裁,实施精准打击,收获金融监管战的成果。一方面,对于需要长期打击的对象,美国通常以帮助富人逃税、违规操控市场、助推金融危机等理由对打击目标处以大额罚款;另一方面,对于因政治目的而需要不定期打击的对象,美国则依仗其特殊国际地位,行使备受争议的"长臂管辖"权,直接援引美国国内法制裁他国管辖范围内的金融机构。这种"杀手锏"的运用是危机以来美国惯用的金融监管战手法,具有经济和心理"双重打击"的效果,不但削弱打击目标的经济实力,而且摧毁其数十年乃至数百年来的公众形象和市场声誉,甚至导致其直接倒闭。2013 年年初,瑞士历史最悠久的银行——韦格林银行因被美国司法部指控协助美国公民逃税,在受罚 5780 万美元和声誉严重受损之后,被迫永久停业,给瑞士银行业带来巨大冲击。在具体实施过程中,美国司法部作为牵头部门,统筹国内相关监管部门,分层次分阶段实施定向打击,甚至同一对象同一违规事件被"一事多罚"。如德国商业银行因向美国制裁国家提供融资,于 2014 年 12 月和 2015 年 3 月先后被罚 10 亿美元和 17 亿美元。在处罚程度上,美国大多区别对待,同一违规事件对外资金融机构动辄开出历史最高额度的罚单,对本国金融机构则相对温和。据测算,向制裁国家提供融资的类似案例,美国银行业平均罚款额为 470 万欧元,而欧洲银行业平均罚款额为 3500 万欧元。

3. 从策略上看,此轮美国金融监管战通常伴随着对实体经济的打击

从整体策略布局的高度来看,美国对待欧洲采取的是"虚拟经济+实体经济"并行打击策略,并没有先后顺序之别,时常穿插进行和并行实施。无论虚拟经济还是实体经济,唯一的共同点是美国打击的对象均是对方经济支柱性产业的优势企业。制造业是德国的传统优势领域,"德国制造"成为高端品质的代名词。美国在处罚德银的同时,利用"排放门"丑闻指控德国大众汽车公司造假,并处以102亿美元罚金,短短数日内,该公司股价连续大跌,近1/3的市值蒸发,相当于250亿欧元;法国阿尔斯通公司是全球交通运输和电力基础设施领域的先驱企业,是法国引以为傲的高科技的象征,凭借高附加值产品具有较强的全球竞争力。该公司多项技术位居世界第一,据称世界上每4个灯泡中就有1个灯泡的电力来自该公司的技术。继2014年6月处罚法国巴黎银行后,美国司法部于2014年12月指控阿尔斯通公司在2000—2011年间大规模跨国贿赂,处罚7.72亿美元,创下在美外资企业海外贿赂的最高罚款纪录;英国作为战略合作伙伴,同样逃脱不了美国"手掌心",包括前五大银行在内的诸多英国企业均遭受不同程度的美式罚单。2012年7月,全球第一大制药商英国葛兰素史克公司支付30亿美元罚款了结美国司法部提出的非法销售未经核准的药物等指控,远高于类似案件受罚的美国辉瑞公司的23亿美元(2010年)以及美国强生公司的22亿美元(2013年),成为美国历史上罚金最大的医药欺诈和解案。2015年10月,美国最终裁定英国第一大企业——英国石油公司(BP)2010年原油泄漏事故的罚金为208亿美元,创下美国历史上因污染环境罚款的最高纪录。

(二)德银事件对我国的影响及应对之策

目前,德银事件尚在协商过程中,但预计最终金额会超过之前德银计提的62亿美元坏账准备,成为此类案件历史最高和解金额。因欧洲负利率政策的实行,德银利润空间受到一定的影响,相关自救方案和重组措施的效果尚未显现,德银彻底走出危机仍有待时日。虽然德银与我国银行业的业务往来规模有限,但其经营危机对欧洲银行业的冲击,将会进一步加剧国际金融市场动荡,影响到欧盟经济和政治的未来走势。对于我国而言,德银事件具有重要的警示意义。近年来,随着"一带一路"、国际产能合作战略的深入推进,我国企业"走出去"步伐加快。据最新数据显示,2015 年我国对外直接投资跃居全球第二,仅次于美国;对外投资流量首次超过吸收外资,成为资本净输出国。在此情形下,我国海外企业早晚会成为美国未来战略的打击目标,尤其是被列入全球系统重要性银行的四大行首当其冲,德银事件就是最好的前例。距德银事件发生不到两周,美联储于 2016 年 9 月 29 日在网站发布公告称,中国农业银行纽约分行在遵守美国反洗钱法规方面存在"重大缺陷",并要求限期 60 天整改,成为继 2015 年中国建设银行之后我国第二个被美联储限令整改的对象,中资银行海外运营风险加剧。鉴于此轮美国金融监管战呈扩大化趋势,我国宜密切关注事态进展,及时研判形势,加强对我国海外企业特别是在美经营金融机构的提醒和指导,做好此类事件应对预案,防患于未然。

1. 迅速整合资源,成立国家级海外金融事务危机应对小组

在外部环境日趋恶化的情形下,我国应当沉着应对,从国家战略高度提早制定预案,成立国家层面的海外金融事务危机应对协调小组,小组成员至少应当包括"一行三会"、外交部、商务部等部门。统一法律、商务、会计、金融等领域的国家资源,集中内外部优势,有效回击他国滥用"长臂管辖"权的行为。学习美国构建智库的做法,有计划地建立国家"智囊团",为我国海外金融事务危机应对出谋划策。

2. 摸清家底,不能授人以柄

提倡服务大局意识,加强"一行三会"监管协调沟通,尽快完善金融业信息统计制度,强化对跨境、跨市场、跨行业的交叉性金融风险的检测和预警。组织人力,彻查海外金融机构现状和问题,做到"机构、人员、业务"三摸底,甚至应当包括对离任外籍高管的摸底调查,从目前美国对中国农业银行纽约分行、德银乃至日本丰田汽车等司法案件调查来看,很大程度上源于离任外籍高管的举报。建立海外经营金融机构经营风险报送制度,收集德银事件类似案例信息和事态进展,密切关注和研判美国金融监管战的发展动态。

3. 效仿美国,采用多种监管手段维护国家利益

监管处罚成为此轮美国金融监管战的"杀手锏"。从监管措施分类来看,反洗钱、消费者权益保护、市场公平竞争、监管合规等都有可能成为监管处罚的依据。相比之下,我国鲜有对外资金融机构的处罚决定,日常监管上也难以达到美国对中资金融机构的严格程度。出于各方面原因,中美在金融机构准入方面并没有实现平等互惠原则,美资金融机构在华远超过10家,开放程度远超美国。从1981年中国银行在纽约设立分行至2008年国际金融危机爆发前,仅有交通银行(1991年)、招商银行(2007年)两家进入美国市场。直到本次危机后,美国迫于经济压力对外开放金融市场,中国工商银行、中国建设银行、中国农业银行等中资银行设立在美分支机构的申请获批,时间跨度近三十年。鉴于此,无论市场准入还是日常监管,我国都应以互惠原则为基础,必要时应效仿美国的做法,采用包括监管处罚在内的多种监管手段,合理维护国家利益。

4. 联合其他国家,打造反映我国利益诉求的国际仲裁机制和国际规则制定平台

我国应与印度、巴西等发展模式类似以及俄罗斯、德国等政治诉求共同的国家结成战略伙伴,借助由我国主导的亚投行等平台,联合推出符合共同国家利益的国际仲裁机制和国际金融监管规则,尝试以双方以及区域监管合作等形式共同应对美国发起的此轮金融监管战。针对金融监管领域国际协调较难的问题,可充分借鉴美国经验,即从最容易取得国际共识的地方入手,进而打开整个局面。美国在本次危机后提出建立全球金融市场法人识别码系统,也是瞄准了宏观审慎管理框架的微观数据基础这一国际关注焦点,取得了突破性进展。

二、从德银危机看我国金融
监管盲区及风险引爆点①

德银危机不仅仅暴露了德银自身经营的漏洞,更加暴露了欧洲现行金融监管盲区,这样的监管盲区恰恰是危机的引爆点。那么,中国是否也

---

① 本部分钟震参与写作,在此表示感谢。

同样存在这样的监管盲区呢? 反思德银危机,对我国深化金融监管改革和防范金融风险,具有重要的借鉴意义。

(一) 德银危机三个值得深思的问题

深入剖析德银危机,有三大问题值得深思:

一是从个体层面来看,德银经受住了两场大危机的考验,为什么在全球银行业复苏期间反而陷入困境? 德银一直被德国金融业视为稳健经营和稳健监管的典范,曾成功抵御了 2008 年国际金融危机和 2010 年欧债危机的冲击,是危机期间全球少数维持 AAA 评级的银行之一。但匪夷所思的是,当世界经济和全球银行业复苏之际,德银良好的发展态势反而开始逆转。

二是从监管层面来看,德银主要指标都符合德国和欧盟监管合规要求,为什么接二连三地遭受美国的监管处罚? 近年来德银经营稳定,资本状况良好。数据显示,2015 年其业务收入同比增长 5%,一级资本充足率为 11.7%。与之形成鲜明对比的是,德银自 2010 年以来不断遭受美国的处罚,2016 年 9 月 17 日更因涉嫌助推次贷危机被美国司法部初步裁定缴纳 140 亿美元罚款,其股价应声下跌 8.5% 至 11.99 欧元。

三是从国际层面来看,金融风险没有率先在德国国内暴露,为什么却在海外集中爆发? 虽然德银主要监管指标符合德国和欧盟监管合规要求,但其美国分公司却于 2015 年 3 月和 2016 年 6 月连续两次未通过美联储"压力测试",并被严重警告。随后,国际货币基金组织发布评估报告直言称,德银是系统性风险最大的"全球系统重要性银行"。

上述三大问题的背后正是引发德银危机的三大深层次原因,即德银自身经营失败、德国金融监管盲区以及美国刻意打压。

(二) 德银危机折射出传统金融监管盲区及风险引爆点

德银危机折射出欧洲乃至包括我国在内的大多数国家的监管盲区,而此盲区同时也是金融风险引爆点。

第一,"吹哨人"制度,撕开了在美外资金融机构的内部防线。"吹哨"在美国俚语中意为"告密"。2010年8月,美国证券交易委员会、商品期货交易委员会以及国内收入署共同实施"吹哨人项目",以重奖鼓励内部人举报自己公司的不当行为。德银前任以色列籍风险官艾里克·本阿奇,正是该项目实施以来第一位实名举报者。2016年9月29日,美国对中国农业银行纽约分行反洗钱案调查,也源于前合规官娜塔莎·塔夫特的举报。

第二,对"系统重要性金融机构"的宽容监管,放大了跨境经营的风险。"系统重要性金融机构"属于本国金融业翘楚,在本国经济发展中占有举足轻重的地位,其跨境经营活动目的多为配合国家整体对外战略实施,通常是监管宽容对象,反而成了监管盲区。德银危机也折射出我国"全球系统重要性银行"的四大行跨境经营风险明显上升。2015年以来,中国建设银行纽约分行、中国银行米兰分行、中国工商银行马德里分行、中国农业银行纽约分行均因遵守反洗钱法规方面存在"重大缺陷",而被东道国监管机构限令整改。

第三,传统的"事后监管"模式,难以应对美国"事前预测性指标"的挑战。危机前,传统金融监管指标大多反映的是金融机构处于正常运营状况,属于"事后观测性指标",对金融机构跨境经营风险反应滞后。危机后,美国更多倾向于"压力测试"的监管方式,即通过情景模拟,对金融机构进行"事前预测性指标"监管,标准更为严苛。这也是德银能通过德国监管要求却通不过美国"压力测试"的主要原因。这对于所有国内仍旧采用传统的事后监管方式的国家来说,无疑是一个重大挑战。

第四,传统的"母国监管"原则,已不适应当前美国"东道国监管"的倾向。危机前,无论是国际性的巴塞尔协议,还是区域性的欧盟银行指令,均推崇"母国并表监管"为主的原则。但金融危机以来,美国对在美外资金融机构监管日益趋严,从"母国监管"转为"东道国监管",要求外资金融机构及其跨境业务遵守美国本土法律,而母国监管者注意力多在国内而非海外。

第五,"银监分设"的监管体制,过于关注国内微观层面的风险,而忽略了宏观层面和国际层面的风险。德国是典型的银监分设和统一监管国家,德国金融监管局(BaFin)负责对所有金融业统一监管,德国央行负责货币政策、金融业统计以及部分现场检查职能。金融危机后,德国已察觉到央行游离于监管职能范围之外的问题,但只是强化了金融监管协调机制建设。从德银危机发展过程来看,德国金融监管局事前无防范和风险提示,事后亦无应对和处置方案。究其因,德国金融监管局作为微观监管机构,过度关注国内微观层面的风险,难以事先觉察宏观层面和国际层面的风险。德银危机证明,一味强调形式上的监管协调而不触及职能重组的金融监管改革最终都是失败的。

（三）填补我国金融监管盲区的对策建议

"冰冻三尺,非一日之寒",德银逐步走向衰落的过程和原因具有重要的警示作用。以德银危机为鉴,我国应当深刻反思以下几个问题:我国金融机构特别是系统重要性银行是否存在类似的跨境经营风险? 我国金融监管体系是否存在类似的金融监管盲区? 我国金融业是否面临类似的来自美国等国的外部监管压力? 如果上述答案是肯定的,那么我国金融机构和金融监管体系能否有信心比德国更好地防范此类风险、杜绝监管盲区以及抵御外部压力? 这些问题也正是我国防范金融机构跨境经营风险和未来金融监管改革深化的切入点。

第一,设立"两道防线",防止海外金融机构外籍高管人员的"吹哨"行动。反"吹哨"关键在于海外金融机构自身"第一道防线"建设,包括跨境经营战略是否得当、风险内部防控机制是否有效、内部信息反馈渠道是否顺畅等。相关监管机构作为"第二道防线",应对海外金融机构尽快进行摸底排查,特别是对现任和离任外籍高管和关键岗位人员的摸底调查。

第二,以中国人民银行"驻外机构"为据点,尝试对中资金融机构跨境经营风险进行海外一线监管。德银危机显示,以母国微观监管机构为主的事后监管模式,无法及时应对金融机构海外经营风险,特别是低估此类风险从国际和宏观层面上的累积速度和演变方向。鉴于央行在专业能力、国际视野、宏观调控方面的独特优势和现有驻外机构的网络优势,建议以其为海外一线监管的据点,密切关注中资金融机构跨境经营风险,加强事先监管和前瞻性监管,建立重大风险提示与报告制度,构建重大危机事件应对机制。

第三,警惕"东道国监管"倾向,鼓励中资金融机构主动从高风险领域撤离。中资金融机构宜正视"东道国监管"压力,正确评估合规成本与收益,加快战略转型和调整业务发展模式,对于高风险领域应主动撤离,合理控制风险。我国金融监管机构应从大局角度出发,鼓励中资金融机构国际化理性发展,避免重蹈德银以及 20 世纪 80 年代日本盲目海外扩张失败的覆辙。

第四,尽快推进以强调宏观因素和国际因素为核心的金融监管体制改革。国际经验教训表明,金融监管改革要与本国金融发展内外部需求相适应。德银危机给德国最大教训就是,过于强调内部矛盾而忽视外部矛盾,无视国际因素对金融监管改革的重大意义。金融监管改革的最终目标不光是维持国内金融体系稳定,而是维护国际竞争力和国家核心利益。我国属于分业监管体制,监管盲区和改革阻力远大于德国统一监管体制。与德国类似,我国前期金融监管改革不够彻底,宏观因素和国际因素的监管精髓并未融入体制改革中。虽然党中央、国务院多次对改革并完善我国金融监管体制作出重要部署,但受制于各方博弈,危机后相关改革仍以提高监管标准和构建形式上的监管协调机制等为主,未能真正触及根本。当前,美国金融监管对外处罚对象开始向发展中国家扩大,我国要把握最后"窗口期",尽快推进金融监管体制改革,不仅要从国内微观层面上强化金融风险应对能力,更应当从国际视角防范金融机构境内外经营风险。

三、新一轮去金融监管化浪潮与中国应对之策①

2017 年 6 月 8 日,美国国会众议院通过了旨在替代《多德—弗兰克法案》的《金融"选择"法案》。应特朗普行政命令要求,美国财政部分三

---

① 本部分钟震参与合作写作,在此表示感谢。

次提交了对现行存款类机构、资本市场、资产管理和保险业等金融监管规则的审查报告，提出了几百项旨在放松监管的改革建议，其中大部分建议可直接通过监管部门修改现有规则来实现。美国去金融监管化，掀起了新一轮发达经济体去金融监管化改革浪潮。对此，中国究竟是追随美欧的"向下从宽"？还是保持现有的做法"向上从严"？如何在"防范国内金融风险与保持国际竞争力"之间平衡，形成"松紧适度"的金融监管框架？

（一）美国启动去监管化改革的主要动机

2008 年国际金融危机后，加强金融监管成为全球共识，美欧等主要经济体相继重构金融监管框架，全球步入从严监管期。然而，特朗普上台后，不断放松监管。从战略意图上，美国启动去监管化的主要动机有四：

一是寻求经济增长的金融助力。无论是废除《多德—弗兰克法案》，还是美国财政部的改革方案，根本目的在于试图通过修订沃尔克规则、金融消费者权益保护等触及核心利益的关键规则，大幅减轻各类金融机构的监管负担，以恢复中小银行信贷投放的意愿和能力，全面提升美国金融业，特别是大型金融机构的赢利能力，实现以金融反哺经济，进而带动经济进入"快车道"的最终目标。

二是保持美国金融业全球领先地位。作为《多德—弗兰克法案》的核心条款——沃尔克规则，一直被共和党抨击为将业务和客户从美国银行向海外银行转移并弱化美国金融业全球竞争力的罪魁。该规则原本计划于 2012 年 7 月 21 日生效，但在华尔街激烈博弈下，延期至 2017 年 7 月 21 日全面实施。特朗普去监管化改革的启动，意味着类似沃尔克规则的监管要求可能让步于维护"美国优先"的大局，而成为保护美国金融业全球竞争力的政治牺牲品。

三是加速全球资本回流美国。20 世纪 90 年代中后期，发达经济体曾同样利用去金融监管化吸引资本回流。与减税政策的战略意图相类似，去监管化同样是吸引资本回流美国的重要手段之一。美国作为《多德—弗兰克法案》下主要牵头监管者，率先转向，已经着手放宽 2017 年"压力测试"的标准和范围，这将与同步推进的加息和缩表作用共振，美联储已然成为促进资本回流的主要操盘手。

四是谋求平稳执政的政治助力。特朗普执政后,支持率持续走低,近日已降至70年以来美国总统支持率的最低位。由于美国金融业的政治捐款自1996年以来一直倾向于支持共和党,为谋求政治支持和回馈利益集团,特朗普接连提出一系列符合共和党主流理念的施政方针,此次去监管化也不例外。

(二) 新一轮去金融监管化浪潮对全球金融安全的影响

从历史规律看,美国主导的此轮去监管化改革,符合美国"放松—危机—监管—再放松"的周期性特征。美国一旦开启去监管化进程,除非爆发危机,否则难以回头,影响必将广泛而深远。

1. 美国单边放松监管将引发全球金融监管竞次,国际金融监管可能会回归到危机前的纵容状态

在贸易保护主义大背景下,任何一个经济体单边放松监管,将会引发其他国家"以邻为壑"政策出台。自英国宣布"脱欧"后,欧盟迫切打造一个替代伦敦的金融中心,整个欧洲都在进行去金融监管的集体转向。为与伦敦抢夺欧元清算市场控制权,欧盟欲推出资本市场联盟2.0计划以及通过立法和强化监管集中要求,迫使在英国的欧元清算机构迁往欧盟国家,或是接受欧盟监管机构监管。全球金融版图可能面临重新洗牌,而且可能会回归到危机前监管纵容的状态,损害危机后来之不易的金融稳定成果。

2. 全球金融安全网将因国际监管合作的停滞而破裂,金融基础相对薄弱的发展中国家均将面临新一轮冲击

美国历届政府,无论是共和党还是民主党,均注重加强国际金融监管合作。但特朗普上台后,呼吁美联储不要再参与现行国际金融监管合作框架和规则的制定,甚至在德国举行的二十国集团峰会前夕,曾一度传出美国将单方面退出二十国集团金融监管合作的传闻。这一切表明,发达经济体此前监管合作的基础已岌岌可危,区域性乃至全球性合作体系均无法排除瓦解的可能性。一旦关键领域的国际监管合作破裂,将会对全球金融安全网形成致命打击。特别是对科技基础和金融基础均相对薄弱的发展中国家冲击更大。

3. 发展中国家宏观调控难度加大

2008年国际金融危机以来，发达经济体长期实施超宽松货币政策，造成了全球特别是发展中国家流动性泛滥和杠杆率抬升的局面。然而，随着发达经济体货币政策逐步正常化，加息和缩表愈发频繁，发展中国家将同时面临两类风险，即前期发达经济体政策遗留下来资产泡沫的"旧风险"和国际资本流动逆转冲击带来的"新风险"。新旧风险交织，究竟是加大监管力度以"去杠杆"，还是应当追随发达经济体"去监管"以缓释跨境资本流出的压力，这些无疑进一步加大了发展中国家宏观调控的难度。

（三）中国要在"防风险与提高国际竞争力"中寻找平衡之策

1. 要在近期"去杠杆"任务与长期"去监管"目标之间把握平衡

近期方面，宜维持中性偏紧的金融监管环境，重点放在防风险和"去杠杆"目标上。针对前期金融市场暴露的风险点，相关部门宜尽快弥补监管漏洞，抓紧对资产管理业务、金融控股公司、系统重要性金融机构等进行统一规制，密切关注并及时化解类似现金贷等各类非法金融活动向线上线下转移的隐患。要发挥国务院金融稳定发展委员会的统筹协调作用，有序"去杠杆"去泡沫，避免政策叠加效应。长期方面，宜抓住国际监管趋缓的窗口期和"一带一路"倡议推进的机遇期，打造适应国家战略需要、松紧适度的金融监管框架。金融监管不但要牢牢守住风险底线，而且应当从维护我国金融业国际竞争力角度出发，跟上国家战略实施的步伐。

2. 监管部门要审慎评估即将推行的国际监管规则，对不利于我国金融业发展的部分条款采取"观望与缓行"策略

2015年11月，金融稳定理事会通过了《总损失吸收能力原则及条款》(TLAC)。TLAC要求的针对性较强，其监管对象为全球系统重要性银行。相对于"巴塞尔协议Ⅲ"，可计入TLAC资本的范围更宽，监管要求

更严。根据 2017 年公布的"全球系统重要性银行"名单,我国的工商银行、农业银行、中国银行和建设银行四大行均榜上有名。与其他国家全球系统重要性银行相比,TLAC 政策对我国银行业的影响更为明显。如 TLAC 所倡导的银行经营模式是负债端"去存款化"、资产端"轻资本化"、收入来源"非利息化"。这些条款对于那种存款占比高、以利息收入为主的中国银行业冲击较大;对于以投行、资产管理业务为主的欧美银行业压力相对较小。过于严格的资本监管要求不利于实体经济增长。考虑到发达经济体去监管化态势,我国不宜单边冒进、急于推进现有国际监管规则与标准。监管部门和大型银行应高度重视 TLAC 政策在中国的落地,及时做好预案工作。

3. 加强国际监管合作,减轻新一轮"去监管化"对中国的负面影响

一是扩大与美国监管互认的范围。在美国的中国金融机构,要密切关注特朗普政府去监管化动态,提高合规经营和风险防范意识,主动与美联储等相关监管部门沟通,逐步扩大在压力测试、生前遗嘱、反洗钱等领域监管互认的范围。二是探索与欧洲互利互惠的监管合作。利用英国和德、法等国争夺金融资源的机会,顺势扩大在欧洲的金融业务,在合理评估风险与成本的基础上,与欧盟签署保护双方金融机构利益的监管合作协议。三是与发展中国家联合打击金融领域的犯罪行为。进一步加大反洗钱、反逃税、反恐怖融资等领域风险防范和联合打击力度,严防此轮去监管化浪潮中来自发达经济体对发展中国家的内外绞杀。

四、我国系统重要性金融机构
宏观审慎监管基本框架[①]

系统重要性金融机构(Systemically Important Financial Institutions,简称"SIFIs")概念的提出与 2008 年爆发的国际金融危机息息相关,加强对

---

① 本部分钟震参与写作,在此表示感谢。

系统重要性金融机构的宏观审慎监管成为国际社会和金融改革的核心议题之一。本轮国际金融危机之后,系统重要性金融机构概念获得进一步提升。目前,中国有5家金融机构入选全球"系统重要性金融机构"。鉴于系统重要性金融机构"太大而不能倒"和"太关联而不能倒"的问题,其巨大的负外部性风险以及不可避免的道德风险是本轮国际金融危机系统性风险的重要来源,加强对系统重要性金融机构的宏观审慎监管日益成为危机后全球金融监管改革的重中之重。中国需要在总结国际相关经验的基础上,设计出我国系统重要性金融机构宏观审慎监管基本框架。

(一) 危机以来建立系统重要性金融机构宏观审慎监管框架的国际经验

系统重要性金融机构是指那些具有一定规模、市场重要性及相关度,以至于其破产或出现问题时会对全球或本国金融体系造成严重打击和经济后果的金融机构。与以往历次金融危机有着实质性不同,系统重要性金融机构在2008年国际金融危机中并非起到"金融稳定器"的作用,反而成为系统性风险和金融危机的制造者、传递者和受害者。2008年国际金融危机以来,各国金融监管者开始重新审视此类机构的系统性风险传导途径,在继续加强微观审慎监管的基础上,积极寻求构建有效防范系统性风险演变为金融危机的系统重要性金融机构宏观审慎监管框架。

1. 建立监管体制

欧盟:创建"一会三局"超国家性质的监管框架。宏观审慎监管由"一会"——欧洲系统性风险委员会负责,微观审慎监管由"三局"——欧洲银行业监管局、欧洲证券与市场监管局、欧洲保险与职业养老金监管局负责。英美:采用"双峰"监管理念("审慎+行为"监管)。英国废弃原财政部、央行(英格兰银行)和金融服务局"三方共治"架构,改为实施"准双峰"监管架构,将原金融服务局分拆为审慎监管局和金融行为监管局,分别隶属于央行和财政部,而宏观审慎监管由央行下设金融政策委员会负责。上述监管范围包括系统重要性金融机构在内的所有机构。美国对系统重要性金融机构监管是多头监管框架下植入"双峰"监管理念,微观审慎监管由美联储负责,宏观审慎监管由金融稳定监督委员会牵头负责,行为监管由新成立的消费者金融保护局负责。而在清算机制上,联邦存款保险公司下设专门办公室负责对资产1千亿美元以上的银行控股公司和被金融稳定监督委员会认定的非银行类系统重要性机构在倒闭时实施清算。

2. 出台监管政策

事前避免:采用"结构性分离"。美国"沃尔克法则"和英国"圈护法则"都从结构上将系统重要性金融机构传统业务与其他过度综合化经营业务相分离,旨在限制这些机构的规模、可替代性、关联性,防止"大而不倒"现象发生。事中防范:提高监管要求。立足系统重要性金融机构现有规模和业务的基础上,通过强化资本附加、流动性附加等方面的监管要求,提高此类机构维持其存续状态下的稳健经营的能力,从而降低其倒闭的可能性。资本附加上,"巴塞尔协议Ⅲ"提高了对系统重要性金融机构的要求,澳大利亚、加拿大等国甚至更严格。流动性附加上,"巴塞尔协议Ⅲ"提出流动性覆盖率和净稳定资金比例两个定量指标,而英国推出的新流动性监管规则比流动性覆盖率要求更严格。事后处置:建立恢复和处置计划。制定切实可行的危机处置方案,保证当系统重要性金融机构面临危机时,或通过自我恢复,或由监管机构酌情处置和采取措施,使此类机构破产救助的成本不再由纳税人承担,从而对金融系统造成的冲击影响降至最低。英国最先推行恢复和处置计划,欧美等随后。

(二)我国系统重要性金融机构宏观审慎监管基本框架的总体设计

1. 短期:夯实宏观审慎监管基础

尽快建立我国系统重要性金融机构识别体系。当前我国金融业仍以银行业为主体,央行作为近日成立的金融监管协调部际联席会议制度的牵头人,应尽快推出我国系统重要性银行识别体系,继而择机出台证券公司、保险公司、金融控股公司等机构的识别体系。提高对系统重要性金融机构数据质量的监控力。关键在于确保相关监管统计数据的正确性、精确性、完整性和灵活性。督促单体机构提升自身公司治理和风险管理能力。继续加强银保监会和证监会对系统重要性金融机构的董事和高管的任职资格审查力度，监督和检查董事会和高管层的尽职情况。提高监管机构的定性判断能力，及时与董事会和高管层沟通，督促其完善集团治理架构、风险管理、信息系统等。

2. 中期：提高宏观审慎监管有效性

推出相关监管工具。遵守国际监管规则要求，出台我国系统重要性金融机构审慎监管工具，包括资本附加、流动性附加、大额风险暴露限额、征收金融机构税等。参考美联储的做法，定期运用不同经济金融模拟场景，对我国系统重要性金融机构开展压力测试并公布测试结果。加强系统重要性金融机构并表监管。并表监管能够有效控制此类机构的结构复杂度和内部关联度，避免监管真空。效仿英美做法，适当对此类机构高风险非传统业务进行规模限制。完善国内外监管合作机制。国内监管上，参考英美做法，将系统重要性金融机构审慎监管纳入金融监管协调部际联席会议的议题，就相关监管议题，定期召开会议，进行高层交流。跨国监管上，除继续定期召开和参与跨国监管联席会议外，积极推动建立相关国际层面的合作框架建设。

3. 长期：建立最优宏观审慎监管框架

制定行之有效的系统重要性金融机构恢复和处置计划。包括我国系统重要性金融机构自身制定的"恢复计划"和监管部门制定的"处置计划"。借鉴英美实践，要求此类机构境外设立的经营机构制定恢复和处置计划，并关注与母行整体计划的一致性问题。借鉴"双峰"监管模式，引入行为监管。建议在当前"一行三会"监管架构内，成立专门部门对系统重要性金融机构进行行为监管，并将监管范围逐步扩大到所有金融机构，建立金融消费者保护的长效机制。关注混业金融集团，建立前瞻性宏观审慎监管框架。目前类似平安控股的混业金融集团已实质形成，我国系统重要性金融机构分业经营的基本格局将被逐渐打破。建议可参考澳大利亚实施 Level Ⅲ 监管做法，对此类混业金融集团制定前瞻性的宏观审慎监管顶层设计方案。针对我国金融业混业经营趋势对当前分业监管体制的严峻挑战,应密切跟踪英美监管协调机制运行动态,同时借鉴国际加强央行宏观审慎监管职能的经验,由国务院统筹安排,分步实施改革。第一步,主要依托于金融监管协调部际联席会议,加大央行宏观审慎监管政策协调的权威性;第二步,在存款保险制度成功建立后,将负责行为监管职能的机构或部门纳入金融监管协调部际联席会议框架,逐步形成宏观审慎监管由央行负责,微观审慎监管由"三会"负责,行为监管由专门机构负责的监管模式;第三步,在国务院领导下成立金融稳定委员会,统一行使宏微观审慎监管职能,由国家发展和改革委员会、财政部、央行及相关监管机构负责人担任委员。

五、构建金融风险监管全覆盖的金融监管体制[①]

近年来,我国金融业与实体经济之间的失衡不断加剧,各类金融灾难频出,金融领域渐有失调的风险,已危及国家经济金融安全。如金融行业存在高杠杆率风险、银行不良资产风险、债券违约风险、房地产信贷风险、移动支付安全、资本大颚冲击实体经济的风险、网络非法集资的风险、金融自我循环的风险、金融工具过度发展的风险、外部冲击风险十大风险。这些风险固有经济下行和结构调整等周期性因素的影响,但根源上与监管体制自身存在着缺陷密不可分。改变目前金融分业监管格局、建立统一的金融监管机构,从宏观和整体的角度来防范系统性金融风险,已经迫在眉睫。

(一)现行金融监管体制缺陷与风险

我国分业监管模式是从 20 世纪 90 年代逐步形成的。2008 年国际金融危机之前,各方面关注微观金融监管比较多。然而,现代金融市场和金融体系都是紧密关联在一起的,存在复杂的网络特征和联动关系。在"铁路警察,各管一段"的监管体制下,缺乏对系统性风险的整体评估、协

---

① 本部分完成于 2017 年全国第五次金融工作会议之前,为金融监管体制改革提供思路。

调与应对。

1. 混业经营与"分业＋分段"监管之间存在矛盾

我国金融监管以"分业＋分段"监管为主，"一行三会"各司其职。

监管标准不统一。对于不同行业功能相似的产品，监管规则不统一，存在监管套利。以各行业资管产品的风险资本计提要求为例，银行表外理财业务不受监管资本约束，但非标债权资产规模受到一定限制，信托公司、证券公司、基金子公司、期货公司实施净资本监管，其他类型资管产品暂无资本要求，无形间为监管套利和风险"出表"提供了空间。

监管理念不统一。分业监管过于强调各自"势力范围"，各监管机构以发展目标取代审慎监管目标。有的甚至充当行业保护者，将行业竞争演化为监管竞争。监管部门带着机构搞发展、自建市场，导致一些机构游走于各个市场，钻空子、进行监管套利，致使宏观杠杆率居高不下。如近年来，证监会为鼓励金融创新，推出融资融券、股指期货、股票期权等新型工具，伞形信托、场外配资等也在监管默许下迅速发展。在此过程中，监管机构并未对高杠杆资金快速入市的风险给予高度重视。

监管步调不一致。分业监管缺乏政策协同性。"三会"与中央银行缺乏沟通，中央银行的决策，"三会"没有义务执行。"一行三会"协调成本高，容易形成政策叠加或政策背离。如2010年9月，为有效盘活信贷资源，中国人民银行指导银行间同业拆借中心推出全国银行间市场贷款转让平台，但同年10月，银监会以规范银行业金融机构信贷转让业务为由，造成该业务实质停滞。2014年8月，银监会又单独打造推出功能相同的银行业信贷资产登记流转中心，人为造成信贷转让市场分割。

监管数据不共享。监管数据是金融领域的基础设施建设。但目前受制于机构分设等因素，金融业综合统计、信息共享和大数据建设滞后。目前中国人民银行和监管机构从各自职责出发，分别制定了本部门的统计管理规定和办法。《中华人民共和国中国人民银行法》虽然赋予了中国人民银行"负责金融业的统计"的职责，但细则中只赋予了中国人民银行采集银行业数据的权利，证券和保险业数据分别由其监管部门负责采集，导致中国人民银行不断加强与其他部门的沟通与协调，有关部门在相关部际会议上表示大力支持,但实际工作中仍存在较大阻力,数据和信息共享困难,中国人民银行难以完成"负责金融业的统计"的职责,更难以实现对跨部门、跨机构、跨市场资金流动的审慎监管需要。宝能收购万科案例充分暴露了"数据割裂"带来的风险。宝能集团作为产融结合的控股集团,在资金调度上依托不同的平台从不同的金融行业筹措资金统一运作,在现有分业监管体制下,各监管部门仅能掌握本行业的部分信息,无法获得集团整体的资产负债和资金流向变化信息,严重影响了对此类跨业、跨市场控股公司的风险研判。

这种"铁路警察,各管一段"的监管体制,对于横跨不同金融领域的"穿透式产品"和跨业界的混业金融机构,由谁审批、由谁监管?似乎谁都可以审批、谁都可以监管,实际上有可能导致谁也不管的监管真空或监管边际地带。突出表现是金融控股公司、综合化金融平台、产业资本向金融资本渗透的各类机构缺乏明确的监管主体。这些金融机构利用体制漏洞,通过在跨市场、跨行业之间的杠杆运用和资金配置,摆脱分业监管限制,肆意加杠杆、加通道、加嵌套,将原本应当流向实体经济的资金截流,加剧金融与实体经济的失衡。2017年以来资本大鳄与监管人员相互勾结,在多个金融市场"兴风作浪",对实体经济造成冲击,正是监管主体缺失带来的恶果。

2. 宏观审慎监管要求落实不到微观主体上来

宏观审慎监管的目标在于确保整个金融体系的稳定,防范系统性金融风险,减少金融危机带来的宏观经济损失;微观审慎监管旨在控制个体风险,避免单个金融机构爆发危机,保护金融参与者利益。在实践中,央行作为名义上的宏观审慎管理者和形式上的监管协调者,在与"三会"微观审慎监管者相协调的过程中,既无法律保障又无政策手段,二者目标存在一定的冲突,使得金融调控宏观效果大打折扣。监管机构由于直接监管金融机构,掌握着金融机构高管任职审批以及市场准入等权利,对金融机构行为有着巨大的影响力。在执行中,央行由于缺乏直接监管权,实施的宏观审慎管理的效果很大程度上受制于微观审慎监管。以央行开发的"宏观审慎评估"(MPA)为例,虽然自2017年第一季度起央行将表外理财业务纳入评估范围,但如果微观层面监管机构的相关措施没有跟进,未对所谓"金融创新"的会计科目和业务本质进行实质性认定,那么 MPA 实施的效果将大打折扣。更有甚者,这种冲突会直接升级为监管冲突,带来金融调控的无序性和无效性。再如近期宏观微观去杠杆步伐上也存在不协调,央行从宏观金融稳定出发,要求控制系统性风险,而"三会"从控制微观风险角度,蜂拥而上暴力去杠杆和缩表,无序从严监管带来政策叠加效应,给市场造成更大的冲击。

(二) 构建风险全覆盖的金融监管体制

金融监管体系改革,关键是要建立是否有利于防范系统性金融风险的监管体制,实现金融风险监管全覆盖。

要建立风险全覆盖的监管体制,首先要找到共同的规则,这共同的规则就是金融监管改革的基本原则。这是金融监管体制改革的灵魂和出发点。

1. 监管统一原则

要建立跨产品、跨机构、跨市场的统一金融监管体系,变监管机构之间的外部监管协调为一个监管机构内设部门之间的内部协调,彻底解决监管的真空、监管重叠以及业界结合部等监管盲区问题。通过统一金融监管体系,更好地体现国际上"三个统筹"趋势,即统筹监管系统重要性金融机构和金融控股公司、统筹监管重要金融基础设施、统筹负责金融业综合统计。

2. 穿透监管原则

产品创新到哪里,监管就到哪里。要透过表面现象看清业务实质,把资金来源、中间环节与最终投向贯穿连接起来,综合全流程信息来判断业务性质,根据业务功能和法律属性明确监管规则,使金融监管跟上金融创新的步伐,同时避免因监管规则不统一导致监管套利。

3. 宏观与微观审慎监管相结合原则

宏观审慎监管与微观审慎监管是金融监管的两大支柱,二者不可分割,应该互相补充,互为强化。微观审慎监管是宏观审慎监管的基础,但宏观审慎监管并非把微观审慎监管做一个简单的加总,它对微观审慎监管做了不可或缺的补充和拓展。宏观审慎监管只有通过金融机构间的相互配合及微观审慎监管手段的辅助才能实现整体监管,有效防止系统性风险。

4. 监管高效原则

监管的整体效率决定着监管质量。高效监管原则包含行政效率和经济效率。行政效率是指监管者要用最低的监管成本实现监管收益最大化。经济效率是指金融监管应处理好金融安全与金融效益的关系,金融监管不能压制竞争,而是要为提高金融机构创新能力和竞争实力创造良好的外部公平竞争的环境。

(三) 推进金融监管体制改革五种方案的比较

为了更好地体现上面四个原则,国际"三个统筹"趋势,以及"双峰"理念,大致有五种方案可供选择。①

1. 方案一:"一行一会"模式

保持央行现有的职能不变,合并"三会"为金融监管委员会,实行综合监管。由央行实施宏观审慎监管和金融消费者权益保护,由合并后的金融监管委员会专门负责微观审慎监管,"一行一会"之间由央行牵头形成部际协调机制。这种方案的优势在于一定程度上解决了混业经营与分业监管之间的矛盾;降低"三会"的协调成本。但其缺陷是宏观审慎监管和微观审慎监管仍然各自分割,"一行"与"一会"之间的协调成本可能会更高。

2. 方案二:金融监管协调委员会+"一行三会"模式

保持现有的"一行三会"格局不变,成立金融监管协调委员会。依照现有法律与管理办法,由央行实施宏观审慎监管和金融消费者权益保护,"三会"执行微观审慎监管,由金融监管协调委员会协调"一行三会"。这

---

① 2018 年政府机构改革,在 2017 年全国第五次金融工作会议设立国务院金融稳定发展委员会的基础上,进一步合并银监会和保监会。

种方案的优势在于,不改变现有行政格局,不涉及原有机构和人员的重新安排,实施阻力最小。但缺陷是不符合大部制改革的趋势,没有精简机构,反而增加了机构;只是在原有体制上"叠床架屋",协调成本高,没有从根本上突破现有监管体制的缺陷。

3. 方案三:"央行+行为监管局"模式

将"三会"的审慎监管职能并入中央银行,同时成立独立的行为监管局(体现"双峰"理念)。在合并后的中央银行下设立货币政策委员会、金融稳定委员会和审慎监管局,分别负责制定和实施货币政策和宏观审慎政策,并对金融机构实施审慎监管。同时,中央银行负责重要金融基础设施监管和金融业综合统计。成立独立的行为监管局,体现审慎监管与行为监管的适度分离。这一方案既符合完善宏观审慎政策框架的要求,也符合金融业综合经营和综合监管的要求,还能够彻底解决监管割据问题,降低协调成本。缺点是由于涉及较多的机构和人员调整,改革的阻力和难度相对较大。

4. 方案四:"央行+审慎监管局+行为监管局"模式

由中央银行负责宏观审慎政策制定、执行,对系统重要性金融机构、金融控股公司和重要金融基础设施实施监管,并负责金融业综合统计("三个统筹");"三会"合并组建新的审慎监管局,专门负责系统重要性金融机构以外的微观审慎监管;将目前"一行三会"中金融消费者权益保护部门进行整合,组建独立的行为监管局,负责行为监管和金融消费者权益保护(体现"双峰"理念)。

5. 方案五:"一行四局"模式

可仿照国家外汇管理局管理模式,将"三会"纳入中央银行并保留独立运行,由央行实施金融消费者权益保护,由央行下设金融监管委员会统筹协调实施宏观审慎监管与微观审慎监管。在行政级别上,中央银行保持原有行政级别不变,原"三会"行政级别降为副部级。这种方案优势在于融入微观审慎监管、宏观审慎监管、货币政策"三位一体"改革精髓,促进宏微观审慎监管之间的协调,符合金融业综合监管的要求,改革成本也相对较低,但由于"三会"的行政级别下降,涉及人员与机构的调整,改革有一定阻力。

上述五个方案各有利弊。比较而言,方案一和方案二不符合完善宏观审慎政策框架的要求和国际金融改革的大潮流,建议不予考虑。方案三和方案四符合强化宏观审慎政策框架的要求,符合国际上"三个统筹"的趋势,并兼顾了综合监管和"双峰"监管,是功能较为合理的选择。方案五相对折中,既强化了央行的宏观审慎政策制定、执行和系统重要性金融机构监管职能,又适当减小了改革的阻力,并通过机构间合理和明确的分工降低协调成本,是成本相对较低的选择。

(四) 五种方案都面临三个亟须解决的问题

上面五种方案,无论选择哪一个,有三个问题都亟须解决。

1. 贯彻内外部"双峰"理念,实施"审慎+行为"穿透式监管,实现风险全覆盖

"双峰"指的是金融监管必须"双管齐下":一方面实施审慎监管,旨在维护金融机构的稳健经营和金融体系的稳定、防范系统性风险;另一方面是实施行为监管,旨在纠正金融机构的机会主义行为、防止欺诈和不公正交易、保护消费者和投资者利益。现阶段,我国金融监管体制改革宜贯彻内外部"双峰"理念。"内部双峰"指"审慎监管+国内消费者权益保护",维护金融市场竞争秩序,建立金融机构破产机制,有序打破刚性兑付,实现"卖者有责"基础上的"买者自负"原则。"外部双峰"指的是要遵循"国际监管合规+对东道国消费者权益保护"。2016 年 9 月 17 日,美国司法部以德银不当出售抵押贷款支持证券并恶意助推次贷危机为由,裁定对德银的罚款,反映了美国要求外资银行必须保护当地消费者权益的倾向。特朗普执政后,"美国至上"理念,不但不会缓解对外资金融机构监管的压力,反而可能会因大国博弈加剧带来新一轮对外监管从严竞争的潮流。

2. 对金融监管者,在推行"问责机制"的同时,实行"职业责任保险"制度

现今,我国金融业反腐压力只增不减,强调"监管姓监、监管姓党"是保障我国金融安全的思想底线。不可忽视的是,金融监管本身就是专业性极强的领域,只强调问责,可能会束缚监管者的手脚,扼杀合理的金融创新活动,带来更大的潜在风险。因此,建立"问责机制"的同时,应当推行金融监管者"职业责任保险制度",赋予金融监管者履职保障与法律尊严。

3. 央行下设国家金融监管大数据办公室,实现体制内外数据全覆盖

一方面,对于传统体制内的金融机构或金融活动,在金融业综合统计基础设施和金融业综合统计信息平台的基础上,实施"三披露制度",即金融机构信息报告、外部审计意见以及监管机构监管报告,提高金融调控决策的效率和透明度。另一方面,对于金融科技带来的金融风险新挑战,可效仿英国、澳大利亚、新加坡等国"监管沙箱"(即通过设计一个与真实市场相隔离的虚拟环境,允许企业测试创新的金融产品,及时发现产品的缺陷,规避风险)的做法,为金融科技、新金融等新兴业态提供"大数据监管实验区",在支持创新与防范风险之间把握合理的度。

六、我国金融监管体系如何补短板

党的十九大报告提出要"坚决打好防范化解重大风险",并明确指出从"突出抓重点、补短板、强弱项"入手。那么,防范系统性金融风险,构建现代金融监管体系,要从哪些方面补短板?从危机后国际金融监管改革的趋势看,世界各国都结合自身的问题,对本国金融监管体制进行改革。其中,加强统一监管、宏观审慎监管、"双峰"监管和功能性监管,成为危机后国际金融监管改革的四条主线。这四条主线,恰恰是我国现有金融监管体制的短板。

(一) 设立国务院金融稳定发展委员会:补"统一监管"的短板

从监管体系看,金融监管分为统一监管体制与多边监管体制。多边监管体制以美国为代表,统一监管体制以英国为代表。

美国是一种典型的"多边监管"模式。次贷危机表面上是美国银行利率上涨导致房地产价格下跌,引发的资金链断裂造成的,其深层原因却在于美国的"多边监管"体制的缺陷。美国的多边监管,纵向上是联邦政府与州政府的双重监管,在联邦层面主要包括美国联邦储备系统、货币监理署、联邦存款保险公司、证券交易委员会、商品期货交易委员会、储蓄管理局、信用合作社管理局七个机构;横向上则是各专业机构的分业监管,对商业银行的监管由美国联邦储备系统、货币监理署、联邦存款保险公司三家机构共同负责,对证券业的监管由证券交易委员会负责,对商品期货和金融期货的监管由商品期货交易委员会监管,对储蓄贷款协会和储蓄贷款控股公司的监管由储蓄管理局负责,对信用合作社的监管由储蓄管理局负责(陈斌彬,2010)[1]。次贷危机极大地暴露出美国多边金融监管体制的缺陷,即监管疏漏与监管重叠并存。一些跨机构、跨市场、跨部门的穿透产品(如次贷证券化)拆除了各类市场之间的藩篱,形成了一体化的联动市场和产品链,多边金融监管难以对这样的产品进行有效监管。危机后,美国成立了跨部门的金融服务监督委员会(Financial Services Oversight Council,简称"FSOC")以扭转以往监管疏漏、协调不力和监管职权受限的困境。

英国经历过从多边监管向统一监管的转型。1997 年之前,英国实施分业金融监管,9 家金融监管机构"九龙治水",不仅存在协调成本高,而且缺乏一个足够权威的机构来应对危机。以致当危机来临之时,监管部门无法通过协调一致行动。1995 年,英国巴林银行就因其新加坡分行投资业务失控,监管部门因协调困难错过了应对危机的最佳时机。1997年,英国开始实施统一的金融监管,设立英国金融服务管理局(FSA);英国通过了《2000 年金融服务与市场法》,标志着英国金融统一监管体系的正式形成。该法堪称英国金融业的一部"基本法",该法规定英格兰银行

---

① 陈斌彬:《危机后美国金融监管体制改革述评——多边监管抑或统一监管》,《法商研究》2010 年第 3 期。

不再兼有银行监管职能,只承担货币政策职能,对金融行业的监管职能由金融服务管理局全面承担。2009 年英国在《改革金融市场》白皮书中提出,拟建立金融稳定理事会,负责防范系统性风险,以维护金融整体稳定。英国的统一监管模式对全球金融改革产生了广泛的影响。据统计,目前世界上采用统一监管机构模式的国家有 56 个。这次危机中,采取统一监管的英国、日本和德国,受损较小,这也充分说明了统一监管模式的优越性所在。

我国现行的金融系统,与美国以及英国早期(1997 年之前)有较多相似之处。我国从 20 世纪 90 年代开始,逐渐形成了"分业+分段"监管模式,"一行三会"各司其职,缺乏政策协同性,不同金融行业在金融业创新和交叉监管上缺乏协作和配合,监管套利层出不穷。"一行三会"之间,虽然有"金融监管部际联席会议"制度,但各监管部门之间协调难度大,一旦出现跨机构、跨市场、跨行业的交叉金融风险时,由哪个监管机构来负责很难确定。这种分业监管体制与国际上金融监管已形成的统一监管趋势相背离。为了克服在分业监管体制下的弊端,有必要建立统一监管体制。统一监管符合金融机构混业经营发展趋向。成立国务院金融稳定发展委员会,协调金融监管机构之间的关系,不仅能解决"一行三会"的协调统一问题,而且从体制上根本上解决"铁路警察,各管一段"的弊端。国务院金融稳定发展委员与原有的金融监管协调部际联席会议相比,在统筹协调方面,职能完整,这标志着中国的金融监管基本框架从分业到统一的转型。

(二) 强化人民银行宏观审慎管理:补防范"系统性金融风险"方面的短板

在监管方法上,金融监管分为宏观审慎监管(Macr-prudential Supervision)与微观审慎监管(Micro-prudential Supervision)。

传统监管理论认为,单个金融机构的微观审慎监管,就能防范系统性金融风险。2008 年金融危机以来,国际社会普遍认识到,个体金融机构的稳健性并不意味着系统稳定。缺少宏观审慎监管难以应对系统性风险,这也是本次金融危机的重要诱因。金融体系与实体经济的风险防范要有一个连接点,在微观审慎监管制度安排下,由于监管机构的过度划分,使得各家监管机构都关注自身职责范围内的风险,这样会在金融体系内产生负外部性。于是,需要从宏观的视角运用审慎政策工具,才能有效防范和化解系统性金融风险。

"宏观审慎"理念早在20世纪70年代国际清算银行就提出来了。1997年亚洲金融危机后,"宏观审慎"开始广泛运用到金融领域。次贷危机则在制度上将"宏观审慎监管"引入国际金融监管框架。2009年以来,历次G20峰会都将宏观审慎政策纳入公告文件。危机以来,宏观审慎政策理论已经成为全球范围内金融监管和宏观调控框架改革的重要依据,并成为后危机时代国际金融监管的主要发展趋势。

"宏观审慎监管"主要是维护整个金融体系的稳定。国际清算银行认为,宏观审慎监管不仅是从系统性角度出发,对金融体系进行风险监测,而且对单一金融机构的风险敞口也起到防范作用。宏观审慎监管是微观审慎监管的拓展和互补,不是简单的加总。

那么,谁来行使宏观审慎监管呢? 国际上有两种模式:第一种模式,是成立专门的机构来行使宏观审慎监管职能。IMF的调查样本中,有1/3的国家成立一个专门协调中央银行与其他监管机构的协调委员会。如美国成立金融稳定监督委员会(Financial Stability Oversight Council),主要负责监测美国金融体系的稳定性和潜在的风险。英国成立一个新的金融政策委员会(Financial Policy Committee),是将微观审慎监管整合进英格兰银行,负责监测系统性风险。欧盟也成立了欧洲系统性风险委员会(European Systemic Risk Board),负责监测整个欧洲的金融体系稳定性。

第二种模式,是由中央银行承担宏观审慎监管的职能。从历史演进看,中央银行是在不断应对金融危机中产生的,具有天然的稳定金融体系的责任。2010年,IMF对50个国家进行了调查,有50%的国家对微观审慎监管与中央银行进行了整合,专门成立了宏观审慎监管机构。美国尽管成立了金融稳定监督委员会,但美国的宏观审慎监管职责主要集中在美联储,美联储在金融稳定监督委员会中有其独立的席位。在韩国、瑞士、爱尔兰、秘鲁则没有专设金融稳定委员会机构。

在国内,中国人民银行是否应该成为宏观审慎监管的实施部门,一直是个争论的焦点。《中华人民共和国中国人民银行法》规定,中央银行有维护金融稳定和防范系统性金融风险的职责,但该法律并没有明确授权中国人民银行实施宏观审慎监管。而中国人民银行下设金融稳定局,又说明中国人民银行完全拥有进行宏观审慎监管的条件。理论上,"三会"负责微观审慎监管,控制金融机构个体风险;"一行"负责宏观审慎监管,是为了确保整个金融体系的稳定;但在实践中,央行作为名义上的监管协调者,与发达国家相比,我国的央行暂不具备对金融市场进行全方位监管的职能,在与"三会"协调过程中,常有冲突。因此,有必要强化中国人民银行在宏观审慎管理方面的突出地位和作用。2017 年全国金融工作会议,明确了由中央银行实施宏观审慎监管,这对于识别、评估、处置系统性金融风险具有深远意义。

(三) 重视行为监管:补"双峰"监管理念的短板

从国际监管改革趋势看,行为监管的作用日趋重要,即要体现"双峰"监管。所谓"双峰"监管,就是将金融监管机构分成两个:一个是维护金融体系稳定;一个是保护消费者。即"审慎监管+行为监管"的"双峰"。

"双峰"(Twin Peaks Model)理念是英国经济学家迈克·泰勒(Michael Taylor)在 1995 年提出的。泰勒形象比喻,审慎监管像医生,目标是治病救人,发现了问题会积极采取措施加以医治;而行为监管则类似于警察执法,发现违法、违纪行为后会立即处罚,对当事人严肃问责。[①]"双峰"监管模式起源于英国,却由澳大利亚率先践行。在 2008 年以前,澳大利亚就成立了两个跨部门的监管机构:一是"消费者保护委员会"(Consumer Protection Commission),是针对金融机构商业行为规范进行监

---

① 王敏:《"双峰监管"模式的发展及对中国的启示》,《陕西行政学院学报》2016 年第 2 期。

管的;二是"金融稳定委员会"(Financial Stability Commission),是针对金融领域系统性风险进行审慎监管的。与澳大利亚专门成立两个独立"双峰"机构不同,荷兰则选择中央银行来行使审慎监管职能,行为监管则继续由金融市场管理局负责。由于权力配置与机构设置完全契合"双峰"理论的特征,故称之为"经典双峰"。2008年国际金融危机后,在全球33个发达国家中,澳大利亚和荷兰的金融机构赢利水平保持稳定,没有出现任何金融机构倒闭或需要政府救援的国家,与其最早采取"双峰式监管"密不可分。鉴于澳大利亚、荷兰等实行"双峰"监管的国家在危机中的出色表现,危机后,各国都在探索如何体现"双峰"监管理念。2007年英国政府开始对金融危机所作反应进行反思,英国财政部认为,三方金融监管模式("Tripartite"Model of Financial Regulation)的缺陷是英国未能预测金融危机的一个重要原因。[①] 英国于2013年4月开始启动"双峰"监管改革。与澳大利亚和荷兰"经典双峰模式"(机构设置与权力配置模式完全契合双峰理论的要求)不同的是,英国实行的是"准双峰"模式,即以中央银行为主导,在英格兰银行内下设审慎监管局(PRA),并单独设立金融行为监管局(FCA)直接向英国财政部和议会负责,即PRA与FCA"双峰"的机构层级低于英格兰银行,其最终确定的监管机构设置与权力配置方式有别于澳大利亚。次贷危机后,美国也朝着一种修改的"双峰"监管模式改进,成立全新的消费者金融保护署(Consumer Financial Protection Agency,简称"CFPA"),以保护消费者和投资者免受金融不当行为的侵害。有人甚至提出"双峰"监管模式可能会是未来最理想的监管结构。

"双峰监管"的优势是职责权限划分明确,将行为监管主体和审慎监管主体分离。由一个金融监管机构负责相关金融机构的审慎监管,即"左眼监管安全";由另外一个独立的机构负责商业行为和消费者保护问题,即"右眼监管服务"。既避免功能重复,又消除监管漏洞,在很大程度上减少了监管机构之间的监管冲突和恶性竞争。当金融稳定目标与消费

---

① 英国财政部:《一个新的金融监管方向:改革蓝图》,详见 https://www.gov.uk/government/uploads/system/uploads/attachment_data/file/81403/consult_finreg_new_ap-proach_blueprint.pdf。

者保护目标发生冲突时,"双峰"监管模式明确规定,审慎监管机构首先应该以金融稳定为主。

从国内实践看,2011年以后,"一行三会"都在各自领域设立了金融消费者权益保护部门,形成一种分业体制下的"内双峰"监管体制。在这种"内双峰"监管体制下,监管当局与金融机构关系密切程度远甚于监管当局与金融消费者,消费者保护目标仍弱于审慎监管,很难从根本上保证消费者的权益。发生在2015年的中国股灾说明,单一行业的消费者保护部门没有能力来维护和稳定市场信心。当银行资金流入股市、场外配资快速增长、风险集中爆发时,监管部门却无法全面掌握融资的真实状况,也就无法及时采取有效的应对策略。

2017年金融工作会议提出加强行为监管,但并没有提到要成立新的部门来落实。建议可整合目前"一行三会"的金融消费者权益保护功能,在金融监管制度安排上将审慎监管与行为监管区别对待,确保金融消费者合法权益。随着国务院金融稳定发展委员会的设立,我国并不需要像英国一样对金融监管框架作出大调整,可以考虑在央行内部设立行为监管部门。由于央行不负责金融机构的微观审慎监管,能着眼于整个系统、系统内各方关系,在行为监管方面具有天然的优势。

(四) 加强功能监管:补"机构监管"的短板

从监管职能划分,金融监管分为"机构监管"和"功能监管"两种方式。

"机构监管"是以金融机构法律地位来区分监管对象,是由不同的监管当局对不同的金融机构分别实施监管,是由企业的法律属性决定其相应监管机构。这是历史上金融监管的主要方式,是对一家金融机构从生到死的全过程"纵向"监管,由于设置了"防火墙"(great wall),避免了各金融机构间的风险传导。但"机构监管"由于监管标准难以统一,无疑会造成监管差异,甚至诱发监管套利,不利于公平竞争。由于机构监管模式很难对跨行业的金融创新产品实施有效监管,监管部门往往用行政手段来限制金融创新的发展。另外,机构监管对于金融控股公司不能实行有效的监管,由于受各个机构的法定授权的限制,监管只能在母公司层面行使。对于金融控股公司拥有的较多跨行业子公司,则由不同部门监管,这样实际上是分割了金融控股公司的经营。既没有一个监管部门拥有全部信息,也没有一个权威部门对系统性风险进行监控。

"功能监管"能够弥补"机构监管"的不足。美国经济学家罗伯特·默顿认为机构监管转向功能监管,是不可避免的趋势。功能监管是以商业行为(business)来判断监管边界,是以金融产品的性质及金融体系的基本功能来设计的,不论这种功能由何种性质的机构行使,不必考虑企业的法律地位。是一种对穿透式产品实行"横向"全链条式监管,防止监管套利,实现公平竞争。与"机构监管"模式相比较,功能监管的优势在于:不仅能够有效地判断金融创新产品监管权责的归属问题,而且由于标准的统一,提高了监管的公平性。但是,功能监管会提高管理成本,加重监管负担。而且,"良好区分产品边界"是功能监管的前提,随着创新产品不断增加,越来越难以界定产品的边界。因此,功能监管与机构监管各有其优势和局限性。随着混业经营的发展,为加强功能监管提供了合理逻辑,但机构监管仍有存在的必要。

20 世纪 80 年代,美国最早提出了"功能监管"概念,但第一个付诸实践的是新加坡。巴西、法国、意大利和西班牙也是功能监管的典型代表。美国直到 1999 年才确定功能监管的框架,但采取的是"机构性监管+功能性监管"的伞形监管模式,即美联储负责监管整个金融体系的稳定,同时又根据功能特点划分不同监管机构的职能范围。这种监管体制不是纯粹的功能型监管,因为保留了较多"机构监管"的痕迹。在"伞形监管模式"下,美国的监管仍是各自为政,其弊端在次贷危机中得到了充分的体现。2008年以来,美国在《美国金融监管体系现代化蓝图》和"金融白皮书"中,提出"伞+双峰"的新型监管模式,由审慎金融监管、保护消费者权益和整个金融市场稳定监管三个部分构成。其中,美联储作为市场稳定监管者,充当"伞骨",两个监管机构充当"双峰"来执行目标型监管职能。[①]

---

① 邓翔、李雪娇:《"次贷危机"下美国金融监管体制改革分析》,《世界经济研究》2008 年第 8 期。

目前,我国实行的是机构监管。但近年来,随着金融综合经营的发展,对于一些横跨不同金融领域的"穿透式产品",由谁审批、由谁监管?容易出现监管真空地带。而功能监管能有效避免"监管真空"与"交叉监管"同时并存的现象。

综上所述,任何一个国家金融监管体系选择,要与其经济金融发展阶段相适应,做到风险全覆盖。世界多个国家已经证明,加强综合监管、宏观审慎管理、功能监管以及行为监管,是一种有利于系统性风险防范的金融监管基本框架,这也是中国在金融开放进程中亟须补强的制度基础。

七、金融国资委:我国新型国有金融资产管理模式

国有金融资产是国家对金融企业各种形式的出资所形成的权益。目前,我国国有以及国有控股的金融资产已经超过 241 万亿元人民币,规模巨大的国有金融资产管理却缺乏一个国有金融资产所有者的"实体"。鉴于我国现行国资委模式已经取得了较好的实践运作经验,建议成立一个独立的国有金融资产管理委员会,统一担负国有金融资产管理运营职责。

(一)规模巨大国有金融资产亟须金融国资委专业管理机构

国有金融机构是我国金融组织的主体,而国有资本是其资本金的主要来源。目前,我国国有金融机构主要包括三家国有政策性银行、四家国有商业银行、四家国有保险公司和四家金融资产管理公司。截至 2017 年年底,国有金融企业资产总额 241 万亿元人民币,规模巨大的国有金融资产管理却缺乏一个国有金融资产所有者的"实体"。国资委不管国有金融资产,银监会也不是国有金融资产的"东家",被寄予厚望的汇金公司的成立,并不能解决当前国有金融资产管理与经营所面临的全部现实问题。规模巨大的国有金融资产管理对国有资产保值增值和国家金融风险

的防范有重要意义。

2003年,国资委成立之初,国家曾考虑将国有金融资产一并划由国资委管理,但由于担心这种制度安排会导致国资委既是债权人(银行)的老板,又是债务人(企业)的老板,存在关联交易,缺乏必要的"防火墙",难以防范风险。因此,在制度设计上有必要将国有金融资产和非金融资产分开管理。自党的十六大以后,按照"权利、责任和义务相统一,管资产和管人、管事相结合"的原则,成立了国资委,使得非国有金融资产有了一个统一的所有权代表。但时过多年,国有金融资产管理体制问题依旧没有定论。

在现行体制下,国务院是国有金融资产的总出资人,但出资人代表却并不明确,国有金融资产责任主体虚位,"多龙治水"管资产和管人、管事不统一,多头分权管理是典型的"风险大锅饭",所有者缺位,目标多元,政资不分。谁都监管,但谁都不承担监管责任,没有人对国有金融资产的最终保值和增值负责,导致利益被行业和部门所分割截取。国有金融机构的风险仍由财政"兜底",国家对金融风险承担了无限责任,从而导致国有金融机构难以进入正常的破产清算和风险救助程序,国有金融资产不能市场化地退出。地方国有金融资产出资人状况更混乱。

对于国有金融资产管理体制方面存在诸多问题的认识基本趋于一致,即:中央金融资产管理权分散、地方管理模式也各有不同,归结起来,其根本的问题在于没有建立权利、义务、责任相统一,管资产和管人、管事相结合的国有金融资产管理体制。2008年国际金融危机给国有金融资产管理带来了新理念。一方面,由于我国国有金融资本在整个金融资本中占比很大,由此派生和控制的国有金融资源规模巨大,在整个国民经济中发挥着举足轻重的作用。国有金融资产的特殊属性,决定了国有金融企业的影响比一般工商企业大得多,国有金融资产操作的高风险性要求成立专门性的国有金融资产管理机构,对国有金融资产进行有效管理,以有利于我国金融市场的稳定,有效地维护国家金融安全。针对金融业"九龙治水"的格局,专家学者普遍认同,如果成立金融国资委这样一个机构,将彻底改变分散监管的情况。

（二）"金融国资委"功能定位

第一个功能：实现国有金融资产保值增值和收益。中央与地方各类国有金融机构要统一管理，而统一管理要有一个"载体"，而这个"载体"的建立要考虑成本、效率。就是要以较少的国有金融资本投入获得更高的收益回报，一方面表现为国有金融资产的保值增值，即账面上的价值增长，所有者权益的增加；另一方面表现为国有金融企业给予股东的利润分红。在国有金融企业运行中，对于政策性金融和风险救助过程中形成的国有金融资产，要按照商业化原则，把成本控制在合理范围内。对于竞争性领域的国有金融资产，则要求在平等竞争中追求利润最大化。

第二个功能：加强宏观审慎性监管，控制系统性风险。这次由美国次贷危机所引发的国际金融危机带来的风险，不是一般意义上的金融风险，而是一场综合性、系统性的金融风险。[1] 这次国际金融危机重大教训之一是，不能只关注单个金融机构或单个行业的风险防范，还必须从系统性角度防范金融风险。设立专门机构，强化金融稳定目标，高度重视对系统性风险的监管，是此次金融危机后国际金融监管模式的新发展、新趋势。一是美国成立跨部门的金融稳定监管委员会。2010 年 7 月 15 日，美联储、美国国会通过了"大萧条"以来最严厉的金融改革法案，成立了跨部门的金融稳定监管委员会，同时美联储被赋予更大的监管职责，分业监管的模式开始向综合监管转变。二是英国建立一个新的金融稳定委员会。《2009 年银行法》的主要内容是设立特别决议机制（Special Resolution regime，简称"SRR"），完善金融服务赔偿计划，强化稳定金融目标，并规定了银行出现危机后的处理办法；并建立一个新的金融稳定委员会（Financial Stability Committee，简称"FSC"），同时计划授予央行在动荡情

---

[1] 根据风险的是否"可控性"，可以将金融风险分为系统性风险与非系统性风险。系统性风险（systemic financial risk）是单一金融机构无法抗拒和回避的，会波及地区性和系统性的金融动荡或严重损失，有引发金融危机的可能性。非系统性风险指来自金融企业内部，金融企业可以主动控制的风险，往往是由金融企业自身经营管理不善等而形成的个体风险。

况下保持市场稳定的法定责任,以便在危机时及时作出反应。美国、英国统一监管模式对我国的借鉴意义最根本在于:适应世界改革潮流,转变金融自由化思想到加强金融监管,建立统一监管模式,而我国作为后发国家可以一步到位建立统一的金融监管体制。

第三个功能:加强国际监管合作,增强中国在国际上的地位。从以上各国的实践来看,财政部门对系统性风险的监控和对监管效率的监督,都需要有这样一个协调机制作为定期磋商和信息交换的平台。在2009年年初召开的 G20 伦敦峰会上,各国积极倡议做实国际金融监管协调机制,成立了由各国央行、财政、监管部门派人参加的金融稳定理事会(FSB)。

(三) 新型国有金融资产管理体制的运行机制

借鉴国际国有金融资产管理经验,结合我国国情,建立政府管理与市场运作相结合的新型国有金融资产管理体制,新型国有金融资产管理体制基本框架可概括成"双层委托—代理、分层管理、分级管理、分类管理"。

1. 新型国有金融资产管理体制——双层次委托—代理关系

我国《企业国有资产法》明确规定,国有金融资产属于全民所有,国务院代表国家行使所有权。国家作为产权主体的代表,在产权主体内部包含着双层次的委托—代理关系。

第一层次委托—代理关系,即"金融国资委—金融控股公司"。新设国有金融资产管理委员会代表国家统一行使出资人的职能。未来应该在金融国资委和金融控股公司、国有金融机构之间建立唯一的所有权联系,由金融国资委对国有金融资产公司行使出资人权利,减少国有金融机构的"婆婆"。"金融国资委"机构拟由国务院直属,中央汇金公司将脱离中投公司归属该机构。同时,财政部金融司也将被归并进来。这样,以前由中央汇金公司、财政部金融司以及银监会和央行等机构对金融企业的管理权限,将集中起来统一归并到"金融国资委"。

第二层次委托—代理关系,即"金融控股公司—金融企业"。金融控股公司代表国家履行国有金融的资产所有权。金融控股公司的地位特殊,是介于政府和国有金融企业之间的一个缓冲层,是在政府部门和国有金融企业之间设立的隔离带,可防止政府对国有企业进行直接的、过多的行政干预。就我国目前的情况,2007 年成立的中投公司和 2003 年成立的汇金公司可担此大任。

2. 金融国资委与公共管理部门之间的职能划分

单独设立国有金融资产管理机构行使出资人职责,主要解决国有金融资产出资人职能与公共管理职能冲突的问题,可以在一定程度上淡化国有金融企业的行政色彩。具体地说,要理顺金融国资委与公共管理部门之间的职能划分问题。

理顺金融国资委与财政部、汇金公司的关系。财政部、汇金公司所持中央级国有金融资产划拨至“金融国资委”。财政部逐步剥离国有出资人职能,避免公共行政管理职能与出资人职能的冲突。

理顺金融国资委和央行的关系。央行将逐步从管理出资人职责及部分金融监管职责中退出,其主要职责是制定货币政策和稳定金融体系,以保持货币政策的独立性。

剥离金融监管机构履行的出资人职能。银监会、保监会、证监会应当从出资人角色中逐步退出,集中行使金融监管职能,尤其是应当将“三会”的人事权尽快划拨至“金融国资委”。

3. 新的国有金融资产管理体制运行机制

新的国有金融资产管理体制实行“分层管理、分级管理、分类管理”运行机制。

(1)“分层管理”原则

在新的国有金融资产管理架构内,国有金融资产管理体制可以划分为三个管理层次:宏观层面,国有金融资产管理的政策制定。国有金融资产宏观管理层次是整个管理链条的起点,决定管理政策和方向。国有金融资产管理宏观目标,是以控制、追求安全稳定性为目标、行为长期化,强调社会责任。金融国资委作为终极股东仅保留少量公司决策权,主要从事国有金融资产管理制度的设计和宏观经济的研究。

中观层面,国有金融资产出资人代表。国有金融资产中观管理层次是各项政策规划的具体管理层,中观层面处于整个管理链条的"枢纽",既是受托人也是委托人,处于双重身份。中间层机构在金融国资委的监控下参与国有金融企业的管理事务。

微观层面,国有金融资产占有者,即国有金融企业。国有金融资产管理的微观层次是国家各项政策的执行层,占有国有金融资产基础,与中观管理层之间以资本为纽带。微观层面的管理目标,则是追求规模效益、利益最大化、行为趋向短期,同时,由于股权分散化可能导致经营层控制。

以上三层次的管理目标,从根本上是统一的,但需要有所侧重;管理职能按照关系国有金融资产权利进行合理分配,明确界定,处理好"委托—代理"关系和各层级间的衔接。

(2)分级管理

为提高国有金融资产管理效率,按照责权利相统一的原则,中央与地方政府对所出资金融资产应分级管理。但前提是必须合理界定中央与地方在国有金融资产产权行使的合理边界。中央在宏观层面上把握全国范围内的国有金融资本运营的总体战略方针政策。地方国有金融机构发展及其在区域内金融中发挥作用的问题,则由地方政府在中央的统一政策指导下,结合本地的实际制定实施办法。

(3)分类管理

国有金融资产与非金融资产适当分开管理。虽然两类资产都属国有资产,实行统一管理具有资源整合的优势,有利于简化管理机构。但是由于两者实行一体化管理,在制度层面上会因为产权直接关系及软预算约束,导致金融资源向非金融国有企业集中;也可能再产生行政指令性贷款和关联交易,影响贷款的公平性,降低经济效率。国有金融资产实行单独管理,可以部分解决国有出资人角色和公共管理角色冲突的问题,而且当国有金融资产管理与国有非金融资产管理存在利益冲突时,可以在管理上形成制衡。

八、国有金融资产管理的国际模式比较与借鉴

目前,我国国有金融资产已经超过150万亿元人民币,规模巨大的国有金融资产管理对国有资产保值增值和国家金融风险的防范有重要意义。出于维护金融稳定、充分发挥金融作用等多种目的,部分国家临时或长期占有国有金融资产,其国有金融资产管理模式因国情不同而存在差异。考察和分析不同国家国有金融资产管理模式的特点,对加强我国国有金融资产管理有着重要的参考价值。

(一)国外对国有金融资产管理的主要模式

当今世界上大部分国家的国有金融资产所有权由财政部行使,少数国家由作为监管者的中央银行行使。国有金融资产管理的常见模式如下。

1.单层次委托—代理关系模式

即履行国有金融资本出资人职能的是政府机构(财政部、中央银行等),金融企业对政府机构负责,政府机构在履行公共管理职能的同时以出资人身份行使金融企业一些关键性权利。世界上大多数国家采用的是这种模式。

一是“财政部—金融企业”模式。在瑞典、日本、德国、捷克、法国,国有金融机构一般都归财政部直接所有,由财政部直接代表国有股的股东参与金融机构董事会,决定金融机构的重大事项,但财政部不直接管理具体的企业经营事务。在“财政部—金融企业”模式中,政府对银行领导的选定非常重要。作为董事,法国财政部股权处可以随时掌握银行的经营信息,但所掌握的信息完全依赖于银行分支机构的上报,是被动地相信银行本身的管理者。因此,法国国有银行行长的任命,由内阁会议确定,主要从业务能力和道德品行两方面进行考核。财政部官员虽然也有可能到国有金融机构任职,但是这与其作为国家出资人无关,因为也有一些财政部官员到私有金融机构任职。

二是"中央银行—金融企业"模式。目前世界上只有印度和俄罗斯等极少数国家采取这种模式,中央银行既指定货币政策,又拥有国有金融资产的所有权。这种模式和银行改革之前中国的情况差不多,是特定历史条件下的产物。

2. 双层次委托—代理模式:"财政部—控股公司—金融企业"模式

所谓双层次委托—代理模式,即在作为全民代理人的政府和作为微观主体的金融企业之间设立一个类似金融控股公司的机构,履行国有金融资本出资人职能。该公司在法律上大多全资附属于政府机构,对于下属企业一般不存在直接干预,但可以对企业进行多方面的监督和管理。匈牙利、新加坡和韩国等国采取这种模式,其中新加坡的淡马锡模式很有特点。

新加坡国有资产管理的三层结构是:第一层次,设在财政部内的财长公司是国有资产所有者的最高代表机构,财长公司通过董事任命委员会,具体履行所有者职能,董事任命委员会由各部的部长和专家组成,财政部部长任主席;第二层次,淡马锡控股公司是财长公司下辖三大控股公司之一;第三层次,淡马锡控股公司通过独资、控股和参股形式形成对金融企业的持股关系。在财政部和淡马锡公司这一层关系上,为了体现所有者意志,董事任命委员会牢牢控制住公司的人事权,但不干预控股公司的日常经营活动。淡马锡公司在投资决策、资金使用等方面享有完全的自主权,不受财政部约束,但承担国有资产保值增值责任,它每半年要向财政部递交一份有关下属子公司经营状况的报告,财政部部长每两年则要到各公司视察一次。在淡马锡公司和其控股企业这一层关系上,除非重大问题,淡马锡公司从不干预控股公司的日常经营活动,它对控股公司的管理和控制,都是基于产权关系的,根据新加坡的法律,淡马锡公司不能直接从事金融业务,但是可以参股和控股相关的金融企业。

模式的选择由国家政治体制、经济体制乃至社会习惯等多方面原因决定,很难讲哪种实现模式更优。

（二）国有金融资产管理的共性经验及启示

1. 政府持有国有金融资产的目的是维护金融稳定

2008年国际金融危机爆发后,西方发达国家纷纷采取国有化措施,美国不惜背离其主张的市场原教旨主义,政府直接插手改变金融机构的股权结构。国有金融机构的优势在于发生危机之际可以起到稳定作用,因为政府愿意而且有能力向国有机构提供财务支持,国有金融机构可以免于因挤兑而破产,避免金融危机的进一步扩散。

2. 国有金融资产出资人明确

从国外做法来看,无论是由财政部直接行使出资人职责,还是由中央银行行使出资人职责,又或者是政府部门通过控股公司来行使出资人职责,国有金融资产出资人职责均是由一个机构来行使。

3. 按市场化原则运作

新加坡淡马锡公司是市场化运作较成功的范例。其运作模式的根本特点在于,它建立了一个国有资产企业化运营的平台,通过合理有效的法人治理结构积极参与其独资、控股企业的治理,较好地实现了所有者与经营者的分离。

4. 国有金融资产管理体制应符合本国经济社会发展需要

国有金融资产和国有非金融资产实行分类管理的做法,能够较好地解决金融资源,尤其是信贷定向集中配置的问题。

（三）中国组建金融国资委可供选择的模式

目前国内理论界和实际工作部门提出我国的国有金融资产出资人模式有三种:第一,由政府部门所有,如财政部或者中国人民银行;第二,设立专门的委员会,如单独设立国有金融资产管理委员会;第三,笔者提出的"双层次委托—代理模式"。

1. 第一种模式:政府部门所有

这种方案的优点在于国外有成功的先例,并且国家部委有相关的资产管理人才,但缺点是混淆了政府部门的公共管理职能和出资人职能,不利于政资分开;不符合党的十六届三中全会通过的《中共中央关于完善社会主义市场经济体制若干问题的决定》所要求的"坚持政府公共管理职能与国有资产出资人职能分开"。一旦出现金融风险,国家部委处理金融机构时会产生对不同所有制之间的公平对待问题。

下面分别分析国资委、金融监管部门、央行和财政部履行出资人职能四种可能的方案。第一种方案:国资委能否接管国有金融资产? 国资委如果接管国有金融资产,就会使债权人和债务人"角色重置"。我国国有银行与国有企业之间有一种特殊的联系:国有银行在很大程度上是国有企业的资金提供者。因为金融机构(主要是银行)在很大程度上是国有企业的债权人。将国有金融资产划归国资委,债权人和债务人在某种意义上合为一体,这样会增加利益冲突。第二种方案:能否将国有金融资产纳入金融监管部门? 将国有金融资产纳入银监会管理就有了集"裁判员和球员"于一身的尴尬。金融监管部门是金融行业"游戏规则"的制定者,如果将监管者与所有者身份合二为一,将导致"利益关联",而从根本上损害金融监管的有效性。第三种方案:能否将国有金融资产纳入央行管理? 证监会、保监会、银监会的成立就是为了保证央行货币政策的独立性。从央行的独立性来看,我国目前还有很大的差距,央行只能放弃监管的职能而专注于货币政策职能。一旦央行重新负责国有金融资产,不但会影响货币政策的执行,而且有走回头路的嫌疑。第四种方案:能否将国有金融资产纳入财政部管理? 发达国家国有资产的存在也是为了履行社会公共职能,所以国有企业存在符合政府履行公共财政职能的需要。但是中国国有资产保值、增值的目标和公共财政的目标是有冲突的。如果财政部作为国有金融资产的出资人,会导致公共财政体制和国有金融资产保值增值目标的冲突。1998 年成立的归口财政部管理的国有资产管理模式的失败,说明目前条件下财政部不适合直接管理国有资产。

2. 第二种模式:专门的国有金融资产管理机构所有

这种模式优于第一种模式,避免了公共管理职能和出资人职能之间的交叉,但是国资委的实践证明这种模式也存在问题。第一,世界上没有金融国资委的先例,无法从实践中证明这种机构会有积极效果;第二,金融国有资产只有整个国有资产的十分之一,单设不符合机构精简的原则;金融国资委可能成为金融企业的新婆婆,加上银监会,金融机构比一般国有企业还多了一个监管部门的监管,企业活力有可能丧失;成立专门的金融国资委还会多一家涉及金融风险协调机制的部门,协调的难度加大,最终可能是增加国务院的工作量;第三,国资委并没有完全解决选择管理者的权利,仍然有53家国有企业的负责人由中组部任命。金融机构资产规模庞大,其主要负责人的任命权不大可能旁落给金融国资委;相反,如果独立的金融国资委真正统一职权,那么会权力过大,导致金融资产具有实际上的部门所有属性,强化国家对金融的垄断。经验表明,国资委目前就有这样的趋势,袒护国有企业利益而损害社会公众利益;在中东欧转轨国家也出现了国有资产管理公司阻碍企业重组的情况。

3.第三种模式:双层次委托—代理模式:"金融国资委—金融控股公司—金融企业"模式

综合比较了国际上三种国有金融资产管理体制以及我国相应的国情之后,笔者提出采取双层次委托—代理模式:即"金融国资委—金融控股公司—金融企业"这种管理体制有一定的优势。在这种模式下,我国国有金融资产产权特征具体表现为:一是公有性,产权归全民所有,由国家(政府)代表全民行使所有者权利;二是组织性,产权所有者代表是政府,具有非人格化、组织化和行政化特征;三是产权权利的归属既分散又集中,国有金融资产产权因其公共性特征,产权权利归属是分散的,但又因此由某一具体组织代为行使权利而使产权高度集中。国有金融企业直接经营国有金融资产,拥有资产的经营权,具有剩余决定权;国有金融资产出资人代表通过间接管理国有金融资产实现其权利,包括对国有金融资产的处分权、收益权和监督权。

第四章 危机中全球价值链大变局与中国产能全球布局

　　自 20 世纪 90 年代以来,世界经济逐渐形成了"消费国→生产国→资源国"全球价值链贸易模式,在这种模式下,全球市场联动性达 70%—80%,全球实体经济联动性达 60%,为全球经济增长作出了巨大贡献。在这价值链中,消费国、生产国和资源国同为三个重要主体,已经形成了"你中有我,我中有你"的依存关系。危机中,世界多边贸易体系遭受到挑战,对我国产业链和供应链的影响是多方面的。针对发达国家凭借跨国公司对全球产业价值链和供应链的控制权,中国只有努力形成有利于中国的国际分工体系,才能全面提高核心竞争力。在全球范围内开展价值链整合中,中国可以借鉴美国和日本的模式探索产业国际转移模式。对于新产业的发展,要从德国"工业 4.0"中吸收有益经验,不断推动中德合作;要从建设"四张网"的角度发展新能源产业;要从创新投融资体系的维度推动军民融合;在"一带一路"建设中,既要找好与东道国产能合作切入点,又要有效管控金融风险。

一、产能国际转移的两种模式及借鉴

　　习近平总书记在一系列重要讲话中,多次提到通过"丝绸之路经济带"将国内产能有序向境外转移。这实际上为我国产业结构调整指明了方向,即在全球化时代,我国产业结构调整要考虑到中国的产业与世界经济联系。工业革命以来,日美等发达国家在产能国际转移方面形成了两种理论,基于此,国际产能转移形成了两种模式——美国"比较优势产业"转移模式和日本"边际产业"转移模式。从这两种模式中,中国可探索出两条产能转移的路径。

(一) 两种模式:美国"比较优势产业"和日本"边际产业"转移模式

工业革命以来,世界经历五次产能转移,基于产品生命周期理论和边际产业扩张理论,形成了两种不同的产业转移模式。

1. 产品生命周期理论与美国"比较优势产业"转移模式

美国雷蒙德·弗农的产品生命周期理论认为,一种产品与有生命的物体一样,具有诞生、发展、衰亡的生命周期。他把产品发展分为三个阶段:新产品阶段、成熟产品阶段、标准化产品阶段。[①] 他认为先进国家(发达国家)与后起国家(发展中国家)之间的技术差距及各自的自然资源禀赋不同决定了国际贸易的发生。基于这一理论指导,从 20 世纪 50 年代以来,美国产业转移按"垄断→仿制→竞争替代→进口"四个阶段演进。这种新产品的生产、出口通常由美国→加拿大、西欧、日本→有一定工业基础的新兴工业化国家(如亚洲"四小龙")→发展中国家。在这种模式下,世界被分为两种类型的国家:一种是具有持续技术创新能力的发达国家;一种是没有技术创新能力的发展中国家。每种产品在其产品生命周期的不同阶段依次在这两种类型的国家生产并推动国际贸易发展。

2. 边际产业扩张理论与日本"边际产业"转移模式

日本产业国际转移,走出了不同于其他资本主义国家的所谓"日本式道路"。日本式对外产业转移是基于小岛清的边际产业扩张理论指导。该理论认为,对外直接投资应该从本国(投资国)已经处于或趋于比较劣势的产业(又称边际产业)依次进行。在区位选择上,应选择在国际分工中处于更低阶梯的国家或地区。该理论积极主张日本向发展中国家直接投资,并要随比较成本变化,从差距小、容易转移的技术开始,按序进行。正是基于这一理论指导,第二次世界大战后日本通过三次产业大规

---

① Raymond Vemon,"International Investment and International Trade in the Product Cycle", *Quarterly Journal of Economics*,May,1966.

模梯度转移,依次把成熟了的或具有潜在比较劣势的产业转移到亚洲"四小龙",东盟诸国及中国东部沿海地区,形成了以日本为"领头雁"的产业链和贸易圈,在转移了贸易冲突的同时,也塑造了"海外日本"。

3.日本和美国产业国际转移的不同特点

美国产业转移是为了获得垄断利润和占领世界市场,日本式产业转移是为了获得自然资源和寻求低成本劳动力。具体来说,二者不同之处表现在四个方面:一是选择的产业不同。"日本式"产业转移是从本国的"边际产业"开始依次进行。这些"边际产业"虽然在本国内已经或即将丧失比较优势,但在东道国却具有显在或潜在比较优势。"美国式"产业转移是从"比较优势产业"开始的,即从汽车、电子计算机、化学产品、医药产品等垄断性的新产品开始的,这种对外直接投资是逆国际分工的,虽然充满着机遇和风险,但却保持本国具有持续技术创新的能力。二是产业转移主体不同。"日本式"产业转移主体,主要是中小型企业,这是因为,与大型企业相比,中小型企业竞争力较弱,更容易成为"边际产业",为了生存,只能向海外进行投资以利用国外廉价资源来降低成本。"美国式"产业转移的主体一般是大型跨国公司。美国是将先进的尖端增长性企业向海外输出,是垄断企业发挥各种技术、资金、规模等垄断优势而进行对外扩张。三是经营方式不同。市场型投资分为两类:一类是因东道国贸易壁垒和摩擦引致的对外直接投资,另一类是寡头垄断的对外直接投资。日本的直接投资则属前一类投资,美国的直接投资则属后一类投资。日本产业转移多采用合资方式进行。而美国大型跨国公司为了维持垄断优势、防止泄密,往往采取独资方式。

(二)"中国式"产业转移模式的两种选择

"走出去"是消化我国过剩产能的必然选择,中国产能海外拓展可走低端道路和高端道路两种模式。

1.低端道路:通过"边际产业"向发展中国家转移,以获得资源、合理避税、消化过剩产能和转移碳排放

一是将边际生产成本已恶化的产业转移到东南亚、非洲、南美、东欧

等国家,以消化过剩产能。现阶段,我们应该把在国际分工中处于更低阶梯的发展中国家作为中国"边际产业"转移的重点区域。钢铁、水泥、电解铝、平板玻璃、焦炭等产业已处于边际生产成本恶化,对我们是负担,但对周边国家和其他发展中国家则是财富。我国"边际产业"相对起步较早、规模较大、技术较好、成本较低,选择东南亚、非洲、南美、东欧等国家投资,既有利于东道国解决国内需求和就业问题,同时也能实现我国产业的外部延伸,促进我国产业结构的调整与升级。

二是将出口依赖度较高的外贸产业向那些拥有出口免税区的国家转移,以合理避税和转移碳排放。我国纺织、服装鞋帽、通信设备、计算机、化学工业等产业,对出口的需求依赖度高。这些产品,在国内生产,出口到国外,消耗的是国内资源,污染的是国内环境,从资源与环境压力考虑,应该将这类企业转移出去。目前洪都拉斯、摩洛哥、多哥、马达加斯加等国家拥有出口免税区,中国将外贸加工产业转移到这些国家,一方面,可帮助这些国家加快工业化进程,完成资本原始积累;另一方面,中国可以合理避税,转移碳排放。

2. 高端道路:通过"比较优势产业"向欧美发达国家扩散,以获得技术、销售网络、规避"双反"和主权财富保值增值

一是中国"比较优势产业"投资发达国家实业,以获得全球销售网络。我国"比较优势产业"主要有两大类:一是我国具有的一些传统优势的产业,如中医中药、古典园林、传统食品等领域,这些都是我国专有的,任何国家都无法仿制、仿造。二是已具有世界知名品牌的产业,如在世界品牌百强已入选的 23 个品牌(CCTV、中国移动、工商银行、国家电网、海尔、联想、五粮液、中石化、鞍山钢铁等)。这些产业能够基于产品优势在发达国家市场上竞争。从国际环境看,目前欧盟应该是中国"比较优势产业""走出去"的最佳选择。与美国和澳大利亚相比,欧盟拥有先进技术、熟练劳动力、法律环境透明度较高的稳定投资环境,中国公司很少遇到审批麻烦。

二是通过委外加工、国外办厂的方式,规避"双反"压力。为规避"双反",国内企业更是要向海外进行产业布局,通过委外加工、国外办厂的方式,应对来自贸易壁垒的挑战。如澳大利亚就是我国光伏过剩产能转移的出处。由于澳洲没有光伏生产企业,中国企业不会面临与澳本土企业竞争的问题,不会产生类似欧美"双反"的贸易摩擦。

二、通过产业国际转移化解我国过剩产能

现阶段,要消化过剩产能,关键是要为现有庞大生产能力找到与之相适应的需求。产业国际转移是生产要素在全球范围内的重新配置,在全球化背景下,通过产业国际转移是消化我国过剩产能的有效治理路径。

(一) 通过产业国际转移是发达国家消化过剩产能的共性规律

产能过剩和产业升级是所有制造业大国都面临的共性难题。工业革命以来,世界经历四次大的产业转移,这也是发达国家四次产业升级与消化过剩产能的过程。

在第一次产业国际转移(18世纪末至19世纪上半叶)中,英国将200个造铁厂,年产铁约3万吨的钢铁产业转移到北美。随着产业转移,英国传统产业占GDP比重不断下降,产业结构实现了从工业化向非工业化转变,尤其是金融业得到极大发展。在第二次产业国际转移(20世纪50年代)中,美国将钢铁、纺织等传统产业,向当时落后的日本、西德等国转移,国内产业顺利向半导体、通信、电子计算机等新兴技术密集型产业升级。在第三次产业国际转移(20世纪60—70年代)中,日本和西德通过两次产业大规模转移,国内产业实现两轮"废旧建新"重构。在第一轮"废旧建新"中,日本和西德把劳动密集型产业尤其是轻纺工业大量向亚洲"四小龙"转移,集中力量发展钢铁、化工和汽车等资本密集型产业以及电子、航空航天和生物医疗等技术密集型产业;在第二轮"废旧建新"中,日本和西德将能耗高、原料需求量大、污染环境的"重、厚、长、大"的部分资本密集型产业转移到发展中国家去,国内集中力量发展微电子、新能源、新材料等高附加值、低能耗的技术密集型和知识密集型产业。在第

四次产业国际转移(20世纪80—90年代)中,美国、日本和欧洲发达国家把劳动、资本密集型产业和部分低附加值的技术密集型产业转移到亚洲新兴经济体,本国大力发展新材料、新能源等高新技术产业,实现了产业结构向高技术化、信息化和服务化方向演进。

这四次产业国际转移的共性特点是:一是发达国家将"边际产业"即那些已经处于或趋于比较劣势的产业转移到发展中国家。通过产业转移,发达国家在转移了贸易和污染的同时,国内生产要素集中到新的主导产业,不断地推动了产业升级转型。二是产业"梯度转移":在区域上,产业往往是按发达国家→次发达国家→发展中国家方向转移,每次国际产业转移,全球主导产业在世界各国间的转移与传递速度在不断加快。在产业层次上,往往是按劳动密集型产业→资本密集型产业→技术密集型产业方向转移。具体表现为:首先从纺织等劳动密集型产业开始转移,随后逐渐转向钢铁、石化、冶金等资本密集型产业,然后是向电子、通信等一些较低层次的技术密集型产业转移。

(二) 我国产业国际转移要选择四类国家和地区

我国企业的主要比较优势是适用技术、中等技术和某些进入成熟期的产品。这些技术和产品在发达国家一般不具备优势,但在发展中国家有相对优势。因此,在产业转移的区域选择上,应该大力拓展欧美日之外的国际市场空间,以发展中国家作为产业转移的重点。具体可通过以下四种方式实现。

1."边际产业转移型"区位选择

现阶段,要以"边际生产成本"为原则,转移那些处于边际生产成本恶化的加工贸易行业和劳动密集型产业。主要涉及机电行业和轻工服装业,对外直接投资的最佳区位选择应该是东南亚、非洲、南美等发展中国家以及东欧、中亚等部分国家和地区。从距离上看,东南亚各国和我国比较接近,运输成本较低。东南亚已经形成了东盟自由贸易区,未来还将和中国、日本、韩国形成"10+3"或者"10+1"的自由贸易区,货物、人力和技术流动障碍将越来越小,这对承接制造业转移非常有利。非洲、南美、东欧、中亚等部分国家和地区也面临着发展经济、资金短缺和解决国内就业困难,而我国"边际产业"相对起步较早、规模较大、技术较好、成本较低,选择上述投资区位既有利于东道国解决国内需求和就业问题,加快东道国产业结构和技术结构升级;同时也能实现我国产业外部延伸,增强产业竞争优势,促进我国产业结构调整与升级,实现双赢。

2."市场寻求型"区位选择

通过与国际上有市场需求的国家产业合作,转移过剩产能。一些行业如钢铁、水泥、电解铝、船舶制造等,尽管产能在国内是负担,但像泰国、马来西亚、印度尼西亚、越南等东盟国正处于经济发展期,在城市和交通基础设施建设方面有较大需求。又如澳大利亚就是我国光伏过剩产能转移出处,由于澳洲没有光伏生产企业,我国企业不会面临与澳本土企业竞争,不会产生类似欧美"双反"的贸易摩擦。

3."避开贸易壁垒型"区位选择

将出口依赖度较高的产业向那些拥有出口免税区的国家转移。我国纺织、服装鞋帽、通信设备、计算机、化学工业等产业,对出口需求依赖度高。这些产品,在国内生产,出口到国外,消耗的是国内资源,污染的是国内环境,从资源与环境压力考虑,应该将这类企业转移出去。目前洪都拉斯、摩洛哥、多哥、马达加斯加等国家拥有出口免税区,我国将外贸加工产业转移到这些国家,可以实现"双赢"——既可帮助这些国家加快工业化进程,完成资本原始积累,我国也可利用外部资源,"借鸡生蛋"。

4."资源寻求型"区位选择

通过与资源型国家合资合作,构建外部战略资源、能源稳定供给体系。能源方面,中亚应重点选择俄罗斯、哈萨克斯坦为主,中东以伊朗为主,拉美以委内瑞拉为主。矿产资源方面,应选择印度尼西亚、越南的锡矿,南非的黄金、铂金、钒,澳大利亚的铁、铝、镍,拉美一些国家如巴西的铁矿、秘鲁和智利的铜矿等。林业资源方面,应重点选择菲律宾、马来西亚、印度尼西亚等东南亚国家,澳洲的新西兰,非洲赤道几内亚、刚果、利比里亚等。渔业资源方面,应重点选择渔业资源比较丰富的一些临海国家,如东南亚、南太平洋和西非国家。

（三）我国产业国际转移可探索的五种方式

1. 通过海外投资，与非洲、拉美等地建立产业垂直分工体系，以带动我国技术和设备出口

与发达国家跨国公司相比，非洲、拉美等地对我国制造业高端耐用消费品、机械设备、高端机床、数字化通信产品有相当大的需求。我国的设备和技术也普遍适应当地经济结构和技术水平，更具比较优势。对新兴市场增加投资不仅是转移国内过剩产能和避开贸易壁垒的有效途径，也符合国家发展战略布局。

2. 实施"中国式马歇尔计划"，以商品输出方式对外援助，以消化过剩产能

我国应借鉴当年美国的马歇尔计划。1948年美国通过《马歇尔计划》锁定了欧洲后续采购方向，欧洲大量进口来自美国的工业品和原料，不仅及时消化了当时美国的过剩产能，而且刺激了美国工业生产和对外贸易，为保持战后美国经济繁荣发挥了积极作用。建议我国用一定数量外汇储备，援助发展中国家的基础设施建设，从而带动国内劳动力及多种生活资料、生产资料出口。这种援助计划以国家信用为主，通过市场机制进行协调，需要动用国家政治、外交、军事、文化等诸方面资源投入来减少受援国不还债或无力还债风险。

3. 如果是信贷援助，应设立"定向采购"绑定方案

2008年国际金融危机以来，根据联合国和国际货币基金组织统计，发达国家对发展中国家投资下降25%。这些发展中国家得不到传统的资金援助，对我国期待巨大。可将这些援助，设计一个"定向采购"绑定方案，即规定信贷援助的60%用于制造业的投资，而这些商品来源必须向我国采购。这样就能使我国产能输送到境外去，一定程度上解决国内产能过剩问题。

4. 通过发行人民币计价的债券，将国内过剩产能转化为国家债权

非洲拥有丰富资源，但缺乏连接沿海及内陆地区的公路网等基础设施,成为吸引投资和经济发展的障碍。我国可尝试允许非洲国家在境内发行以人民币计价的"工业振兴"债券、"共享发展计划"债券、"基础设施援建"债券等,支持我国制造业企业在非洲、拉美或中东等地从事制造业和基础设施等方面的建设,对方以人民币偿还,也可以以我国所需要的资源勘采权益等方式作为对建设投资的偿还,这样不但对我国制造业全球布局有所促进,也可间接推动人民币跨境结算和人民币国际化进程。

5.通过对外承包工程方式消化过剩产能

目前,发展中国家普遍希望发展基础设施、农业和制造业等对本国经济发展具有"造血"功能的领域。对外承包工程既可带动国内过剩产能转移,又可为发展中国家工业化和产业升级提供基础。通过对交通、电力等特定基础设施项目的投资,强化自身在东道国影响,可形成与发展中国家在紧缺物资和战略性资源开发方面的"一揽子"合作。据统计,对外承包工程营业额每增加 1 美元,可增加国内生产总值 4.92 美元。事实上,在这一方面,我国企业早已有诸多成功经验。

三、德国"工业 4.0"对中国启示及中德合作前景[①]

2008 年国际金融危机后,德国为了确保制造业的未来,"工业 4.0"成为战略选择。为了学习德国的先进经验,国家行政学院组织专家学者赴德国的波恩、帕德博恩、波茨坦、柏林等地进行考察。拜访了德国劳动保护研究所(IFA)、OWL 智能制造高端联盟,参观了西门子、思爱普(SAP)等大型跨国公司。课题组认真分析了德国"工业 4.0"的核心与本质、对中国启迪意义及中德合作前景。

(一) 德国"工业 4.0"核心是什么

德国工业对其 GDP 的贡献占 1/4,如果加上与工业相关的服务业,

---

① 本部分由国家行政学院《世界主要国家新一轮工业革命本质特征及主要路径》课题组参与写作,成员包括董小君、王茹、蔡和平、何哲、尹艳红、李志明,在此表示感谢。

则达 1/3,制造业一直是其立国之本。德国"工业 4.0"从一开始就有明确目标——通过变革制造业成为全球制造业的最强者。

那么,德国"工业 4.0"是如何变革制造业的呢? 德国产业界认为,德国"工业 4.0"的核心,就是"智能+网络化",即通过虚拟—实体系统(Cyber-Physical System,CPS),构建智能工厂,实现智能制造的目的。进一步分析,德国要通过智能制造,推动全球制造业范式的变革,解决"财富与问题"并存的难题。工业化社会以来,制造业经历了三次革命,无论是"1.0""2.0"工业革命,还是"3.0"工业革命,在带来财富增长的同时,又带来成本提高、环境污染等一系列问题。而"4.0"工业革命则利用信息通信技术把产品、机器、资源和人有机结合在一起,通过"物与物互联、人与物互联、人与产品互联、人与环境互联",解决这个难题。

在物与物的关系上,通过技术创新实现"物与物互联"。在调研中,课题组发现,德国目前拥有全球领先的信息物理系统,基于 CPS,德国采用"双重战略"来增强德国制造业的竞争力。一是"领先的供应商战略",将先进的技术、完善的解决方案与传统的生产技术相结合,生产出具备"智能"与乐于"交流"的生产设备,实现"德国制造"质的飞跃。二是"领先的市场战略",强调整个德国国内制造业市场的有效整合。构建遍布德国不同地区、涉及所有行业、涵盖各类大、中、小企业的高速互联网络是实现这一战略的关键。在思爱普公司调研的时候,他们举了个对物联网运用的例子:SAP 通过建立完整的数据平台和核心算法体系,利用物联网重新构建业务模式、业务流程以及快速的业务决策。据高德纳(Gartner)咨询公司预计,至 2020 年德国企业加入物联网的终端设备是 2009 年的 30 倍。

在人与产品的关系上,通过商业模式创新实现"人与产品互联"。"工业 4.0"时代,客户定制化需求正带动企业进行新的供应链重构。其实,"大规模定制"在"工业 3.0"时代已经普及,那么"工业 4.0"时代的大规模定制与"工业 3.0"时代有何区别? 据德国专家介绍,"工业 3.0"时代的大规模定制,生产线布局基本固定,一般以流水线为主,一旦一个工序出现问题,就会影响整个生产线。企业由于受制于技术,给客户提供定制化产品的成本相对较高。而"工业 4.0"时代的大规模定制,彻底打破刚性流水线,通过柔性生产线的建立,实现动态、实时优化的生产,而互联网技术大大降低了"定制化"服务成本。德国历史最悠久的汽车制造商奥迪是这样诠释智能产品的:未来客户对汽车产品有了更大的选择空间,可根据体型、身高、胖瘦定制座椅,再去完成生产。

在人与机器的关系上,通过提升人的嵌入,实现"人与物互联"。在"工业4.0"背景下,如何在高人力成本下保持竞争优势?究竟是人决定技术还是技术决定人?德国与美国的理念有很大的不同,德国"工业4.0"始终把人放在制造业升级的核心位置,主张"人机充分融合"。为此,2015年4月,联邦劳动和社会保障部发布了《劳动4.0绿皮书》,明确提出"劳动4.0"概念。2016年年底将发布《劳动4.0白皮书》。在此框架下德国政府充分考虑"工业4.0"对就业的影响。在德国法定工伤保险总会劳动保护研究所(IFA),技术人员向课题组展示了模拟人机协作生产中可能产生的风险。为了保护劳动者,越来越多的工厂开始使用"我的生产平板电脑"(Iproduction Pad)作为增强型辅助设备,按照不同情形给人提供相应信息和辅助系统。

在机器与环境关系上,通过制造方式的变革,实现"人与环境互联"。在实施"工业4.0"中,德国特别强调对环境安全的保障和对资源利用效率的提高,努力实现"绿色制造"。近年来,德国光电系统公司(EOS)、森克普激光打印公司(Cencept Laser)、选择性激光熔融技术公司(SLM Solutions)等,在增材制造技术(俗称3D打印)与设备方面取得长足发展。增材制造的出现会颠覆传统制造业。通过对生产过程的智能控制,可以实现生产的最优决策和成本的最小化,提高资源和能源的生产率,实现清洁、可持续的绿色生产。

(二) 德国"工业4.0"对中国有什么启迪意义

中国要实现高质量发展的目标,要充分借鉴德国"工业4.0"的经验。通过考察,课题组认为德国"工业4.0"对中国有以下启迪意义。

1. 普及"工业3.0"是实现"工业4.0"的前提条件

德国制造的精细化、标准化、自动化是其发展"工业4.0"的重要基础,智能化、信息化、个性化制造是在已经广泛普及"工业3.0"的前提下追求的下一步目标。我国虽然已经是全球第一制造业大国,但工业化进程的起步较晚,国产数控化装备的加工精度、质量稳定性与国外先进水平仍有差距,需要对"工业2.0"和"工业3.0"进行补课。因此,我国在紧盯制造业技术和产业前沿的同时,应更加重视夯实基础,弥补技术短板,尽快实现"工业3.0"的高水平全面普及,制造业转型升级必须"高中低结合",避免盲目追求高端而全盘放弃已经在中低端制造业形成的完整产业链和广大消费市场。

2. 大中小企业"协同发展"是产业整体升级的关键

德国制造之所以能保持在全球的竞争力,还在于在推动制造业升级过程中,不断进行组织创新,从生产流程管理、企业业务管理到产品生命周期管理中,大中小企业形成"协同制造模式"(Collaborative Manufacturing Model,CMM)。据OWL智能制造高端联盟介绍,德国在推动制造业升级战略中,注重吸引中小企业的参与,希望它们不仅成为"智能生产"的使用者和受益者,也能化身为"智能生产"设备的创造者和供应者,实现产业结构整体升级。我国制造业升级过程中,要提高创新资源对中小企业的开放程度,构建"共享型"产业组织平台,以促进中小企业内生创新能力的提升。国有大企业在引领技术创新、更新行业标准等方面发挥主导作用的同时,各类智能互联制造平台要将中小企业整合到新的价值网络中,实现大中小企业协调互动、开放共享、合作共赢。

3. 建立产学研用联合模式,是建立创新型国家的根本保证

在推动"工业4.0"时,德国非常注重横向联合。德国"工业4.0"是由德国工程院、弗劳恩霍夫协会、西门子公司等联合发起的,工作组成员也是由产学研用多方代表组成的。政府、企业界、科研、产业协会、工会等是合作伙伴关系。如OWL智能制造高端联盟就融合了180家企业、高校、研究机构、技术转让等机构。我国应该充分吸收和借鉴德国产学研用联合模式,针对不同类型自发的产学研合作网络或产业研发联盟,充分调动各方资源和力量,共同推进技术研发和应用推广。

4. 全面提升劳动者技能，推动制造业与劳动力"双转型"，是制造业转型升级的核心理念

德国"工业4.0"始终以人的安全与适应为核心，并将人作为产业链延伸的基础和归宿。中国制造业在转型升级中，也要注重人与机器的充分融合，不能只看到"机器换人"带来劳动生产率提高的一面，更要看到对就业的影响。建议政府要根据人才需求结构改变的特点，实施"全民技能提升储备计划"，努力解决劳动者的劳动岗位、就业环境、技能提升、劳动安全等重要问题，推动制造业与劳动力"双转型"。

（三）中德"工业4.0"在哪些领域可以合作

调研中，德方专家对加强与中国的合作满怀希望。他们认为中国是世界第一制造业大国，具有全球门类最完备的工业体系，《中国制造2025》与德国"工业4.0"内容互补，在标准、安全、领域等方面具有广泛的合作前景。建议中德可探索以下三个领域的合作：

一是加强在"工业4.0"共同标准制定方面的合作。德国是世界工业标准化的发源地，约有2/3的国际机械制造标准来自德国标准化学会（DIN）。为了争夺制造业话语权和"产业价值链主导权"，标准化成为必争环节。标准化是中国的短板，需要加强与德国的合作。

二是加强在网络安全方面的合作。中国是世界上受黑客攻击、病毒入侵次数最多、频率最高的国家之一。数据和网络安全是中德"工业4.0"合作需要安排的基础性事项，两国首先必须相互保证不危害对方的网络与数据安全，共同抵御来自第三方对双方联网数据安全的危害，尤其是共同对抗美国互联网霸权。

三是加强在工业基础设施方面的合作。在推进"工业4.0"所涉及的信息与通信基础建设、工程机械制造等领域，中德各具优势。中国在信息与通信技术上具有一定优势，中国可以为中德"工业4.0"合作构建综合的工业宽带基础设施，以保证数据传输的高速、稳定与可靠。德国拥有世界一流的机器设备和装备制造业，尤其在嵌入式系统和自动化工程领域处于领军地位，德国可以在技术创新体系、质量认证体系、技术人才培养等方面,弥补中国的短板,提高中国的技术含量。

四、我国新能源产业重在"四张网"建设

当前,全球正在推动新能源变革,新一代能源体系应具备经济高效、能源替代、兼容利用和互动运转等特点。这具体体现在能源对内利用体系、对外利用体系、运转体系和效率体系"四张网"的建设之中。

(一)要对国内能源"吃光用尽",以分布式能源网络再造能源对内利用体系

自20世纪70年代石油危机以来,美国、欧洲和日本就逐步发展和普及分布式能源系统,使小型、分散、有效、清洁的可再生能源得到充分利用,而且使发展可再生能源与农村经济发展、与边远地区经济发展联系起来。目前北欧国家通过分布式能源系统的发电量份额已超过30%—50%。美国也表示如果不是特殊需要不再建设大型供电设施,预计到2020年美国分布式能源系统的发电量份额将达到25%。

在欧美基本不再建设大型电源设施时,我国却将眼光更多放在能源集中生产上。2011年国家能源局明确提出分布式能源系统发展的具体目标,但实际发展仍然缓慢。

(二)要对全球能源"充分利用",以洲际兼容网络再造能源对外利用体系

世界各地能源分布是不平衡的,中国如何最大限度地利用全球能源,完全取决于洲际能源兼容网络的建设。洲际能源兼容网络是将广域电力输送网络同智能电网结合起来的能源网络,它通过不同能源之间以及生产端和消费端之间的互动,有效地解决能源稳定性和不平衡问题。目前北美已经实现了标准统一、互联互通、自动控制、供气安全的区域输配网络;欧洲也建立了广域能源网络即洲际兼容网络。

（三）要实现能源"双向互动"，以智能能源网络再造能源运转体系

智能能源网，亦称互动能源网，是指利用先进的技术对传统能源的流程架构体系进行革新改造，建构新型能源生产、消费的交互体系，从而达到不同能源网架间的智能交换，为消费者提供更好的减少能源消耗的路径，降低温室气体排放。中国的传统能源网络有两个缺陷：一是不同能源之间不能互动；二是生产端与消费端之间不能互动。正是由于缺乏互动电网系统，我国才经常出现区域性、季节性的"气荒""电荒"等短缺现象。如果不同能源之间、生产端与消费端之间能发生"双向互动"，就不会发生这样的情况。

（四）要修建能源"高速公路"，以超导电网再造能源效率体系

世界银行预测，2020 年，高温超导电缆将取代 80% 的城市传统地下电缆，世界市场超导电缆销售额将达 300 亿美元。我国进行能源效率体系的革命，也就是要修建能源"高速公路"。这是解决一个国家或地区大容量、低损耗输电的最佳途径。比如从内蒙古到上海通过传统输电方式输电至少需要 500 千伏的电压，如果通过超导电缆则仅需要用 220 伏的电压输送即可。2011 年 5 月，我国首座超导变电站在甘肃省白银市建成并安全运行，这也是世界首座超导变电站，标志着我国超导电力技术取得重大突破，填补了国内超导电力产业的空白。

五、军民融合需要创新投融资体系

在党的十九大报告中，习近平总书记强调指出，"更加注重军民融合，实现党在新时代的强军目标"。同时还指出，军民融合需要"加快建立军民融合创新体系"。[①] 其中，创新投融资体系，探索多元化金融服务，至关重要。

---

① 本书编写组：《党的十九大报告辅导读本》，人民出版社 2017 年版。

（一）军民融合融资模式：从以财以政为主到多元化金融服务转型

军民融合是军事能力与经济发展能力相融合，是国防战略和经济发展战略融为一体。主要表现为构建军民统一的科技基础、工业基础、人才基础、设施基础。受长期计划经济体制的影响，我国军工企业没有能力利用市场方式筹集资金。即便是以市场融资方式参与军民融合的军工企业，也多为军工集团下属子公司，大多将民品资产打包上市，上市规模较小，核心武器装备生产资金无法从市场上获取，仍依靠国家有限的投资。虽然 2012 年 7 月，国防科工局和总装备部联合印发了《关于鼓励和引导民间资本进入国防科技工业领域的实施意见》，但在实践中，私人资本等非公有制经济进入军工领域，需要经过国防工业管理部门、军队装备部门审批，程序复杂、进入壁垒高。政府财政投入比例较大，资金来源主体并未真正实现多元化。近年来，我国国民经济增速和全国财政收入增速进入"由高速向中高速转轨"的新常态时期，而国防费用支出增速明显高于国民经济增速和全国财政收入增速。换言之，在今后一段时期内，我国同样面临大多数国家的财力约束问题。

推动财政主导融资向多元化金融创新服务体系转型是加快"军转民、民参军"进程的"经济助推器"，也是孕育我国经济新增长点和新发展动能的绝佳"沃土"。当前，我国处于供给侧结构性改革的"攻坚期"，军民融合将为我国经济发展和国防建设转型提供动力和方向。现阶段经济中出现脱实向虚等现象，本质上是源自"资产荒"，即没有好的投资项目，特别是由实体经济带动的能够产生经济效益的增长点。如何通过构建多元化金融创新服务体系，促进军民融合，将金融力量转换为国防力量和经济增长力量，是我国未来百年大计。

多元化金融创新服务体系是支撑国防战略和经济发展战略的重要基石。军民融合资金支持体系转型顺利与否，不但涉及未来一段时期内我国能否在大国博弈新格局下立于不败之地，而且关系到我国在军事、经济、政治等多个领域上从世界大国向世界强国转变这一百年大计的成败。

（二）军民融合多元化融资支持的国际经验

无论是军民融合度较高的日本和美国，还是军民融合度较低的俄罗斯，均在不断受到国家财力约束下，不约而同地选择军民融合战略和寻求多元化投融资支持。

模式一："政府先导＋市场化运作"的美国模式。美国是"军民一体化"代表国家，其军民融合始于 20 世纪 60 年代，全面展开于 90 年代。冷战后，因苏联解体和自身国防预算约束，原有军民分离发展模式难以为继，美国正确处理政府与市场的关系，用好政府引导的"有形之手"与市场运作的"无形之手"，将社会资本引入军民一体化建设中，实现军民之间在技术、资金、人才等方面的相互融合，最终成就了世界头号军事强国、经济强国和科技强国的地位。由于美国是直接融资为主体的金融体系，在军民融合历史发展中，美国相比其他国家，更加注重公平竞争（倾向于竞争的采办体制、改革军用标准），更侧重于运用市场化手段（风险投资、合并重组等）。

模式二："倾斜于民企的政策性金融为主"的日本模式。日本是"以民掩军"代表国家，其军民融合始于第二次世界大战后。受到"和平宪法"的制约，国家不设立专门的武器装备生产企业，所有军事技术和装备生产以民营企业为主体。而日本跻身于国际前列的国防科技实力，正是得益于以民企投资为主体模式。从国家科学和技术发展总投入上，政府投入包括防卫省在内的比例不到 20%，其中军事科研经费更是不足 1%，而其余的 80% 的国防科研项目皆由民营企业完成。这些民营企业由年产值约 200 亿美元、雇员超过 4 万人、总数约有 2500 家的大小企业组成，不断将尖端民用技术应用于军事领域。结合间接融资为主的金融体系特征，日本政府在推进军民融合的过程中，除了财政补贴、税收优惠等经济资助以外，对重点民营军工企业（三菱重工、川崎重工、日本制钢等）和中小民营军工企业实施"金融倾斜"政策，侧重于政策性金融、中小企业贷款优惠、无担保贷款、长期低息贷款等间接融资手段。同时，为拓宽中小企业的融资渠道,择机发展中小企业直接融资机构、鼓励中小企业公开发行股票和债券、引入风险投资、在主板市场之外设立二板市场、设立设备租赁业务等直接融资方式。此外,日本防卫省设有协商窗口,为拥有独特技术的中小企业促成资金合作机会,类似经济团体联合会等民间组织也在军民融合中发挥着积极作用。

模式三:"财政支持+基金会支持"的俄罗斯模式。俄罗斯是"先军后民"代表国家,这是一种既想避免军民分离弊端,又不想放弃独立军工体系的折中做法。苏联解体后,俄罗斯的经济处于崩溃边缘,国防预算急剧下降。俄政府立志改变苏联国防工业和民用工业"两张皮"的情况,大力推行国防工业"军转民"政策,发展和采用军民两用技术,促进建立军民融合的工业体系。俄罗斯同样是间接融资为主体的国家,但金融基础相对薄弱。为了解决资金短缺问题,俄罗斯政府曾引导企业组成了集"科研设计—生产—金融—贸易—保险"于一体的金融工业集团,还专门成立了"军事工业出口银行";借鉴美国做法,在军工企业军转民过程中增加私人投资的份额;实行军工企业证券私有化;引入国外投资等。但受种种因素的影响,俄罗斯军民融合金融支持明显不足,导致资金支持上仍以财政投入和科学技术发展基金为主的局面。

模式四:"倾斜于中小民企的政策性金融为主"的德国模式。同样是战败国,德国在军民融合上,很多方面与日本相类似,无论是采用"以民掩军"模式上,还是采用以政策性金融为主的资金支持体系上。唯一不同的是,德国在军民融合资金支持上以中小民营军工企业为主体模式更为成功,军民两用资源使用效率更高。第二次世界大战后,德国开始组建复兴贷款银行、储蓄银行、合作银行和大众银行等专门政策性金融机构,为中小民营军工企业提供长期、稳定的融资服务。值得一提的是,在尝试发展风险投资和资本市场等直接融资方式受挫之后,德国回归到间接融资为主的资金支持体系,对中小民企提供低息贷款和财政支持;组建中小民企发展基金(资金主要来源于财政补贴),对中小企业的直接投资和贷款项目补贴;实施中小民企信用担保体系,形成完善的风险分担机制等方式。

（三）探索中国特色的军民融合多元化投融资体系

国际上，美国、日本、俄罗斯、德国等国军民融合领域多元化金融创新服务体系构建，有些共性规律值得我们借鉴。

一是引入社会资本是军民融合的必要前提和基础。主要国家军民融合过程中，资金支持体系均一定程度上呈现从财政支持向多元化金融创新服务转型的特征；二是采用何种资金支持体系既取决于国防科技基础设施建设水平，更取决于自身金融基础设施完善水平；三是军民融合资金支持体系转型顺利与否，关键在于如何成功发挥"两手"合力，即政府引导的"有形之手"与市场运作的"无形之手"，即便是第二次世界大战后迫于政治压力，采用"寓军于民"策略的日本和德国，政府引导始终贯穿于整个军民融合资金支持过程；四是军民融合具有双向融合性，资金同样具有双向流动性。军民融合资金支持的最理想状态，应当是国家金融力量全部转换为国家国防力量，而国家国防力量也为国家金融力量提供新的原动力。

考虑到我国实际情况，既不能完全采用美国直接融资为主的资金支持体系，也不能像日德那样，短期内以中小企业为主体，更不能像俄罗斯那样依赖基金会的支持。习近平总书记指出"加快建立军民融合创新体系"。现阶段，我国军民融合领域资金支持体系，需要在政府引导下实现三个创新：一是"从财政投入为主向间接投融资为主"转变，这主要是由我国金融体系特点决定的；二是"从间接投融资为主向间接投融资+直接投融资+内源性投融资"转变，这取决于未来直接投融资市场的发展以及企业资本积累速度；三是"从传统投融资向传统投融资+非传统投融资"转变，随着军民融合程度不断提升，未来投融资资金渠道可能会进一步拓展到民间资本、国际资本等。

从融资渠道看，多元化融资创新体系主要表现为：财政支持、内源性投融资、直接投融资、间接投融资以及创新性投融资等。第一，财政支持，包括财政直接与间接支持，以及相关税收减免优惠政策等。第二，内源性投融资，主要是指企业利用自身的留存收益和折旧转化为投融资。第三，直接投融资,包括风险投资、资本市场、保险、债券等。第四,间接投融资,包括政策性金融、商业银行信贷、民间金融贷款、小额贷款等。第五,创新性投融资,包括知识产权质押融资、联合发债、融资租赁、担保融资、互联网金融融资等。

六、以工业园区建设作为切入点
推进"一带一路"倡议①

2018 年以来,随着中美经贸摩擦升级、对外投资负面舆论持续升温,我国企业走向"一带一路"建设面临多重困难。如何"以点带面、盘活全局"? 习近平总书记曾经指出,要把工业园区建设作为"一带一路"建设合作重点,将园区项目打造成"丝绸之路经济带"上的明珠。面对复杂的政经形势、动荡的地区局势和激烈的国际竞争,如何建好工业园区?

(一) 发达国家著名工业园区:国家政策支持、产业链培育、园区科学规划、投融资支持是园区发展壮大的四大关键因素

工业园区始于第二次世界大战后的发达国家,截至 20 世纪末,全球各类工业园区总数超过 12000 个。目前这些工业园区在各国经济发展中发挥了重要的带头作用,并成为大国获取区域竞争优势的重要途径。由于工业园区投资规模大、建设周期和投资回收周期长,极易造成损失。工业园区的发展壮大离不开国家政策支持、产业链培育、园区科学规划、投融资支持等四大关键因素。

1. 工业园区建设背后均有国家战略推动

工业园区的发展潜力与基础法规和中央及地方政府支持政策息息相关。由于工业园区在提振经济方面的重要作用,各国纷纷将工业园区建设列为国家战略之一,从政策层面积极推进工业园区建设。如 20 世纪

---

① 本部分蒋伟参与写作,在此表示感谢。

60—70年代,韩国政府提出"技术立国"战略,并将建立大德科技园区作为重要举措之一,颁布实施《大德科学城行政法》《大德研究开发特区法》,在税收方面提供了大量的优惠措施,免除园区企业7年注册税和财产税,吸引了大批科技型企业入驻。新加坡将裕廊工业园区建设作为港口转型升级的切入点,制定《经济扩展法案》,对税赋进行大幅减免,其中化学品没有进口关税,政府同意外资企业对本地工厂拥有100%的所有权,并完全返还利润,促成了石油化工产业集聚的形成和发展。

2. 引导产业聚集,构建运行高效、结构完整的产业链

从国际上工业园区建设的经验看,工业园区从开建到产生经济效益需要一个较长的时间,大致在10年左右才能形成产业的聚集效应,产生明显的效果。由于资源、环境和所在国文化的不同,各国园区发展战略各异,但任何一个成功的产业园区都必然结合地域特点,构建运行高效、结构完整的产业链。如鹿特丹港利用河口港特点,大力发展临港产业,形成以炼油、石化、船舶修造、港口机械、农产品加工等工业为主的临海临河工业带;新加坡裕廊工业园利用地理优势重点发展临港运输及服务产业,现已成为世界海运、电子、炼油、外汇交易中心;韩国大德科技谷、日本北九州生态工业园等针对本国自然资源缺乏的特点,主动进行产业优化调整,大力发展高科技产业;以色列特芬工业园立足地区安全局势,着重推进艺术与工业结合产业,实行"以工业换和平"建设理念等。

3. 园区科学选址和规划是实现快速、可持续发展的基础

工业园区作为产业聚集区,园区选址和规划对日后运营起到了基础性作用,原料、交通、聚集是指导园区选址规划的重要原则。伴随工业园区诞生,20世纪50年代中期大宗货物远洋运输发展迅速,工业布局出现革命性转变,"工业近水"趋势日益明显,临港工业园区成为工业园区发展的主要形式。以鹿特丹港为例,其利用先天的自然地理条件,形成完善的铁路、公路、水路的集疏运体系,依托港口飞速发展临港产业,目前约有50%的增加值来自港口工业。新加坡裕廊工业园发展历程最短,但其在园区设立之初,就广泛吸取了欧洲和日韩临港工业发展的经验教训,精心规划园区选址,形成了铁路、海运、河道、管道、公路、空运综合立体运输网络,成功实现后发赶超。

4.投融资支持是推动工业园区持续发展的重要保障

工业园区基础设施投资巨大,园区后期维护成本高,需要多方位资金支持。纵观全球著名工业园区发展历程,投融资模式主要包括以下几方面:一是外国投资模式。这种模式通常与大规模对外投资和援助有关。如第二次世界大战后,美国《马歇尔计划》对德国鲁尔工业区和荷兰鹿特丹港等提供资金,使其迅速发展成世界著名工业园区,成为欧洲复兴支点。二是政府主导型模式。主要靠政府拨款及大公司投资筹措开发建设资金,如日本政府在筑波科学城建设中投入资金2.3万多亿日元,建设周期达30年之久;新加坡用于裕廊工业园建设资金占到其第一个五年发展计划中用于工商业发展的财政资金的80.2%。三是市场主导型模式。充分利用民间资本力量,形成政府资金、民间资本等来源多元化的投融资体系。美国硅谷是典型代表,美国风险投资占全球的50%以上,仅硅谷地区就吸引了全美35%的风险资本。

(二)"一带一路"工业园区建设现状:政策支持不到位、战略区位竞争白热化、资金缺口大,境外园区建设缺乏国家层面整体协调

根据商务部统计,截至2018年上半年,我国企业共在46个国家建设初具规模的境外经贸合作区113家,累计投资348.7亿美元,入区企业4542家,上缴东道国税费28.6亿美元,为当地创造就业岗位28.7万个,在全球经济疲软、国际市场需求持续低迷的环境下为区域乃至全球经济发展作出了贡献。但是,目前"一带一路"工业园区建设也存在四方面突出问题。

1.国内支持"一带一路"项目发展的政策支持不到位

随着"一带一路"倡议步入务实推进阶段,我国在支持企业"走出去"方面已出台很多政策,不断放松管制,但仍然存在一些问题,例如缺少基本立法保障和海外投资指导,以及对海外投资的法律关系、权益保护、各主管部门权限划分等的统一规范;缺乏对"一带一路"倡议的支持和倾斜

政策,"一带一路"对外合作往往涉及多个政府部门、多家企业和金融机构,亟须政府加强政策指导和统筹协调,形成合力;海外信用保险支持力度不足,中国出口信用保险公司对降低中资企业"走出去"的风险发挥了重要作用,但仍存在承保能力面临挑战、保险费用居高不下、保险品种和保险覆盖比率尚不能完全覆盖海外投资风险防范需求等问题。

2. 东道国政策连续性不明朗

在"一带一路"工业园区建设项目中,东道国政府扮演着重要的角色,政府是特许权的授权方,有时还是项目的直接投资人,项目运行离不开政府多方面的支持。由于工业园区投资大、回收周期长,且运营涉及国家主权问题,易受国际政治经济形势和政策波动影响。一是不明确现有优惠政策到期后是否还能延续。如目前巴基斯坦政府制定一项法律必须获得议会通过,目前的园区税收优惠政策是于 2013 年通过的,2020 年即将到期,届时是否能延续优惠政策尚不明朗。二是在建项目容易成为境外政治势力的攻击目标。如部分非政府组织不顾所在国实际情况及港口建设发展阶段规律,从"生态""人权"的高度,片面强调环保问题,并煽动群众游行示威,将项目问题政治化、国际化,如斯里兰卡的汉班深水港项目也因当地民众的强烈反对而处于搁浅状态。

3. 战略区位竞争白热化

"一带一路"沿线幅员辽阔,但是根据国际著名工业园选址规律,对于普遍基础设施匮乏的"一带一路"国家,在海路交通便利的海港和陆路汇集的内陆港建立工业园是最节约成本、可行性最高的方案。"一带一路"沿线适宜建立工业园区的区位并不多,且面临激烈的国际竞争。如美国早在 2000 年就提出了"合格工业园区"规划,与以色列在约旦、埃及建立了 16 处"合格工业园区",其中埃及重要区位如开罗、亚历山大、塞得港均在美国规划范围之内。新加坡实施"区域化 2000"计划,在印度尼西亚、越南、印度等国家重要区位建立了 10 多个海外工业园区,并多次与我国争夺瓜达尔港等重要战略港口控制权。日本政府提供投融资优惠政策,协调企业和金融机构组建联合团队,并给予优惠贷款利率压低报价,与我国在雅万高铁等诸多项目中直接竞争。

4.融资渠道不畅,企业资金压力普遍较大

企业在海外建设产业园区,投资周期长、回报率低,亟须加强融资方面的政策支持。根据国内园区建设企业反映,目前融资方面主要存在三方面突出问题。一是企业自有资金面临瓶颈。项目启动如果完全依靠企业自有资金,难以大规模推进业务。如莫桑比克贝拉经贸合作区建设资金全部来自企业投资,投资金额大,承担风险高,融资非常困难,国内相关基金由于回报率原因,不愿意为园区建设融资。二是银企协同性不强。由于缺乏统筹协调,银行与企业从各自赢利和风险防范的角度"算小账",缺乏从国家战略角度"算大账"的意识,难以与国外竞争者竞争,如我国青岛港拟与柬埔寨西哈努克港合作项目在临近签约前,由于日方突然提出"港口+银行"一揽子优惠解决方案,被日方企业抢走。三是扶持政策不及时、不稳定。目前境外产业园区考核指标比较单一,申请财政资金补贴门槛高,建设企业实际得到的鼓励和支持比较薄弱。

(三)高层统筹推动,银企强化合作,多举措防范风险,积极抢占"一带一路"工业园区发展战略制高点

要将境外工业园区逐步发展成为"一带一路"对外投资、贸易和产能合作的重要支点,需要灵活配套的支持政策。

1.加强国家层面战略统筹协调,提高整体竞争力

一是从国家战略高度,由国家发展改革委牵头,相关部委、地方政府、工业园区开发企业和金融机构参加,建立国家层面内部深度协调、政策沟商机制,统一规划布局,指导中资企业有序参与国际竞争,打造企业、金融机构之间良好竞争态势,引导降低操作复杂性和国际负面舆情风险。二是国家层面提供税收等方面优惠政策,通过央行抵押补充贷款(Pledged Supplementary Lending,PSL)、财政贴息等方式提供低成本人民币资金来源,对重大战略性工业园区建设项目,可由相关主管部门研究出台差异化考核和监管机制。三是推动我国政府与"一带一路"重点国家签订双边投资保护协定以及单个项目的政府间协议,以保证维持项目优惠政策、特许权利等,并寻求政府对单个项目的支持或担保。四是通过推动国内立

法部门、规划部门加强与东道国"设计采购施工"(EPC)、"基础设施特许权"(BOT)以及"公私合营"(PPP)立法合作,并寻求与国开行、亚投行、丝路基金等金融机构和所在国银行的项目合作,共同构建在当地可多维度成功运作项目融资的法律基础,有效缓解政治风险。

2. 强化银企合作,破解融资瓶颈

一是建议发挥开发性金融优势,通过软贷款、央行借款、外储定向债、境外发债等方式为港口建设提供低成本外汇资金支持,提高融资竞争力。二是从国家战略出发增强"算总账"意识,完善项目融资方案和决策模式,加强覆盖项目全流程的金融产品创新,研究银行降低报价、工业园建设企业反哺银行的贷款协同定价机制,提高整体竞争力。三是建议拓宽投融资渠道。加强与多边金融机构的合作,积极争取亚投行、金砖国家合作银行、亚洲开发银行、世界银行等机构的贷款,同时,争取丝路基金、中非基金、中国—东盟投资合作基金等多边投资机构的支持,充分发挥上述多边金融机构的融资协作与协调功能,通过引进股权投资等多种方式拓展投融资渠道。

3. 多措并举,防范园区建设风险

一是针对项目及国别特点构建合理的风险防控体系,在项目初期对项目涉及的各利益主体之间的权责通过合同安排约定明确,确定分担风险、分享收益的方法和特定情形下的协调机制,特别是尽量争取政府在法律政策、环境保护、市场和收益等方面的支持。二是通过股权安排引入对项目所在国政府有强大影响力的私营或国有公司,或者国际多边机构如世界银行等国际金融公司加入项目公司,来降低可能存在的国有化风险。三是与中信保险合作,全额保障海外园区的投资风险,合理利用远期、掉期、货币互换、利率互换等金融衍生工具防范利率及外汇汇率风险。

4. 加强港口战略区位研究,提前布局临港工业园区

"一带一路"新兴港口大多为该国区域发展的战略支点,根据国际工业园区"工业近水"趋势,缅甸的皎漂港、巴基斯坦的瓜达尔港、印度尼西亚的比通港等港口临港园区潜力巨大。目前,上述国家纷纷通过港口建设改善区域内交通等基础设施条件,带动相邻区域快速发展,要么利用原

有港口交通优势,规划建设产业园区,吸引外资企业入驻,以产业带动港区发展;要么在建设新港时,同期规划建设产业园区,推进港口与产业园区一体化发展。作为新兴港口,其吞吐量、航运服务等相对落后,正处在港区及配套基础设施及产业园区建设阶段,投资规模大,赢利前景好,但短期难以获得收益。我国要充分借鉴国际著名工业园区发展经验,提前做好战略性规划布局,探索"一带一路"临港工业园区建设蓝海。

七、"一带一路"重大项目要有效管控四类风险[1]

"一带一路"重大项目的推进,必须高度重视政治风险、非传统安全威胁风险、法律风险、金融风险四类风险。

(一) 政治风险要以政治保险和共同开发民生项目来应对

"一带一路"地区地缘政治关系错综复杂,部分国家政局不稳,根据中信和达信的政治风险评估,"一带一路"地区约有 42.2%的国家具有高度政治风险,全球 20 个极高风险国家中叙利亚、阿富汗、也门、吉尔吉斯斯坦等国就分布在"一带一路"沿线上。政治风险:一是与现政府的合作项目,有可能因政权更迭受到影响。如缅甸、乌克兰等国因政府更迭,往往对政敌资产进行打击,尤其是 2016 年以来多国举行的总统大选给海湾和东北亚地区国家带来巨大政治风险。二是涉及国家主权的重大项目极易遭到否决。如高铁建设项目投资巨大,回收周期长,且铁路运营涉及国家主权问题,即使所在国政府提供主权担保或资产抵押,也无法保证这些主权担保承诺在多党政治博弈和政党轮替中不发生违约。三是国际超大型区域集团联盟对项目的干扰。"一带一路"沿线重要的地理位置和战略价值,是俄罗斯"欧亚联盟"、欧盟"东部伙伴计划"、美国《跨太平洋伙伴关系协议》等大国战略争夺的重点。如匈牙利、塞尔维亚等作为欧盟

---

[1] 本部分蒋伟参与写作,在此表示感谢。

成员国,受欧盟的影响和制约较大,"匈塞铁路"后期建设可能会受到欧盟方面关于环保和标准兼容等方面的刁难。

防范政治风险,关键要做好以下三方面工作:一是着眼风险管理,充分使用政治保险工具。一方面对贷款风险较大的项目,选择政治险和商业险都覆盖的买方信贷保险;另一方面承保机构除选择中信保外,可探索选择世界银行隶属下的"多边投资担保机构"提供的全面政治保险。二是着眼风险缓释,合理设计运作模式。要摒弃传统的采取性价比优势参加国际市场竞争和低价竞标的模式,在国外客户能按市场价格和国际商业规则购买的条件下合理承担项目建设、运营技术支持等职责,审慎参与项目运营及提供大额长期贷款,避免承担项目运营的商业风险。三是着眼长远发展,通过共同开发民生项目与当地政府进行利益捆绑。可以在经济走廊重要项目周边共同开发旅游市场和民生项目,以获得当地政府与民众支持。通过利益捆绑巩固当地政府执政的民意基础;通过加强民生项目投入和人文交流,加大项目企业本土化和员工属地化等方式,积极回馈当地社会,争取民众支持。

(二) 非传统安全威胁风险要靠做好安全情报的搜集和研判来预防

"一带一路"沿线涉及全球多个高风险地带,恐怖主义、极端主义势力以及跨境犯罪等非传统安全威胁行为主体,"网络化"分散于沿线各国,呈现"中部高、两端低"的特点——中东、南亚和独联体国家较高,东亚和东欧地区较低。具体表现为:一是恐怖主义威胁上升。土耳其、伊拉克、巴基斯坦等国面临的恐怖势力上升,其中以"东伊运"为首的恐怖势力不时对我国驻土耳其的机构发出恐怖威胁,策划绑架、劫持中方人员。二是民族宗教等热点问题突出。中东地区民族林立,教派之间关系错综复杂,热点问题层出不穷,地区形势动荡不定。三是战争风险不能完全排除。巴以冲突、乌克兰危机的持续发酵等都有可能引起局部战争。

非传统安全威胁普遍都有从萌芽、酝酿、激化的矛盾积聚过程,往往在威胁发生前会表现出许多征兆,可通过加强安全情报的搜集和研判来防范此类威胁。一是推动我国安保企业"走出去"。深化情报和安全部门合作,做好安全情报的搜集和研判,通过我国的安保企业,深入开展双边安全合作。探索联合执法机制,联合有关国家共同打击跨国恐怖组织。二是增强信息分析和危机预警能力。通过"大数据"工具对获取的情报进行深入挖掘和关联分析,建立健全危机预警机制,提前预判风险。三是定期向我国企业通报安全风险信息。通过对重大突发事件的预案,指导企业建立和完善安全风险预防及应急处置预案。

(三)法律风险要靠探索政府间合作与特许经营方式来解决

"一带一路"沿线国家法律风险受地缘关系影响很大,从国别法律风险水平看,呈现"东西低、南北高"的特点,即东南亚、中东欧的国别法律风险较低,南亚、中亚以及独联体国家较高。具体表现形式为:一是大多数国家有关投资、贸易的法律制度相对不完善。除新加坡、马来西亚、波兰、捷克等国外,"一带一路"沿线大部分国家,法律体系建设相对落后,制度空白较多。二是司法体系与司法执行效率两极分化较为突出。除新加坡、泰国、波兰、匈牙利、土耳其等国外,大多数国家司法独立性、廉洁度、程序保障等司法执法要素难以保障投资的合法权益,法官灵活判决权大,政治干预司法现象较为严重,法律实施的效果难以达到预期。

"一带一路"沿线项目多采用项目融资模式,对于准确评估项目的经济效益、全程监控项目的实施、有效管控法律风险要求更高。有效化解和规避法律风险,关键要探索政府间合作与特许经营方式:一是在宏观层面推动签订有关政府间协议。推动我国政府与东道国政府就单个项目政府间协议及有利于保障相关方利益的特许权协议的签订,积极争取"一带一路"沿线国家提供主权担保。二是在中观层面推动项目所在国修改法律或颁布新立法。法律有禁止性规定的,或项目进展涉及法律修改的,应推动修改法律条款,把通过针对本项目的新法案作为项目建设先决条件。三是在微观层面根据法律风险情况对具体项目的投资合作模式进行选择。在法律政策比较完善的国家,可考虑采用"公私合营"(PPP)或"基础设施特许权"(BOT)模式,在法律风险大的国家或地区应谨慎选择"设计采购施工"(EPC)等模式,严格按照工程款支付进度开展工程施工。

(四) 金融风险要利用现有成熟的金融工具来防范和化解

"一带一路"沿线国家发展中国家居多,经济普遍比较落后,资本市场发展落后,产业结构单一,国内经济状况易受国际资源、能源价格波动影响。存在的金融风险包括:一是项目融资中的利率风险。在运用PPP/BOT模式进行项目融资过程中,由于利率变动直接或间接地造成项目价值降低或收益损失。二是汇率风险。"一带一路"沿线大多数国家属于外汇风险等级偏高国家,币种国际流通性差,汇兑风险大,汇率风险对冲工具缺乏。三是外汇不可获得和不可转移风险。当地货币难以顺利转换成所需外汇并运出国外,用以偿还对外债务和其他的对外支付。四是通货膨胀风险。"一带一路"沿线国家普遍存在通货膨胀问题,如2015年伊朗、塔吉克斯坦、吉尔吉斯斯坦通货膨胀率高达17.3%、13.8%、10.1%。

充分利用现有成熟的金融工具,防范和化解金融风险。一是防控利率风险。通过固定利率的贷款担保和政府的利率保证等方式抵御利率波动风险,采用多种货币组合的方式进行项目开支或收益的结算,防止利率变动对项目投资的冲击,并运用封顶、利率区间、保底等套期保值技术减小利率变化的影响。二是避免汇率风险。除了在PPP/BOT的特许权协议中规定项目公司和东道国政府对汇率风险各自应承担的责任外,充分利用掉期、远期等金融工具来防范汇率波动的风险。三是冲销外汇不可获得和不可转移风险。通过要求项目所在国政府提供外汇可自由兑换担保,在合同中约定一部分应付款以当地货币结算,另一部分以外国货币结算等措施来降低风险。四是管控通货膨胀风险。在特许权协议中规定相应条款,作为以后对价格进行核查的依据,之后再按公认的通货膨胀率进行调价,或相应增加收费,或延长特许经营期限,并在产品购买协议中规定逐步提高价格的条款,以防范通货膨胀带来的投融资风险。

八、提高中国有色金属定价权的对策建议

中国是有色金属生产大国,拥有不少堪称"进入未来世界的钥匙"的稀有金属。然而,我国有色金属定价权却长期受制于人。提高对这些有色金属的定价权和掌控力,就等于"卡住了"部分国际产业的咽喉,直接影响着中国未来在国际市场上的利益分配格局。

(一) 中国有色金属是一个被低估的优势行业

中国是有色金属生产大国,产量连续五年居世界第一。如我国在世界上占有稀土资源储量、产量、销售量和使用量的四个第一,是世界稀土资源市场的主要供给国,国际再生能源以及美国的新能源战略,都离不开稀土金属。钨是"中国优势"金属之一,我国钨储量、产量、出口量以及消费量均居世界第一。中国的铟、锗、钼等资源也居世界第一、第二,这些资源被称为"工业的牙齿"和"战争金属",广泛用于国防工业、航空航天、信息等产业。

作为多种有色金属的主产地,中国有色金属在国际市场上存在严重的"贵买贱卖"现象。一方面,我们用"黄金价格"买回国内短缺的石油、铜、铝、铅、锌等资源;另一方面,却用"土豆价格"出售别国短缺的钨、镁、稀土等稀有金属。以稀土为例,近30年间,中国稀土产量增加了120倍,然而国际稀土的价格却一直徘徊在1985年的水平,中国宝贵的稀土资源,一直以极其低廉的价格销售。再以钨为例,瑞典山特维克供应商的销售收入和营业利润分别是中国的2.72倍和2.39倍。铟是制造核弹导弹头的一种基础材料,全球已探明金属铟的储量仅为已探明黄金储量的1/6,铟的合理价格是3万元/公斤,但现在的价格还不到6000元/公斤。

(二) 中国有色金属定价权为何旁落

为什么自己短缺的需要进口的产品,价格要听命于别人? 自己占据绝对优势的资源产品,价格也受人牵制? 中国有色金属之所以出现价格

和价值的巨大反差,是因为不掌握定价权。

1. 产业集中度较低,在国际谈判中一直处于价格接受方

我国部分有色金属产地分散,行业市场主体规模小,企业间因恶性竞争造成供过于求的局面。面对国际寡头垄断的市场,分散的一方只能被动接受寡头制定的价格。例如中国铋出口地原先主要是英国的 MCP 公司和比利时的斯德驰公司,自从这两家铋消费商合并后,其采购集中度大大提高,采购总量占到全球 70%以上,其议价定价能力完全主导了国际铋市场价格。再如国际铁矿石市场的基本格局是力拓、必和必拓、淡水河谷三大寡头垄断,他们控制了全世界 80%的铁矿石生产量和贸易量,每年铁矿石谈判,最后的赢家总是这三大公司。

2. "掠夺式"开采,资源浪费现象极为严重

长期以来,由于国家对采矿权的下放,稀有金属矿开采出现了滥挖滥采、出口秩序混乱的格局。据专家测算,若按此趋势,到 2020 年,我国许多稀有金属资源将所剩无几,如我国钨资源依目前开采进度,仅能维持 25 年。这种"掠夺式"开采给发达国家对中国"掠夺式"购买钻了空子。

3. 期货市场发育不完全

在国际市场上,大宗商品主要是采用期货定价方式。目前,世界有色金属的定价权主要集中在国际上一些大的期货交易所,如铜、铝、铅、锌定价权都在伦敦期货交易所,他们发展了 100 多年,聚集了大量资金来为商品定价,而交易规则也是由他们制定的。现阶段,我国期货市场发展不够成熟,期货交易规则跟着别人走,很难影响国际国内资源型商品的交易价格,更容易让国际资本套利。

4. 行业管理缺乏统一协调

以我国稀土行业管理为例,稀土的采矿权归国土资源部管理,加工、分离、提纯等归工信部管理,厂矿建设归发改委管理,出口配额归商务部管理,涉及稀土行业的国家管理部门还包括环保部、工商总局、税务总局、海关总署、有色金属工业协会等。这些部门和机构缺乏统一的协调和指挥,相互之间衔接不畅,在管理上存在很大漏洞。

（三）提高中国有色金属定价权的对策建议

近年来，我国在各种有色金属定价权问题上做了很大的努力，也取得了一些进展。但总体来说，定价权受控于人的被动局面并没有根本性地扭转。定价权的竞争是一个系统工程，在有色金属定价权国际争夺战中，中国能否争取更大的话语权，取决于能否出台及时有效的应对策略。

1. 加快提高有色金属行业集中度，增强国内企业联合谈判能力

着力培养龙头企业，形成强有力的行业领袖，在提升企业议价权的同时，使议价主体从国家转移到企业，绕开 WTO 的监管限制。建议中国政府未来三年将稀土等稀有金属的生产牌照削减为现在的一成左右，最终目标是要将国内散、乱、差的企业整合成类似铁矿石三大矿那样具有垄断话语权的企业。

2. 大力发展区域要素市场的商业收储功能，健全战略商业收储体系

国务院"十二五"规划明确提出对有色金属资源尤其是稀有金属实行"国家收储和商业收储相结合"的战略，各有色金属生产大省应成为国家对稀有金属进行收储的重要基地。建议将稀有金属商业收储作为国家收储的有效补充，构建完整的战略收储体系，最终把众多小金属的定价权留在中国。

3. 加快国内有色金属期货市场体系建设，努力提高国际市场中的"中国因素"

近年来，随着国际资本市场形势的好转，我国先后开辟了铅、锌、黄金等新的期货品种，在价格发现、风险转移和提高市场流动性等方面发挥了重要作用，也为企业进一步掌握定价权奠定了必要基础。下一步要在现有期货市场规则的基础上，尽快把期货品种上市审批制改为备案制，理顺期货品种上市程序，适度扩大期货公司的业务范围，使期货市场能根据市场需要及时推出有利于维护我国经济利益的各类有色金属、石油、铁矿砂等大宗期货品种。同时，要提高中国期货市场的开放程度，吸引全球买家、卖家和投资者参与,在大宗商品国际市场价格形成中增加"中国因素"的分量。

4. 对稀有金属管理从"出口端管理"转向"生产端管理",从"源头控制"升级为"全产业链控制"

近年来,世界贸易组织(WTO)上诉机构就美国、欧盟、墨西哥诉中国原材料出口限制措施世贸组织争端案发布裁决报告,裁定中国限制铝土原材料出口违规。针对这样的情况,中国可利用 WTO 规则进行保护。WTO 规则只是对各国间的贸易行为进行规范,这就决定了它存在一个局限:即国家的出口政策受 WTO 规则制约,但国内的生产政策不受 WTO 规则制约。因此,中国对稀有金属战略应围绕以下几点开展:一是从出口控制转向生产控制,如欧佩克对石油的控制,就是控制产量而非出口,实行开采限制,提高生产门槛,降低产量。二是将稀土、铟、钨、锗、钼等稀有金属纳入"国家专营"的范围,并试点稀有金属专用发票(此前只有盐业和烟草业实行国家专营)。三是在环评上采用一票否决制。对于环保不达标企业不能获得出口配额,甚至需要关停。

九、中国应对国际"碳"压的国家战略[①]

2009 年 12 月 7 日哥本哈根会议召开,国际社会广泛讨论新气候协议。面对发达国家的"碳"压力,任何一种"意气用事"的过激举动,只会丧失在谈判中必要的话语平衡,甚至引起碳排放"惩罚式"机制。但过分软弱,中国将丧失未来发展权,甚至影响中国在新一轮全球经济格局调整中的位置。在这场国际"碳博弈"中,中国需要理性,更需要智慧。

(一) 在国际谈判中"两个关键问题"不能让步

哥本哈根会议上,中国在气候变化国际谈判中,不能跟着发达国家的思路走,必须理性设计出一套自己的思路,以保护中国的发展权益。

---

① 本部分完成于 2009 年哥本哈根会议之前,是对当时中国参与气候谈判提出的对策建议。

我们认为,以下两个关键问题,中国可争取更多谈判筹码:

关键问题一,以"排放配额"标准替代"限量减排"标准。"排放配额"和"限量减排"是控制大气二氧化碳浓度的两种途径。"限量减排"是以某年为基准,此后逐年减少排放量;"排放配额"则以某个时间段为单位,分配此时间段内各国可排放的额度,至于如何实现最终排放不超过此额度,则可由各国灵活掌握。哥本哈根会议上,如果以"限量减排"作为谈判议题,并由此作为国际公约生效,必将成为历史上罕见的不平等条约,中国是不能接受的。如果国际社会以"排放配额"为考察标准,中国便可以争取更多的排放权。这最能体现《联合国气候变化框架公约》中规定的"共同但有区别的责任"原则和公平正义准则。

需要指出的是,以"排放配额"作为气候谈判议题,比单纯以"人均累计碳排放"提法,更易让发达国家接受。"人均累计排放指标"意味着不仅要求发达国家考虑"历史排放责任",同时也要考虑人口基数。中国科学院一项研究表明,1960 年,美国人均累计排放量为 234.48 吨二氧化碳,英国为 177.17 吨二氧化碳,而中国 2005 年人均累计排放量仅为 24.14 吨二氧化碳。按照每吨二氧化碳 20 美元价值计算,G8 国家已累计形成排放赤字 5.5 万亿美元,1990—2050 年 G8 国家人均累计排放是其他国家的 4 倍。这意味着发达国家已经超额排放,而且今后也没有排放空间。这等于彻底限制了发达国家的发展,他们不会接受的。

关键问题二,依据"公共品"理论,要求国际社会建立技术转移制度。在涉及技术谈判问题上,我们要坚持这样的立场:气候问题既然是人类的共同问题,这就决定了环境保护是"全球性公共品"。根据相关国际公约,发达国家有责任帮助发展中国家应对气候变化,为技术开发和转让提供保障。对于气候这样的全球性"公共品"的技术供给,应该是无偿的,任何一种技术封锁行为,都有悖于"公共品"非排他性原则。

(二) 在国家战略层面上做好"两件大事"

中国除了在国际谈判中争取更大的发展权,决策层还要从国家战略层面上抓紧做好两件大事,不可再等。

第一件大事,2012年前抓紧征收"国内碳税",以遏制发达国家的"碳关税"出台。征收"国内碳税"能够达到三个目的:

一是在国际"碳关税"压力中,变被动为主动。尽管美国提出的"碳关税"是违反自由贸易原则的,但从趋势看,发达国家已经设定了这方面的话题,我们不能被动等待,中国应在发达国家征收"碳关税"之前,先征收"国内碳税"。双重征税是违反世界贸易组织原则的,如果我们征收了国内碳税,美国再征收碳关税就是违法的。

二是在国内生产中,能够提高能源使用效率。瑞典的经验值得借鉴:瑞典的温室气体排放量占世界的比例从来就没有超过0.5%。其成功之道就在于,瑞典通过对石油课以重税(标准是每吨100美元)来推广生物能源。在重税之下,瑞典众多企业竞相寻找低成本的生物能源,将很多生物质废弃物变成了能源。目前,瑞典生物燃料的使用率已超过50%,成为世界工业化国家使用生物能源比例最高的国家之一。

三是政府可以将碳税带来的收入,补贴那些节能减排成效好的企业。

第二件大事,抓紧研究"稀土—碳排放权"捆绑计划。目前中国拥有堪称"进入未来世界钥匙"的稀有资源,如果提高对这些资源的掌控力,就等于"卡住了"部分国际产业的咽喉。"中东有石油,中国有稀土",中国的稀土储量居世界第一,产量和供应量约占世界总量90%以上,国际再生能源以及美国的新能源战略,都离不开稀土金属。如果说碳排放是美国对中国"发展权"的限制,那么,稀土等战略资源就是中国对西方"进化权"的限制。中国必须打好稀土等战略资源这张牌。为此,我们建议:

——以稀土等战略资源出口配额多寡,换发达国家的减排技术。据世界自然资源研究所一项研究表明,在基准减排情景下,中国需要60多种技术,其中40多种是我们不掌握的核心技术。中国可以通过控制出口配额多寡,换发达国家的减排技术。

——创建一个稀土版的欧佩克(OPEC)。目前全世界所有重要的原材料中,只有稀土没有形成全球范围的定价中心。建议由中国牵头在国际上发起一个类似OPEC的稀土版组织,为争夺国际定价权带来机会。

——将稀土等战略资源的开采权上收中央。近年来,由于国家对采矿权的下放,稀有金属矿开采出现了滥挖滥采的混乱局面,在国际市场上存在严重的"贵买贱卖"现象。后危机时代,中国必须加强对稀有资源的管理与控制,遏制滥采滥挖和畸形出口。

——坚决打击稀土走私。据一项调查显示,2009年我国稀土氧化物(REO)出口量只有3.95万吨,而稀土出口走私却达2万吨左右,即走私量接近实际出口量的1/3。频繁的稀土走私,严重影响了国家战略资源的安全。

(三) 在国内从十一个方面探索有效减排途径

发展低碳经济不仅是国际趋势,也是我国贯彻落实科学发展观的必然选择。在中国未来的经济发展中,多途径探索减排方式,才是解决国际"碳"压的根本之策。

1. 从"十二五"规划开始,各部门和各地方政府都要做好"碳预算"

哥本哈根协议签署后,对中国经济发展来说,碳排放的物理极限是刚性约束。建议从"十二五"规划开始,将"碳预算"列入部门和地方政府预算框架,今后政府的每项决策,不仅要考虑资金的收入和支出,还要考虑碳的排放和吸收。这意味着把减排工作渗透到经济活动的方方面面。

2. 按人配额,以实现"扶贫"和"遏制奢侈浪费"的双重功效

碳排放是稀缺资源,在碳预算总量一定的情况下,如何合理公平分配"碳配额",十分重要。目前,我国人均年碳预算大约2.33吨,但部分贫穷人群二氧化碳排放还不到1吨,而富裕人群已达20多吨。这显然是一些人的奢侈享受建立在侵占贫穷人群基本生存权基础上的。为此建议:坚持"减排人人有责,配额公平对等"原则,在全国范围内设定一个二氧化碳排放量的普式上限,"按人配额"。将来富裕人群如果配额不够,可以向低收入人群购买碳排放指标,这是一种等价交换的关系,既能达到"扶贫"的目的,又能遏制"奢侈浪费"。

3. 建立地区间或省际间的碳预算转移支付机制

目前,发达地区在经济发展上的碳排放已经透支,而落后地区碳预算

有大量的盈余。为了保证总量平衡,中央从全国"一盘棋"角度,用落后地区的碳盈余去填补发达地区碳的亏空。发达地区用资金来交换碳排放空间,可以看成是一种公平的补偿。

4. 与国际低碳城市、低碳企业建立合作联盟

以现代服务业为主的欧美发达国家,在减排方面已积累了很多经验,我们要在合作中学技术、学经验。国际间的合作可采取"自下而上"的方式,从中小城市入手、从企业入手、从商业项目入手。在节能减排上,中小型城市、企业、商业项目的合作,比国家间和大城市间的合作更容易量化,标准也好制定,减排效果也便于检验。

5. 与周边国家结成低碳化产业供应链

安永会计师事务所一项研究表明,制造企业之所以有多达70%的碳足迹,主要源自运输以及供应链中的其他成本。考虑到人民币升值压力,以及中国原材料价格上涨和用工成本的提高,中国制造业应该专心做上游(战略决策、技术研发、品控标准、资源整合与金融运作)和下游(品牌塑造、营销传播和客户服务)产业链,而将产业链的中间环节转移到周边成本更低的国家。如海尔目前就已成功地将家电生产环节转移到越南,因越南的劳工成本仅为珠三角地区的1/3。

6. 建立"碳汇造林补偿基金",充分发挥人工造林的碳汇功能

森林是重要的碳汇,通过建立"碳汇造林补偿基金",将人们的消费行为与造林面积捆绑在一起:即按消费行为计算排放量→按排放量计算造林面积→按造林面积计算补偿金额。如乘飞机旅行2000公里,那就排放了278公斤二氧化碳,需要种植三棵树来抵消;用了100度电,那就排放了78.5公斤二氧化碳,需要种植一棵树;自驾车消耗了100公升汽油,那就排放了270公斤二氧化碳,需要种植三棵树,从而把增加林业碳汇与工业减排放到同等重要位置上。

7. 以水电、核电替代火电

中国能源消费总量和构成,煤炭占能源的比例达70%,60%碳排放是因为运煤产生的。与火力发电相比,核电是清洁、环保型能源。数据显示,与同等容量的燃煤电站相比,大亚湾电站每年可减少排放二氧化碳1350 万吨、二氧化硫 10 万吨、氮氧化物 6 万吨、烟尘 1.8 万吨、灰渣 90 万吨。与核电相比,水力发电是一种较为安全的清洁能源。水电没有核辐射危险,与煤电相比,每一千瓦时的水电电量大约可以减少原煤用量 500克和二氧化碳排放量 1100 克。如果将三峡水电站替代燃煤电厂,相当于7 座 260 万千瓦的火电站,每年可减少燃煤 5000 万吨,减少排放二氧化碳约 1 亿吨、二氧化硫 200 万吨、一氧化碳约 1 万吨。

8. 构筑"以铁路为骨干"的环境保护型现代化交通体系

与其他交通工具相比,火车对环境的污染和排放的二氧化碳最少。美国的铁路运输承担了全国 40% 的货物运输,但仅占与运输有关的温室气体排放量的 2.2%。日本一项研究也表明,在旅客运输每人每公里排放的二氧化碳中,私人轿车是公共汽车的 2.3 倍,是铁路的 9.5 倍;在货物运输每吨每公里排放的二氧化碳中,家用普通卡车是营业用普通卡车的 2 倍,是铁路的 13.8 倍。在我国未来的低碳经济发展中,应大力发展铁路运输,构筑以铁路为骨干的环境保护型的现代化交通体系。

9. 重点控制大型超市和交通方式的碳排放量

少建大型超市,鼓励就近购物。据英国各大型超市碳排放量的调查,超市冰箱和冷柜排放的温室气体超过了整个超市"碳足迹"的 1/4。

尽量减少公差和国际间飞行。据新西兰提供的数据,目前新西兰约16% 的碳排放都与交通方式有关,而约 80% 的交通方式都是使用汽车、火车等使用燃料的交通工具。如果 5% 的城市短途出行改用自行车,将会减少 2200 万升燃料使用和 0.35% 的与交通方式有关的温室气体排放。

10. 尽快建立"碳足迹"标示制度,引导"斤斤计碳"的消费方式

在超市商品上明确标示"碳足迹",是发达国家最广泛的标示制度。目前,法国超市商品已加贴碳排放标签,将商品从生产到销售过程中导致的二氧化碳排放量向消费者公示。日本 2001 年起便在商品标签上,标示从制造到丢弃所排放的碳总量,这项"碳足迹"标示制度一旦成功运行,预计日本 2050 年可以减少近八成碳排放量。此外,英国、韩国、泰国、美国加州政府、中国台湾等国家和地区,都已有先期或试行计算商品"碳足迹"计划和建立"碳足迹"标示制度。中国也应该尽快建立"碳足迹"标示制度,并将"碳足迹"作为科普知识进行推广,在公开媒体和网站上向大众提供计算"碳足迹"的方法,让《认识你的碳足迹》进入学生课堂。通过"碳足迹"知识的普及,让大众知道自己每天的衣食住行各种活动都会"直接或间接"地耗能排碳。以此在全社会倡导"合理物质消费",反对"攀比奢华"的生活方式。

11. 坚决限制高耗能、高污染、资源型产品的出口

要降低甚至限制某些行业"两高一资"(高耗能、高污染、资源型)产品的出口数量,并从税收政策上进行约束,进一步降低甚至取消"两高一资"企业的出口退税率。

十、德班气候大会上中国谈判策略①

《京都议定书》于 2012 年到期,2011 年南非德班气候大会将成为各国备战"后京都时代"的历史转折点。由于 2010 年坎昆大会未能就发达国家在《京都议定书》第二承诺期的减排目标达成协议,也没有达成全面的有法律约束力的气候变化协议,南非德班气候大会将要进一步细化坎昆协议,在一些焦点问题上也会取得突破性的进展。在国际气候谈判中,中国要像西方发达国家一样,善于将自己的国家利益包装在国际利益之下,从国家战略层面上输出气候治理秩序。

(一)坚持气候国际共治的三个基本原则

为防止气候治理演变成发展中国家向发达国家利益输出的渠道,在国际气候谈判中,中国要坚持"气候国际共治"的三个基本原则。

1. 以"2.0 版双轨制"充分体现《京都议定书》核心要素原则

《京都议定书》生效后,国际气候谈判形成了"双轨制"(笔者称之为

---

① 本部分完成于 2011 年,是对中国参与德班气候大会提出的谈判策略。

"1.0版双轨制"），即一方面，签署《京都议定书》的发达国家要履行规定，承诺2012年以后的大幅度量化减排指标。另一方面，发展中国家和未签署《京都议定书》的发达国家（主要是指美国）则要在《联合国气候变化框架公约》下采取进一步应对气候变化的措施。但在2010年坎昆国际气候大会上，欧盟等发达国家提出"并轨"要求，日本也抛出"终结《京都议定书》论"，他们希望通过谈判形成单一的法律文件以替代《京都议定书》。"并轨"就意味着抛弃《京都议定书》，"共同但有区别的责任"原则等一系列重要原则也将失去重要的法律载体。而《京都议定书》是目前唯一具有法律效力、强制缔约国减少温室气体排放的国际公约，是全球应对气候变化努力的重要成果，也是发展中国家与发达国家在气候"博弈"中的最有利砝码。

作为一种妥协，建议提出"2.0版双轨制"概念。"2.0版双轨制"隐含两层含义：一是对国家范围的重新界定。现在的"双轨制"包含未签署《京都议定书》的美国，这对于其他发达国家而言是不公平的，美国这样的发达国家必须先于发展中国家"并轨"。二是时间的重新界定。即发展中国家并不是无期限地享受"双轨制"，应该根据本国工业化、城市化完成情况分阶段在不同时间内完成"并轨"，如中国2030年可完成工业化，城市化率也接近70%，那么2030年后中国即可"并轨"。可以说，"2.0版双轨制"既能体现"共同但有区别的责任"，又能表明"形成单一的法律文件"是各国共同努力的方向。

2. 强调"国际法高于国内法"原则

在气候问题上，当前国际社会存在两套法律体系：一是《京都议定书》这样的国际法，是发达国家与发展中国家共同制定的法律体系，是长期努力的结果，各国都应该遵从。二是美国《清洁能源与安全法案》这样的国内法，是基于美国本国利益制定的，具有较强的绿色贸易壁垒色彩。可以说，国际公约和《京都议定书》这样的国际法对发展中国家有利，而美国出台的国内法对中国等发展中国家不利。我们目前的减排压力与其说来自国际法层面，不如说来自欧美等国家的国内法层面。后京都时代，中国等发展中国家有可能长期处于这种"国内法与国际法"相背离的尴尬境地。强调"国际法高于国内法"原则,也就是说,美国《清洁能源与安全法案》这样的国内法只适用于解决美国国内的气候争端问题;在解决国与国之间的气候争端问题时,必须依据国际公约和《京都议定书》之类的国际法来解决。坚决反对任何国家将本国的法律凌驾于国际法之上。

3. 根据 IMF 份额比重的办法建立国际转移支付机制,以落实"绿色气候基金"和"快速启动基金"来源问题

气候这样的全球性"公共品",各国政府应是责任主体,在资金筹措上也需要在国家层面上去解决。当前,全球碳交易机制只是一个市场机制,在资金来源上不具有稳定性,只能作为补充。在 2010 年坎昆会议上,谈判各方同意建立"绿色气候基金"(2020 年前发达国家每年提供 1000亿美元)和"快速启动基金"(2010—2012 年,发达国家提供 300 亿美元)。但如何落实资金来源问题,发达国家却没有明确的方案。从目前欧盟内部协调结果来看,欧盟认为资金应来自三个方面:发展中国家的自有资金(包括公私部门)、国际公共资金(来自发达国家公共部门)和国际碳市场。与此同时,欧盟强调私人资金应发挥主导作用,公共资金发挥辅助作用。这种过分强调私人资金的主导作用,使得气候资金缺乏稳定的国际转移支付的机制。

"绿色气候基金"和"快速启动基金"应当是可预测的稳定的公共资金来源。建议中国提出如下资金落实方案:各发达国家向"绿色气候基金"和"快速启动基金"交纳资金的多寡,可效仿国际货币基金组织份额比重来决定。根据权利和义务对等原则,成员国在国际货币基金组织认缴份额越大,应交纳的气候基金也应越多,如美国和欧盟在国际货币基金组织中所持份额分别为 17% 和 30%,那么他们每年要分别向"绿色气候基金"交纳 170 亿美元和 300 亿美元;在 2012 年前分别向"快速启动基金"交纳 51 亿美元和 90 亿美元。中国、印度、南非和巴西"基础四国",由于是发展中国家,根据国际气候公约相关规定,是享受"绿色气候基金"支持方,因此不需要按照国际货币基金组织份额来出资。

（二）以灵活的外交与不同国家建立战略联盟

1. 与印度、南非、巴西结成"基础四国"联盟——重点推出"碳排放峰值与工业化进程相关联"综合考核机制

"基础四国"国情相似、经济规模相当,在国际气候谈判中也有许多相似的看法和共同的立场,如果拧成一股绳,就能让发达国家作出让步。在谈判中,"基础四国"除了坚持"共同但有区别的责任"原则外,要求国际气候法案明确计算"各国可允许碳排放量",将工业化、城市化进程与碳排放峰值相关性写入条款中。

2. 与日本、德国结成"出口国"共同利益集团——力推"消费端、生产端、投资端"三端减排机制

中日德三国拥有某些共同特征:都是全球最大的制造业出口国,都拥有巨额贸易顺差。在全球"大聚餐"中,这三个国家一直为其他发达国家担负了"厨师和服务员"的角色,而其他发达国家在长期享用大厨提供的丰盛午餐时,却没有为消费中的二氧化碳排放付过账。在谈判中,如果与日德共同推出"消费端、生产端、投资端"三端减排机制,他们肯定会呼应。

3. 与欧盟结成"碳排放市场交易"双赢平台——说服欧盟继续发展《京都议定书》中的清洁发展机制（CDM）

CDM 是《京都议定书》中引入的三个灵活履约机制之一,中国作为 CDM 机制的最大供给国,已占世界总成交量的84%。而《京都议定书》将于 2012 年到期,这引发 CDM 能否持续发展的问题,欧盟目前是一个不确定性因素。中国应从共同利益的角度说服欧盟 2012 年后继续发展 CDM。一是继续发展清洁发展机制是延续欧盟"排放贸易"的关键。欧盟在公约框架之下积极推进后京都时代的谈判进程,其实质就是延续"总量控制+排放贸易"的京都模式。《京都议定书》中的清洁发展机制的实质是欧盟减排压力与成本输出通道,保留这个市场交易机制对欧盟和中国都有好处。通过清洁发展机制的合作,中国能获得资金和技术方面支持,欧盟亦能够释放减排的成本。二是保留清洁发展机制能巩固欧元在国际碳交易结算中已有的优势。目前,欧元是碳现货和碳衍生品场内交易的主要计价结算货币,全球超过60%的碳排放权交易都与欧元挂钩。在未来的碳交易中,中国既可以选择美元也可以选择欧元结算货币。对于欧盟而言,尽快占领中国这个增长最快的清洁能源市场,对于巩固欧元作为碳交易结算货币具有战略意义。

4. 与美国结成低碳转型的共赢机制——探索两国新能源可能合作的领域

中美两国能源结构相似,又是全球碳排放第一、第二大国,危机过后都面临战略转型。如果低碳转型不成功,美国面临的最大危险是可能失去石化能源领域的历史优势,中国面临的最大危险是工业化进程可能被中断。2009年美国制定了《中美能源与气候变化合作路线图》,有着强烈的与中国合作的愿望。具体说来,中美两国在气候问题上可以进行以下两个方面的合作:一是"稀缺资源与核心技术"转让机制。在新能源领域,中国需要核心减排技术,美国则需稀土资源,美国核心技术的转让与中国新能源元素的转让,将成为双方未来合作的关键点。二是在新能源汽车领域的合作。美国是传统汽车强国,在新能源汽车领域拥有较为完善的关键零部件配套产业体系。中国不仅是世界最大的汽车消费市场,而且在高效电池上已走在世界前列,中国还拥有大量的稀土矿产,这是制造电动汽车不可缺少的原料。可以说,中美两国在新能源汽车领域的合作,是中美两国新领域产业合作的切入点。

第五章　经济运行中的重点领域风险防控

2008年国际金融危机以来,我国金融监管遇到很多实质性挑战。经济运行中一些领域积攒了风险隐患。2015年之后,国家宏观经济管理部门、监管部门感受到前所未有的压力,监管部门突然意识到金融风险。2015年股灾,2016年债灾,2016年商品市场泡沫、房地产泡沫相继出现,所以2017年出现了对金融的严厉整顿。2018年中央经济工作会议将防范化解风险列为未来3年三大任务之首,并明确"重点是防控金融风险"。党的十九大报告指出,要健全金融监管体系,守住不发生系统性金融风险的底线,坚决打好防范重大金融风险攻坚战。从主要领域来看,国有企业杠杆率偏高、房地产市场价格波动过大、互联网金融风险爆发过密,银行资金成本高导致的企业融资难融资贵,国际低碳压力下的地方经济发展困境、"农民荒"与"农民工"同时成为社会领域重要问题等。只有通过对重点领域的风险防控,才能促进形成金融和实体经济、金融和房地产、金融体系内部的良性循环。

一、当前金融领域应该关注的几个问题

金融是经济的核心。金融安全既是国家安全的重要组成部分,也是国家安全的前提条件和重要保障。没有金融安全,国家安全体系就难以得到有效支撑。习近平总书记深刻指出,金融是实体经济的血脉,为实体经济服务是金融的天职,是金融的宗旨,也是防范金融风险的根本举措。危机10年,经济形势不断面临下行压力、金融风险不断暴露,如何认识当下的金融风险?

当前中国金融最需要关注九个方面的问题。

（一）金融机构资产质量恶化的风险

近年来随着经济下行,商业银行不良贷款的规模和比率都有较明显的上升,原银监会公布的《2017 年商业银行主要监管指标情况表(季度)》显示,2017 年年末的不良贷款余额从 2016 年年末的 15122 亿元上升到 17057 亿元,增长 12.80%,不良贷款率从 2015 年年末的 1.67%上升到 2017 年年末的 1.74%。2017 年年底"次级""可疑""损失"贷款分别比 2016 年年底增长 2.61%、19.95%、18.86%。不良资产上升,侵蚀着银行业抵御风险能力。那么,不良资产上升是否意味着金融机构资产质量恶化? 这值得研究。

（二）"影子银行"问题

按照金融稳定理事会的定义,"影子银行"是指游离于银行监管体系之外、可能引发系统性风险和监管套利等问题的信用中介体系。近年来,"影子银行"成为中国金融体系的"幽灵",时常被市场当作即将引爆的定时炸弹。对"影子银行"的统计有不同口径。2016 年小口径的核心"影子银行"规模(委托贷款、信托贷款、未贴现银行承兑汇票之和)达到 23.41万亿元,大口径"影子银行"规模(包括信托受益权、定向资产管理计划、表外理财产品等)超过 50 万亿元。"影子银行"与正规银行一样,从事着借短贷长的期限转换业务。"影子银行"很大程度上是规避正规银行监管的产物。目前,中国的"影子银行"规模究竟有多大? 监管者如何加强对"影子银行"的监管? 这都需要进行深入研究。

（三）银行理财业务发展问题

第三个问题与第二个问题高度相关。中国的"影子银行"主要指银行理财部门中典型的业务和产品。近年来,居民对资产的保值增值意愿不断加强,由于我国存款利率较低,而银行理财产品的承诺收益率往往要高于银行存款利率,二者之间存在较高的利差,即便理财产品预期收益率有所下滑,但其回报率依然高于同期限存款利率,从而导致银行理财产品备受投资者追捧。受强劲的需求以及银行对理财产品业务的不断创新,我国银行理财产品的规模不断攀升,据国际货币基金组织统计,中国大型商业银行发行的理财产品总值已由 2010 年占 GDP 的 7%增至 2016 年的39%,规模已增长 5 倍多,已然成为金融市场的"巨无霸"。相比银行存款,理财产品的收益明显较高,也更容易得到市场的认可。银行理财业务的发展,使得金融和实体经济出现了巨大脱节,银行资金出现了空转:中央企业的财务公司可以从中央银行拿到低息贷款,它可以借钱给民营企业,但民营企业拿到钱后,发现也没什么可投资的,资产收益率在下降,房地产调控又比较严格,于是把拿到的钱又去买中小型银行的银行理财。中小型银行拿到钱后,发现也没什么需要,就又去买银行之间的同业产品,资金就出现了空转,造成各类资产泡沫化。这样一来,理财业务也成为银行非息收入的主要来源,也是各银行核心竞争力的关键。银行理财产品规模太大,增长太快,也给监管层带来了更大的监管压力。如果风险得不到有效控制,则会引发系统性金融风险。我国银行理财业务给银行带来哪些影响?银行理财产品风险几何?银行运作有哪些不规范之处?下一步监管会有何新举措? 这些问题都需要深入研究。

(四) 小型微型企业融资问题

小微企业是经济活力的源泉,党的十八大提出,推进经济结构战略性调整,要支持小微企业特别是科技型小微企业发展。据国家统计局数据,当前中小微型企业在我国已经占了全国企业总数的 99%以上,中小微型企业创造的产值占国内 GDP 的比重达 60%,上缴国家各种税收额占56%,提供了将近 77%的城镇就业岗位。然而,中小微型企业所获得的金融机构的贷款仅占贷款总额的 15%。解决中小微型企业融资难问题已经成为当前中国经济社会发展最为紧迫的问题。

(五) 房地产风险

近两年来,房地产市场形成高价格、高库存、高杠杆、高度金融化和高度关联性的"五高"风险特征。今后一个时期,我国房地产市场面临的潜在风险仍然较大。目前,一线城市及部分二线城市房地产市场呈现出较强的金融属性,并带来巨大的"虹吸效应",使得经济进一步"脱实向虚"。近几年房地产贷款占各项新增贷款总额的45%左右。房地产金融化很可能将风险转移到银行等金融机构,导致金融机构资产质量恶化,引发金融风险。房地产市场如何健康发展?如何防范房地产风险?这值得研究。

(六) 债务债券违约风险

一是地方政府债务违约风险。经济转型期,政府往往采取扩张性财政政策拉动经济增长,缓释经济下行压力。根据财政部数据,我国中央和地方政府的债务总体处于可控范围。但政府债务扩张速度加快,政府债务占 GDP 的比重迅速上升,风险压力明显增大。政府负债率由 1995 年的 21.45%上升至 2017 年的 47.61%。其中,地方政府债务存在违约风险。尽管 2015 年开始实施地方政府存量债务置换计划,降低约 2000 亿元的利息负担,减轻了地方政府短期偿债压力。但债务置换的实质就是债务展期,而债务不可能无限期展期,最终还是需要地方政府偿还。从违约概率看,超过一半的省市存在违约风险,1/3 省市的政府债务可能100%违约。如何化解我国地方政府债务违约风险,值得关注和研究。二是企业债券违约风险。近年来,企业债券市场扩张迅猛,2017 年,山东天信集团、齐星集团、长兴集团等企业债务危机爆发,引发市场高度关注。由于金融机构持有的信用债比重高达 80%,如果违约事件频发,将导致金融机构资产负债表恶化。

(七) 国有金融资产管理问题

国有金融资产是国家对金融企业各种形式的出资所形成的权益。截至 2017 年年底,国有金融企业资产总额 241 万亿元人民币,规模巨大的国有金融资产管理却缺乏一个国有金融资产所有者的"实体"。国务院国资委不管国有金融资产,中国银行保险监督管理委员会也不是国有金融资产的"东家",被寄予厚望的中央汇金公司的成立,并不能解决当前国有金融资产管理与经营所面临的全部现实问题。从深层次追究,缺乏一个国有金融资产所有者的"实体"是这些问题的根本"症结"所在。鉴于我国现行国务院国资委模式已经取得了较好的实践运作经验,是否可以成立一个独立的国有金融资产管理委员会,来统一担负国有金融资产管理运营职责?是一个值得探讨的现实问题。成立"金融国资委"代表国家行使出资人职能,并配以切实可行的管理经营机制,专门管理国有金融资产,对国有资产保值增值和国家金融风险的防范有重要意义。

(八) 股票市场持续低迷问题

　　股票市场首要的功能是融资功能,融资功能有稳定经济的作用。经过几十年的不懈努力,我国股票市场成为世界第四大股票市场,为企业融资和发展起着重要作用。但金融危机以来,我国股票市场经历了暴涨和暴跌。股市暴涨,最后大跌会造成一系列的连锁金融市场反应,首先,对整个宏观经济的稳定发展是不利的。其次,如果资本市场跌得非常低,人们将失去信心,它就失去融资功能,有些企业就不得不到银行贷款来解决融资问题。这样企业的负债率就会非常高,资本就得不到补充,整个国民经济运行的风险也会非常大。股票市场连续下跌还可能使部分金融机构出现流动性风险。目前,中国经济发展重要的支柱产业正在转型升级,需要有更大的投入,如果资本市场不能够恢复它的融资功能,对中国产业的转型升级是一个很大的制约因素。中国股市近十年持续低迷,是什么原因造成的?怎么办?这亟须管理层破解。

(九) 互联网金融风险呈区域性特点

　　互联网金融没有改变金融的本质,兼有金融属性和互联网属性,其风险既包括传统金融行业的利率风险、市场风险、违约风险等,又包括互联网行业的信息风险、操作风险。不同于传统的金融风险,互联网金融创新打破了地理空间距离的束缚,互联网金融风险嬗变、传染的速度更快、区域更为集中。2016 年以来,国内上海等多地 P2P 网络借贷机构集中"爆雷",互联网金融风险"由点转面"的趋势增强,广东、上海、北京等国内发达地区,成为互联网金融风险的重要风口,互联网金融风险社会危害的区域属性逐步增强。截至 2018 年 6 月,国内 P2P 网络借贷出现问题的企业数量,超过 500 家的地区主要集中在北京、上海、广东、浙江、山东 5 个东部地区,占全国网络借贷问题企业总数的 61.0%;200 家左右的多集中于河南、湖北、四川等 9 个中西部地区,占全国总数的 27.9%;低于 50 家的多位于新疆、黑龙江、吉林等 16 个西部及东北地区,占全国总数的 11.1%。因而,从区域视角出发,研究国内互联网金融风险的区域特征、趋势,探索区域互联网金融风险治理中存在的关键问题,对于提高互联网金融风险监管效率具有重要的现实意义。互联网金融风险呈现的区域性特点值得关注。

二、我国杠杆率水平、结构性特点及政策体系设计

这场全球性金融危机,本质上是一场杠杆率不断攀升的危机。危机前不同的经济体都在加杠杆,随着杠杆率不断上升,系统性风险在不断积累。"降杠杆率"成了各国化解风险的重要途径。中国作为世界第二大经济体和最大的发展中国家,随着杠杆率不断上升,宏观经济全局性、系统性的金融风险也在不断积累。如何降杠杆,需要在控制风险与经济增长平衡之间寻找一套综合性解决方案。

(一) 我国杠杆率水平及结构性特点:基于 1996—2020 年数据分析

"杠杆率"可以从企业部门与非企业部门两个层面来理解。对于企业部门来说,"杠杆率"是总资产/权益资本,它能够准确地反映出企业的还款能力,是一个衡量企业债务风险的指标。对于非企业部门(如居民、政府)而言,"杠杆率"指的是债务/名义 GDP 的比率。一个国家的"总杠杆率"包括居民、政府、非金融企业和金融机构四个部门的总债务/GDP。

在经济社会运行中,杠杆扮演着重要的角色。无论是微观企业还是宏观国家,都需要运用杠杆。

那么,中国目前杠杆率有多高?"十三五"期间我国杠杆率水平又呈什么样的走势?"杠杆率"是否升高是观察一个经济体是否会爆发金融危机的领先指标。通过1996—2020年的数据分析,中国杠杆率有以下两个重要特点:一是从总体上看,我国总杠杆率水平并不高,但却呈快速上升趋势。横向国际比较,中国整体杠杆率并不高,低于发达国家。根据经济合作与发展组织(OECD)和国际货币基金组织数据,截至2015年12月底,发达国家总杠杆率平均水平为351.17%,其中日本、爱尔兰、葡萄牙更高达472.3%、515.7%、404.3%。而中国只有248.9%。但我国杠杆率呈快速上升趋势。统计数据显示,我国杠杆率从1996年的114%上升到2015年的248.9%。二是从结构上看,中国家庭部门、政府部门杠杆率较低,非金融企业杠杆率几乎是世界最高的。

1. 家庭部门债务占 GDP 的比重较低但上升较快

根据经济合作与发展组织和国际货币基金组织数据分析,截至2016年6月,中国家庭部门杠杆率从2007年的19%上升到2016年的41.14%。尽管如此,中国家庭部门杠杆率也远低于发达国家平均水平(79.7%)。近年来,家庭部门杠杆率增长,与居民部门金融资产呈现理财化趋势高度相关。

2. 中国政府部门杠杆率水平不高,整体债务水平尚在安全范围以内

国际货币基金组织数据显示,截至2015年12月,中国政府部门杠杆率只有42.9%,大大低于发达国家的104.4%水平,略高于新兴经济体和发展中经济体(44.6%)。按此增长趋势,到2021年也只有57.2%。[①] 需要指出的是,上面的历年数据并不包括地方政府债务,仅仅是中央政府债务。若把地方政府债务考虑在内,政府部门杠杆率水平要高一些,风险也相对较大。当前,中国政府债务存在两大潜在风险:一是中央财政的债务

---

① 数据来源:IMF,*Fiscal Monitor*,Jan.,2017。

依存度过高,存在财政支出过分依赖债务收入的风险。二是债务偿债率过高,存在集中偿债的风险压力。

3. 中国非金融企业杠杆率水平过高

发展中国家在高速发展的过程中通常都会伴随着企业加杠杆,中国也不例外。1996—2020年,我国非金融企业经过2次升杠杆阶段。第一次是1997年亚洲金融危机后,从1996年的84%上升到1999年的100%;之后,2000—2006年的杠杆率在100%上下波动。第二次是2008年国际金融危机后,非金融企业加杠杆非常明显,从2007年的97%上升到2015年的131.2%,大大高于发达国家平均水平80.02%。按此增长速度,到2020年中国非金融企业杠杆率会达到132.65%。

4. 我国金融机构部门杠杆率相对较低,但呈明显上升趋势

截至2015年12月底,我国金融机构部门杠杆率为21%,比1996年的4%高出17个百分点。按此增长速度,到2020年金融部门杠杆率能达到24.05%。以直接融资为主的融资模式是造成我国金融机构杠杆率大幅上升的重要原因。

(二) 在经济下行周期背景下:高杠杆率会导致系统性风险

高杠杆率给我国经济发展带来一系列的不良后果,具体表现在以下三个方面。

1. 风险放大效应:高杠杆率与经济下行周期碰头会相互放大负效应

"杠杆率"的另一层含义,就是"倍数"。杠杆率具有放大效应,加剧经济的周期性波动。在经济处于上行周期时,企业更容易从银行获得信贷支持,会促进投资,此时高杠杆会放大繁荣。在经济处于下行周期时,因资产价格不断下跌,企业可供银行信贷抵押物也会缩水,再加上经济不景气时银行"惜贷",企业获得融资更为艰难,此时高杠杆会放大萧条,导致金融体系的不稳定性。目前,我国正处于经济下行周期,去杠杆对实体经济产生的不利影响已经开始显现。

2."逆向淘汰"效应风险:国有企业和重资产行业对中小企业和新兴行业金融资源的挤占

一是国有企业获得的信贷资源比民营企业多,形成国有企业对民营企业的挤占效应。金融危机以来,国有企业资产负债率不断上升,2016年达61.6%;民营企业资产负债率不断下降,2016年达51.9%。[①]

二是"重资产"行业获得的信贷资源比"轻资产"行业多,形成"重资产"行业对"轻资产"行业的挤占效应。重资产行业一般是资金投入较大,但获得利润回报较低,如果更新产品,则需要更新生产线,资产折旧率高。中国经济转型艰难,主要是重资产行业占用了太多的信用资源。而重资产行业往往又是产能过剩的行业,资产负债率居高不下。在战略性新兴产业中,中小企业和创业企业占比较高,占整个战略性新兴产业的75%以上。由于服务业、高科技产业具有"三高"(即高投入、高回报、高风险)特点,与银行融资支持的原则相悖,导致这些行业难以获得融资支持。

3.风险传导效应:由局部风险可能引发成系统性风险

当一个国家的资产负债表中某个部门出现杠杆率过高,有可能导致整个市场失灵。可能由单一风险引发为系统性风险,由金融风险演变成实体经济风险,乃至转化成社会和政治风险。单一风险向系统性风险演进,可以从以下几个路径传导:

一是实体经济之间风险传导。单一企业风险引发成系统性风险的逻辑演进链条是:个别企业陷入流动性风险→企业之间偿付性风险(债务链断裂)→企业坠入"债务—通缩"陷阱→风险向银行部门集中→直接融资与间接融资体系风险交互作用→杠杆风险传递到宏观层面→系统性风险爆发。

二是实体经济与金融机构之间的风险传导。市场不景气导致企业资产负债表失衡→企业目标从原来的"利润最大化"向"负债最小化"转变→实体经济都不愿意投资→银行愿意贷款企业也不借→央行宽松货币政策

---

① 数据来源:国家统计局;《中国统计年鉴》(1997—2015),中国统计出版社。

银行也不敢贷款→全社会陷入信用紧缩局面→银行不良资产产生。

三是金融机构之间风险传导。随着金融市场相互关系越来越紧密，杠杆风险会传递至整个金融系统，导致金融失衡风险。目前，风险较大的主要是股份制商业银行。中国人民银行发布的《中国金融稳定报告(2016)》，对31家银行同业双边风险敞口测算显示：系统重要性商业银行、大型商业银行资本较为充裕，风险传染性相对较小；城市商业银行属于资金净融入方，风险传染范围有限；农村商业银行的传染性风险较小。而股份制商业银行风险最高，由于股份制商业银行在同业市场上仍是最大的资金净融入方，一旦发生同业信用违约则传染范围较广。

四是局部地区债务风险已开始显露。主要表现在地方政府债务风险。财政收入与经济增速具有高度相关性，我国经济正从高速增长向中高速增长转型，经济减速下行使地方政府偿债能力有弱化的风险。而地方政府融资平台多以土地作为融资抵押物，地价迅猛上涨，助长了地方政府的举债冲动，成了地方政府性债务急剧扩张的助推器，地价波动直接影响其融资和债务偿还能力。

（三）"降杠杆"政策体系设计：宏观与微观层面共同发力

降杠杆亟须一套综合性解决方案，这一综合性解决方案需要在短期风险和长期收益中找平衡。降杠杆包括两个层面：宏观层面是控制总杠杆率；微观层面是降低非金融部门的杠杆率。

1. 宏观层面：控制总杠杆率，在去杠杆与稳增长中取得平衡

国际货币基金组织指出，去杠杆一旦在全世界范围内集中实施，必然对国际经济产生巨大的紧缩效应。在经济下行压力下，"去杠杆"面临两难境地：一方面，杠杆率过高会增加系统性风险，必须要降；另一方面，实体经济不景气，激进式的降杠杆可能导致经济衰退。实体经济发展还需要依靠加大杠杆维持经济增长。如何在去杠杆与稳增长中取得平衡，考验着政府的决策艺术。

控制总债务水平的增长，需要一个稳定的经济增长。从去杠杆与经济增长关系看，通过经济增长来消化负债是最健康的"去杠杆"方式。判

断一国杠杆率是否在合理区间,不仅要看杠杆率水平,还要看经济增长能否覆盖债务成本的增长,也就是"杠杆率增长与经济增长"是否同步,从宏观来看,即债务成本<经济增速。如果债务成本超过经济增速,则任何水平的杠杆增加都会加剧经济体内的风险,从而引发系统性危机。实践中,多数国家通过可持续的 GDP 增长达到带动收入、资本、净资产增长的目的。据对英国、法国、日本、西班牙、葡萄牙、意大利测算,去杠杆化大致需要 2% 的 GDP 增长。

从经济周期看,去杠杆应选择经济上行周期。目前,我国经济正处于下行周期,激进式降杠杆可能会导致资产负债表的衰退。实践证明,过快的债务紧缩,会导致实际经济增速下降和资产价格下跌。只有到经济复苏时,才可以通过提高整体要素生产率来逐步化解宏观杠杆率。

综上分析,笔者提出去杠杆总体思路:稳增长是去杠杆的基础,保持一定的发展速度是第一位的,只有保持一定的 GDP 增长,去杠杆才有基础;去杠杆,要更多依靠经济发展,要通过结构性调整来推进。

2. 微观层面:创新金融部门融资模式,实现企业资产负债表式的"降杠杆"

从企业资产负债表看,就是通过降低负债(分子),使其与资产(分母)相匹配,或做大资产(分母)使其与负债(分子)相匹配,因此,称"资产负债表式去杠杆"。对于企业来说,"降杠杆"就是要将过高的杠杆恢复到正常的区间。那么,企业负债率多高是合理区间? 一般不超过70%,如果超过 70%,则需要去杠杆。但各行业标准不一。国家相关规定是:投资项目需要企业自有资金不低于30%或创业平均值或超过收入增长速度。具体说来,从融资方式看,有四种模式:资产负债表右边是通过融资结构调整达到"降杠杆"目的,主要包括负债融资(又叫债权融资)、股权融资和夹层融资。资产负债表左边,是通过盘活存量"降杠杆",主要是资产证券化融资。

融资模式一:企业债权融资——通过降低资金成本降杠杆。负债融资是间接融资,是在分子上做文章。从资金需求侧看,负债融资具有"税收优惠效应",相对于股权融资,负债融资的优点是,利息可以从税前利润中扣除,从而减少应纳税额而给企业带来价值增加效用。从资金供给侧看,对于企业来说,负债融资成本从高到低有信托计划与资管计划、商业银行贷款、公司债或企业债、政策性银行贷款、中期票据与短期融资券等多种方式。目前主要选择低利率方式融资和发行企业债券来降低企业融资成本。

融资模式二:企业股权融资——通过增加权益"降杠杆"。与商业银行间接融资方式相比,股权融资是直接融资,是指股东通过出让部分股权,引进新的股东来增资和融资。与负债融资相比,股权融资所获得的资金,企业无须还本付息,但新老股东要同享企业的赢利。增加权益,是在分母上做文章。从资金需求侧看,股权融资是经济债权化向经济资本化方式转型。新的融资模式摆脱了杠杆率,即负债率的束缚。这也是为什么说"股份制及其衍生的资本市场是近代人类经济生活的一大发明"。股份制及资本市场实现了资金从储户(银行的债权人)向投资人(股东)的转换,即从"债权融资"向"股权融资"转变,实现了融资方从"内涵式增长"(资本积累)向"外延式增长"(资本集中)的转换。

与负债性的间接融资相比,直接融资成本低。因间接融资会两次放大负债和提升杠杆,第一次是通过储蓄,加大了银行杠杆,即居民将钱储蓄到银行,扩大了银行负债率;第二次是银行又以贷款方式将资金放给企业,又加大了企业杠杆率,导致"经济债权化"。而股权融资,则不需要通过银行,资金以投资方式将直接进入企业的权益。对全社会来说,就是经济资本化。

从资金供给侧看,股权融资具体包括股票市场的 IPO 与增发、商行贷投联动、信托与资管计划、股权投资基金、股权众筹等多种股权融资工具。

融资模式三:企业夹层融资——介于债权融资与股权融资之间的融资方式。"夹层融资"处于公司资本结构的中层,包含夹层资本(投资方)和夹层债务(需求方)两个方面。夹层资本的收益和风险介于企业债务资本和股权资本之间,本质是长期无担保的债券类风险资本。典型的夹层债务提供者可以选择将融资金额的一部分转换为融资方的股权,如银行债转股、可转换公司债券、认股证、次级贷款、股权回购、银行信用证等。其中,债转股是国家目前正在推行的一种旨在化解金融风险和降低企业负债率的重大经济措施。

融资模式四:资产证券化融资——盘活存量"降杠杆"。资产证券化融资是通过盘活存量的方式降杠杆。由于企业"真实出售"了债权,达到了风险隔离的目的,既将存在于某一产业链条之内的风险释放,转移给了广大的投资者,又降低了投资者的风险和信息获取成本,对于宏观经济的平稳运行具有积极的意义。这也正是为什么近两年在国内宏观经济增速连续下台阶的背景下,资产证券化业务被重新摆上了一个重要位置的原因。

综上分析,负债融资、股权融资、夹层融资、资产证券化融资构成了企业四种融资模式。杠杆率从低到高的排序为:股权融资、企业夹层融资、资产证券化融资、负债融资。

三、分类推进国有企业结构性去杠杆[①]

2018 年 4 月 2 日,习近平总书记在中央财经委员会第一次会议上指出,"要以结构性去杠杆为基本思路,分部门、分债务类型提出不同要求"。5 月 11 日,习近平总书记在中央全面深化改革委员会第二次会议上又指出,"加强国有企业资产负债约束,是落实党的十九大精神,推动国有企业降杠杆、防范化解国有企业债务风险的重要举措"。我国国有企业杠杆率偏高,如何加强国有企业资产负债约束,实现结构性去杠杆?

从国有企业资产负债表出发,采用 31 个省(自治区、直辖市)的国有工业企业资产负债率为考察指标,以资产负债率 70% 为上限(上交所对"上市公司对外担保警戒值"的要求),以 56% 为下限(国有工业企业的平均资产负债率),将国有企业杠杆率分为高杠杆型、中等杠杆型和低杠杆型三类,提出"分类施策降低国有企业杠杆率"的思路。

---

① 本部分王学凯参与写作,在此表示感谢。

（一）高杠杆型省份应以"市场＋政府"模式重点清理"僵尸国企"

高杠杆型，是指国有工业企业资产负债率超过70%的省（自治区、直辖市）。根据万德数据库的统计，2017年，河南、山西、广西和青海4个省（自治区、直辖市）属于这一类型，其国有工业企业资产负债率分别为74.6%、74.5%、72.0%、70.8%。僵尸企业"僵而不死"是高杠杆型的主要原因，有的省（自治区、直辖市）多年来杠杆率一直居高不下。中国人民大学国家发展与战略研究院年度报告显示，广西早在2000—2004年僵尸企业占比就高达29.0%，山西在2005—2013年僵尸企业占比为15.3%。

处置"僵尸企业"有多种国际模式可借鉴。一是美国的"市场主导"模式。2008年国际金融危机期间，美国政府只救助那些关乎国家安全的重要企业，其他僵尸企业主要依托市场机制，由企业通过破产、重组等方式自行出清。同时，还有一些配套措施，如银行、私募基金、并购基金等多元主体参与，发行垃圾债券、换股、债权收购等多种运作方式；引导金融机构出售抵押品、外包资产管理项目、资产证券化等消化不良资产等。二是日本的"政府主导"模式。2000年之后，日本为处置僵尸企业，专门设立了"产业再生机构"。该机构由政府牵头，财政出资，但运行具有一定的独立性和自主性。他们聘请经济、金融、智库等领域权威人士，在3—6个月全面调查的基础上，"对僵尸企业是否应该救助"进行科学评价，决策委员会须2/3以上同意的方可救助。其流程是：对收购来的僵尸企业债权再重组，即先行折价收购，再从内部重组，然后出售退出。三是德国的"市场＋政府"模式。20世纪中期，德国鲁尔区的煤炭、钢铁等行业出现大量僵尸企业，德国一方面采用市场化的并购重组，建立重组基金，对相关企业进行补偿；另一方面，政府实施再就业保障体系，为失业者提供基本保障，对雇佣失业者企业进行补贴，鼓励自主创业等。

建议我国采用"市场＋政府"模式出清"僵尸企业"。市场层面，以并购重组为主，结合多种配套措施。一是对非重点行业或企业，可有针对性地停止"输血"，实施破产清算，以达到对其他行业或企业的警示作用。

二是对重点行业或企业,按行业重组企业。对产业集中度不高、同质化竞争严重的行业,鼓励龙头优质企业并购中小规模企业,形成重点行业的聚合力。三是鼓励跨区域、跨所有制并购重组。发达省份或城市,可跨区域对欠发达地区开展并购重组,引入民营资本实施混合所有制改革。四是成立并购重组基金,鼓励金融产品创新。可由政府、国有企业、参与并购重组的民营企业,共同出资成立并购重组基金,用于对企业或个人的补偿。

同时,鼓励使用多种金融产品,尤其是资产证券化产品,扩大并购重组资金来源。政府层面,设立"僵尸企业"并购重组委员会,保障企业员工利益。"僵尸企业"并购重组委员会专门负责研究"哪些僵尸企业需要破产清算""哪些僵尸企业值得救助""提供多大程度的救助"等问题。完善再就业保障体系,以当地最低工资标准,为失业者提供基本的生活保障;以税收优惠的方式,鼓励本地其他企业雇佣失业者;对自主创业实行多种便利,比如办公场地的租金优惠、银行信贷便利、税收优惠等。

(二) 中等杠杆型省份需从"资产端+负债端"着重改善资产负债表

中等杠杆型,是指国有工业企业资产负债率介于56%—70%的省(自治区、直辖市)。统计数据显示,2017年,天津、云南、新疆、辽宁、吉林、宁夏、河北、山东、黑龙江、陕西、内蒙古、四川、湖南、贵州、安徽、甘肃和江苏17个省(自治区、直辖市)属于这一类型。这些省(自治区、直辖市)的国有工业企业资产负债率并不高,但也存在一定的风险。

中等杠杆型的形成方式有三种。第一种是"上行式"中等杠杆,指的是资产负债率由低向高呈上升趋势。比如新疆,2005年国有工业企业资产负债率仅为56%,此后一度降至32%,但2017年上升至68%。第二种是"稳定式"中等杠杆,指的是一直处于中等杠杆水平的情况,比如天津、辽宁、贵州等多个省(自治区、直辖市)国有工业企业资产负债率从2005年以来,基本处于稳定状态。第三种是"下行式"中等杠杆,指国有工业企业资产负债率呈下降趋势。比如黑龙江、江苏、甘肃等省(自治区、直辖市)国有工业企业资产负债率分别从 2005 年的 84%、67%、68.3%下降到 2017 年的 65%、56%、58%。

建议从"负债端+资产端"着重改善中等杠杆型国有企业的资产负债表。负债端,以调整融资结构为主,可以通过三种途径实现:一是减少负债融资。应给予国有企业一定的利率优惠,鼓励国有企业自发企业债券。二是适当增加企业夹层融资。夹层融资本质上是长期无担保的债券类风险资本,可推动国有企业实施"债转股"。三是鼓励采用股权融资。综合采用股票市场的 IPO 与增发、商行贷投联动、信托与资管计划、股权投资基金、股权众筹等多种股权融资工具,推动国有企业混合所有制改革。资产端,以盘活融资存量为主。按照"真实出售、破产隔离"原则,积极开展以企业应收账款、租赁债权等财产权利和基础设施、商业物业等不动产或财产权益为基础资产的资产证券化业务。

(三) 低杠杆型省份可适当提高杠杆率,对区域发展形成辐射作用

低杠杆型,是指国有工业企业资产负债率低于 56%的省(自治区、直辖市)。此类省(自治区、直辖市)"杠杆率增长与经济增长"是同步的,适度提高杠杆率会促进经济增长。根据 Wind 数据库的统计,2017 年,重庆、广东、湖北、北京、浙江、福建、江西、上海、西藏和海南等 10 个省(自治区、直辖市)属于这一类型。其中,除了西藏的国有工业企业资产负债率从 2005 年的 27%上升至 2017 年的 42.7%,其他省市都呈下降趋势,海南国有工业企业资产负债率更低,仅为 17.8%。这些省(自治区、直辖市),或是 GDP 总量排全国前列,如广东、北京、浙江和上海;或是 GDP 增速排全国前列,如西藏、重庆、江西、福建等。

建议低杠杆型省(自治区、直辖市)适当提高国有企业杠杆率,对区域发展形成辐射作用。适当提高北京的国企杠杆率,对京津冀地区、东北地区的发展形成辐射;适当提高浙江与上海的国企杠杆率,对中部和西北地区的发展形成辐射;适当提高广东的国企杠杆率,对西南地区的发展形成辐射;适当提高海南的国企杠杆率,推进海南自由贸易区的建设。

四、建立房地产市场发展长效机制

中国的经济十几年来一直被楼市波动严重困扰。2010 年、2016 年中央启动了房地产调控。经过调控,房地产市场朝着宏观调控预期方向发展。不到一年,全国 70 个大中城市房价开始实质性下降,内地房地产人民币贷款增速逐月明显回落,尤其以房地产开发贷款回落最甚。正当调控效果刚刚显现时,一些国内媒体开始发出"房地产调控会误伤经济"的担忧,一些海外媒体也加紧了"中国需要放松政策"的宣传力度。这些看空言论,无疑对政府决策构成了严重的干扰。我们认为,中央政府需要在市场预期显出分歧的当下,趁热打铁,彻底打消既得利益集团的"博弈"心态。

(一) 我国房地产市场是否存在泡沫

理论上讲,房地产泡沫是房地产的市场价格,相对于它的一般均衡价格,出现较长时间的、非平稳性的、向上的偏移。也就是说,房地产泡沫的破灭是房地产的市场价格,向其一般均衡价格的突发性的、贯通起始点的回归过程。考虑到指标的可得性、易用性和可比性,本书选取 5 个指标对我国房地产市场是否存在泡沫及其泡沫大小进行分析和总体判定。

1. 房价与 CPI 的同步率

房价与 CPI 的同步率也即房地产价格增长率与 CPI 增长率 的比。1997—2013 年间,除个别年份外,我国商品房价格增长率显著快于 CPI 增长率。房价与 CPI 增长出现了更加严重的背离,表明在经济回升基础还不稳固的大背景下,至少有部分信贷资金流入房地产业,成为房地产市场泡沫膨胀的重要成因。

2. 房价收入比(收入与房价的相对变化)

该指标是根据房地产泡沫形成中过度的投机需求来设计的。房价收入比是一套居民住房的平均价格与居民平均家庭年收入的比值,反映了居民家庭对住房的支付能力,该比值越大,说明居民购房的实际支付能力越弱,房价虚高成分越多,居民支付能力就越弱。一般认为,房价收入比在 6.0 以内就不会出现房地产泡沫。通常,房价在很长一段时间内持续快速上涨可能是出现房地产泡沫的预警信号之一。瑞银新兴市场经济学家乔纳森·安德森(Jonathan Anderson)指出:过去十几年,中国居民用于买房的支出占其总支出的比重越来越高,挤压了居民消费。对中国房地产市场的一个常见评论是房价收入比非常高:老百姓通常得用 9 年到 10 年的收入才买得起一套房;而在一些大城市,房价收入比攀升至 20 年。

3. 价格租金比

价格租金比是指每平方米使用面积的房价与月租金之间的比值,该比值越大,说明市场投机成分增加,泡沫增大,反之亦然。当房屋作为投资需求时,决定房价的因素是房屋租金,国际通常用价格租金比来表示房价水平的高低和泡沫的大小。如果比值大于 1,说明价格租金比在提高,市场投机成分和泡沫较大;如果比值小于 1,则说明价格租金比较低,市场的投机成分和泡沫在减少。数据显示,除 2000 年和 2001 年外,近年来全国房地产市场"价格租金比"持续大于 1,说明我国房价上涨快于租金上涨,房地产市场中的投机成分和泡沫在不断增大。

4. 房地产投资占固定资产投资的比重

房地产投资占固定资产投资的比重用来评价社会总投资在房地产业的聚集程度。一般认为,房地产投资占城镇固定资产投资的比例超过 20%,就存在房地产泡沫。近十年来,除个别年份外,我国大多数年份房地产投资占城镇固定资产投资的比例都超过 20% 的警戒线。

5. 房地产开发贷款增长率/银行贷款增长率的同步率

该指标用来判断房地产业对银行业的依赖程度,这个指标一方面可以反映房地产贷款与其他贷款相比是否过大,横向反映房地产信贷规模是否合适;另一方面还可以反映银行贷款向房地产开发贷款的集中度。一般认为,如果该指标值小于 1,属于基本正常;如果超过 1 但小于 2,则有轻微的房地产泡沫;如果超过 2,则有严重的房地产泡沫。长期以来,我国开发商融资来源较为单一,严重依赖商业银行,房地产开发贷款是其最主要的资金来源。近年来,我国房地产贷款增速普遍下降。

在上述五个指标中,如果大部分指标都出现了轻度泡沫或严重泡沫,则有理由认为整个房地产市场出现了轻度或严重泡沫。事实上,在五个指标中,有三个指标出现了严重泡沫,一个指标处在轻微泡沫区间,一个指标名义上正常,但剔除不可比因素之后,该指标至少也会落在轻微泡沫区间。因此,根据五个指标总体判定,我们至少有 80% 的把握认为中国房地产市场不仅存在泡沫,而且已经比较严重。

(二)房地产调控意义重大

房地产泡沫既是历史经济现象,也是中国以及许多经济高增长的发展中国家面临的现实问题。房地产泡沫对刺激短期经济增长似乎具有魔力,但是,无数教训证明,依靠房地产泡沫发展经济,其长期危害极为严重,成为制约中国经济可持续发展的"系统性问题"。

房地产调控意在防范系统性经济风险。历史数据显示,房价涨幅与通胀之间具有高度相关性。作为生活必需品,房地产价格变化应与 CPI 变化的方向基本一致,并在一定的区间内变动。如果该比值大大超过 CPI 的上涨幅度,则表明有更多的货币供应流入房地产部门,产生房地产泡沫的可能性越大。通常认为,房价与 CPI 的同步率在 2 以下属于正常,在 2—4 之间属于轻微泡沫,大于 4 则认为有严重泡沫。1997—2009 年间,除个别年份外,我国商品房价格增长率显著快于 CPI 增长率。尤其是 2009 年度,在 CPI 为负增长的情况下,全国众多大中城市房价暴涨 40%—50%,房价与 CPI 增长出现了更加严重的背离,成为房地产市场泡沫膨胀的重要成因。

房地产调控意在促进社会稳定。在中国,没有一个产业像房地产业那样迅速发展却又积累了如此大的"民怨"。联合国人居中心研究认为,一套住房的合理价格应为居民年收入的 2—3 倍,如超过 6 倍时,大多数人就会无力购买,则会引发社会矛盾。根据测算,早在 2009 年度我国房价收入比已高达 8.2 倍,尤其是北京、深圳等一线城市房价收入比均突破了 10∶1,北京核心区更是达到 27∶1 的高位,远高于东京、伦敦和温哥华等国际性大城市。房地产调控政策的背后,聚集了强大的民意,如果处理不好,必然会从一个市场问题转换成一个政治问题。

房地产调控意在推动经济结构调整。当前依附于房地产产业链条的,大都是高投入、高耗能、高污染行业或产能严重过剩的产业,这些产业吸附大量资源和资金。如果房地产调控能够顺利展开,则能将更多资源倾斜到新兴产业,为推进结构升级准备好条件,也才能有更多资源用来改善民生。因此,从更深层的意义上讲,房地产市场调控的实施,是我国落实转变发展方式的重要举措,是经济结构调整进入新阶段的重要标志。

可见,房地产调控意义重大。如果"闯关"成功,必将带来房地产全行业以及中国经济的巨变:未来几年,中国房价将会出现实质性调整,房地产的中长期格局将出现历史性变化,坚守住宅地产将是绝大部分开发商的选择,中低价房和政策性住房将成为主流供给,保障性住房一直推动不利的尴尬或许能迎刃而解;政府将有更多的资金和资源支持新兴产业;也为一些一直难以启动的改革腾出更多空间;居民消费将在长期内得到较大提升,中国经济有望迎来新一轮中周期的繁荣稳定。

如果过早结束调控,如下情景将不可避免:房价经历短暂调整后,将出现报复性反弹。2010 年,由于过早结束调控,房价就出现了反弹。当时根据中国指数研究院监测的 35 个城市,2010 年 8 月 16—22 日期间有 20 个城市成交面积有所上升,部分城市的成交量已恢复至 4 月推出"新国十条"前的水平。2010 年 8 月 23—27 日深圳平均成交价每平方米达 21368 元,较调控前再升逾 2 成。杭州、南京、宁波、福州、长沙、合肥等城市,平均楼价亦已高于调控前的水平。此种情景如果持续下去,政策补救的成本将大大提高;大量资金因再次流向房地产业,将推动上游原材料价格加快上涨,通胀压力迅速上升;投资比例上升,经济结构将进一步失衡;"热钱"再度流入中国,人民币汇率改革成本和风险加大;利率高企将诱发地方政府债务风险,房地产泡沫将以激烈调整的方式破裂,甚至可能诱发系统性经济风险。最终,宏观政策将不得不"急刹车",中国经济将陷入长期低迷。

（三）完善和调整房地产政策的几点对策建议

十几年来,中国的房市发展到目前的僵局,是因为长期以来房地产政策是碎片化的,没有明确的主导方向和长效机制。中央明确"房子是用来住的,不是用来炒的",说得非常好,但说得晚了。在政策上,我们认为"抑制泡沫"和"居者有其屋"应是我国房地产调控政策的两大基本目标。为此,我们建议从以下几个方面完善和调整我国房地产政策。

1. 近期政策选择:做好"三个引导"工作,助推房地产企业实现战略性转型

房地产调控的重点是控制部分城市房地产价格过快上涨,绝不是为了打压房地产投资。只要政策引导得当,将能完全冲销房地产市场调控的负面影响,对 GDP 增长产生正向拉动作用。针对目前房地产投资出现"市场细分"的良好态势,决策层要做好"三个引导"工作,顺势助推房地产企业实现战略性转型。

一是继续引导住宅房企向"保障地产"转型。面对住宅销售的困境,有一定实力的大型房企,如万科、保利、中建、绿地、远洋、富力、首开等出现了积极转向介入保障性住房建设的倾向。据住宅开发企业分析,虽然政策规定的保障性住房利润只有 3%—5%,不到商品房的 1/10,但建设保障性住房的收益几乎毫无政策风险,也是目前资金快速回笼的办法。这是一个值得关注的新动向,决策层要明确鼓励房企参与地方的保障性住房建设,如果引导成功,未来数年间保障性住房建设规模必将呈持续扩大趋势。一旦资金实力雄厚的商业性房企大规模参与保障性住房建设,将可以解决政府主导的保障性住房建设资金严重短缺的问题。

二是继续引导住宅房企向具有消费和服务性质的"商业地产"转型。作为政策调控的空白地带,商业地产与住宅地产的此消彼长是整个楼市的发展趋势。资料显示,就在住宅开发企业纷纷爆出未能完成预期销售业绩之际,商业地产企业却赚得盆满钵满。如果将调控政策持续一年以上,大中型开发企业将会无一例外地加强在商业地产或者其他行业的投资比重。这既是企业未来规避政策风险的天然选择,也是中国逐渐向消费型、服务型经济转型的必然结果。

三是继续引导住宅房企向具有"调结构"性质的"工业地产"转型。我国已开始实施结构调整战略,区域振兴和加快培育战略性新兴产业政策,必将带动更多的高科技园区、总部园区、文化创意产业园区等建设。但长期以来,工业地产一直未引起业界过多关注。值得注意的是,当前对住宅地产的调控已将一部分资金挤入工业地产领域。为此,国家政策要大力鼓励那些具备工业项目建设和产业园区运营优势的地产企业涉足工业地产。

2. 长期政策选择:保障性住房供给,要实行"保低放高、实物建房为主"的模式

新加坡和日本在解决中低收入家庭住房问题上的经验值得借鉴。在新加坡,民用住宅主要由政府组屋和商品房两部分组成。政府组屋由政府投资修建,价格也由政府统一规定,以低价出售或出租给中低收入阶层使用。据统计,过去四十多年中,新加坡共修建组屋近 100 万套,目前约84%的人安居在政府组屋中。而商品房的购买者主要是收入较高的二次置业者、投资者或者外国公民。日本历届政府遵循"保低放高"的原则,即政府为中低收入者提供廉价住房或优惠住房贷款,而高收入者的住房问题则由市场解决。其做法是:中央政府出资鼓励地方政府兴建住房和收购住房,然后再以较低价格出售或出租给中低收入者。大量低价房和廉租房在日本政府的努力下成功填充了市场,既解决了大部分国民的住房问题,也有效平抑了房价。

"十三五"时期,中央明确提出"居者有其屋"的战略目标。为保证中低收入家庭的基本住房条件,我国应坚持政府和市场两条腿走路,采取"保低放高、实物建房"政策。具体而言:一是逐步提高保障性住房占比。对低收入者,以租住政府建设廉租住房和公共租赁房为主;对中等偏低收入家庭,购买政府投资建设经济适用房或限价房。争取用 10 年左右的时间,将保障性住房占比从目前的10%提高到40%。二是降低保障性住房价格。建议从以下三个途径降低保障性住房的价格:将经济适用房的目标价格控制在家庭年收入的 6 倍以内;廉租房的目标租金水平控制在市场租金的 30%—40%；将家庭可支配收入的 25% 作为低收入家庭"可支付性"的判断标准。

3. 在制度建设上，建立健全房地产风险宏观监测指标体系

在房地产风险监控上，三大指标体系必不可少：一是建立商品房和经济适用房价格网上评估体系。为了让购房者准确了解所购房屋的真正价值，防止房价虚高情况，政府要及时公布供求信息、限制最高空置率。任何新开发楼盘和二手房在上市前，必须经过商品房和经济房价格网上系统评估房屋的"参考价值"，评估参数包括地理位置、配套设施、破损率等。此乃墨西哥经验。二是建立"租售缺口比"监控指标。即用房产抵押贷款率与租金收益率之比来表示"租售缺口比"，该缺口越大，说明房地产泡沫的成分也就可能越大。此乃香港经验。三是建立"房地产业抵押贷款集中度"监测指标。该指标过高则意味着银行资金过度向房地产集中，导致房地产泡沫的可能性也就比较大。

五、分区域化解互联网金融风险①

近年来，我国以网络借贷（P2P）风险为主的互联网金融，打破了地理空间距离的束缚，社会资金大规模地跨区域流动，风险传导"由点转面"，呈明显的区域特征。防控区域互联网金融风险，是打好金融风险攻坚战的关键所在。

本书采集 2018 年 6 月 30 个省（自治区、直辖市）（不包括香港、澳门、台湾和西藏地区）的网络借贷风险的截面数据，将国内区域互联网金融风险分为四种类型，提出分类化解区域互联网金融风险之策。

（一）区域互联网金融风险类别划分

本书采集"网贷之家"第三方网络借贷平台数据，从区域风险等级〔依据国际国别风险指南（ICRG）区域的定义：国别（区域）风险等级 3 级

---

① 本部分石涛参与写作，在此表示感谢。

以上为中高风险区域]、金融深化程度[根据全球金融稳定委员会(FSB)的定义:银行资产占 GDP 的比重位于 3.6 左右为高金融深化区域]两个维度,将国内区域互联网风险划分为四种类型:"双高型"(风险等级≥3,金融深化≥3.6)、"低高型"(风险等级≥3,0≤金融深化<3.6)、"双低型"(风险等级<3,0≤金融深化<3.6)、"高低型"(风险等级<3,金融深化≥3.6)。

第一类是"双高型"区域:金融深化程度高、互联网金融风险高。此类以东部发达地区为主,还有部分西部地区。具体包括北京、上海、广东、浙江、甘肃、海南、山西、青海、辽宁、宁夏 10 个省(自治区、直辖市)。这些省(自治区、直辖市)金融深化程度均值为 4.6,风险等级均值为 4 级,属典型的"双高型"区域。近年来,东部发达地区以 P2P 网络借贷为代表的互联网金融产业,发展的经济基础、网络基础设施、居民投资意愿及能力较高,但由于盲目趋利性以及缺乏有效的互联网金融监管,互联网金融企业集中"爆雷"。据第三方网络借贷平台数据显示,截至 2018 年 6 月,这些地区 P2P 网络借贷出现风险资金规模均值 141.9 亿元,风险爆发时间均值为 1.1 年。国内 P2P 网络借贷出现问题的企业数量,超过 500 家的地区主要集中在北京、上海、广东、浙江 4 个东部地区,占全国网络借贷问题企业总数的 46.5%,成为互联网金融风险"重灾区"。

第二类是"低高型"区域:金融深化程度低、互联网金融风险高。此类以中部及少数东部地区为主,包括山东、江苏、吉林、安徽、河南、湖南、湖北、广西、福建、江西、陕西、四川、云南、天津、贵州和宁夏 16 个省(自治区、直辖市)。这些省(自治区、直辖市)金融深化程度均值为 2.8,风险等级均值为 3 级,属"低高型"区域。近年来,此类地区的民营经济活跃,在经济形势趋紧、信贷配给约束下,互联网金融成为民营企业解决融资难问题的关键方式,促成地区互联网金融粗放式发展。由于监管制度落地时滞,部分地区互联网金融监管力量配备不齐,辖内多无融资、无银行存管、无风险备付金的"三无"平台,互联网金融问题企业多。据第三方网络借贷平台数据显示,截至 2018 年 6 月,这些地区 P2P 网络借贷出现风险资金规模均值 57.0 亿元,风险爆发时间均值为 1.1 年。其中,山东问题企业数量高达 862 家、江苏 333 家,互联网金融风险较为严重。

第三类是"双低型"区域:金融深化程度低、互联网金融风险低。此类以西部地区为主,主要包括黑龙江、内蒙古、重庆、新疆 4 个省(自治区、直辖市)。这些省(自治区、直辖市)金融深化程度均值为 3.0,风险等级均值为 2 级,属"双低型"区域。这类地区,由于经济发展水平、互联网基础设施建设水平、金融创新能力以及居民投资意识水平不高,互联网金融企业以 P2P 网络借贷为主且规模偏小,互联网金融风险较低。据第三方网络借贷平台数据显示,截至 2018 年 6 月,这些地区 P2P 网络借贷出现问题资金规模均值 14.7 亿元,风险爆发时间均值为 1.6 年。

第四类是"高低型"区域:金融深化程度高、互联网金融风险低。这是比较理想的发展状况,但目前,我国还没有此类相对应的省(自治区、直辖市)。

(二) 分区域化解互联网金融风险的对策建议

1. 对于"双高型"的重灾区省(自治区、直辖市),可借鉴美国、英国互联网监管标准进行监管

目前,美国、英国互联网金融建立了"风险全覆盖"标准:一是建立互联网平台风险准备金制度。英国金融市场行为监管局(FCA)要求,P2P 平台必须设立风险准备基金,以便在发生破产或者停止运作时继续对已存续的款项合理服务,未到期的借贷项目仍有效并可得到有序的管理,直至借贷双方资金结清为止。而美国虽无明确的风险准备金要求,但要求互联网信贷平台,须在美国证券交易委员会(SEC)注册,并交纳 400 万美元注册保证金,以此提高网络借贷平台的抗风险能力和债务偿付能力。二是第三方存管制度。在联邦层面,美国各州要求货币转移业务经营机构不得擅自留存客户交易资金,第三方网上支付机构的用户滞留资金必须存放在银行开设的无息账户中,联邦存款保险公司(FDIC)通过提供存款延伸保险实现对第三方网上支付机构及用户滞留资金的监管。在州层面,一般要求第三方网上支付机构不得从事银行的存贷款业务,不得擅自留存、使用客户交易资金,要求其保持交易资金的高度流动和安全。为保障客户资金安全,第三方网上支付机构必须持有一定金额的担保债券或保持相应流动资产。英国金融市场行为监管局要求互联网金融平台必须将客户资金存放于银行,并承担对银行的尽职调查职责。

目前,国内仅把平台当作信息中介,不允许计提风险准备金(避免保本付息),对投资者的实际投资价值(标的物)资金也未能实现100%兑付(如卷钱跑路等)。2017年《中国银监会办公厅关于印发网络借贷资金存管业务指引的通知》,没有对存管资金比例进行规定。针对网贷监管标准,上海的整改条例较多(168条),但是也未对具体比例进行标识。

建议在国家互联网金融风险专项整治工作领导小组办公室颁布治理条例的基础上,要求"双高型"的重灾区省(自治区、直辖市),提高辖内互联网金融风险监管条件,含高额注册保证金、100%第三方存管、客户投资价值资金100%全额兑付、实缴资本高于注册资产、风控机制完善、信息披露真实、消费者权益保护健全等,实行高于国际同行的互联网金融风险监管标准。

2. 对于"低高型"省市,严管与鼓励双结合

一是着力打击"庞氏骗局"等典型网贷风险行为。除执行国家监管条例外,强化互联网金融企业经营信息、营销广告、风险防控机制等真实性审核,压实社区、行政村居民,尤其是老年人群互联网金融知识宣传教育工作,着重打击区域频发的互联网金融"庞氏骗局""套路贷""现金贷"等行为的隐藏式复发。

二是推进柔性互联网金融风险监管。应加快出台与本地区经济发展适宜的监管标准,对确实服务本地民营经济发展的互联网金融企业,给予自律检查柔性过渡宽松期,坚决避免硬着陆引发多米诺骨牌效应;对于非信息中介服务的企业,坚决取缔。

3. 对于"双低型"省市,坚持培育发展为主

鼓励和支持互联网金融服务实体经济发展。在建立和完善辖内互联网金融监管条例、组织体系、管理制度等前提下,通过税收优惠、财政支持、人才绿色通道等多种政策,吸引和鼓励互联网金融企业来本地发展,发挥好互联网金融企业在金融扶贫、中小微型企业融资等方面的独特优势。同时,加大互联网信息技术普及和基础设施建设力度,尤其是移动互联网 4G/5G、百兆固网的全域覆盖率,打好互联网金融发展的设施基础。

此外,针对全国互联网金融风险产生的共性问题,建议创新管理机制和加强金融基础设施建设:

一是借鉴美国、英国、澳大利亚等国的经验,加快实行互联网金融"监管沙盒"。"监管沙盒"方法最早由英国于 2015 年提出,是指在一个安全空间中,监管规定有所放宽,在保护消费者或投资者权益、严防风险外溢的前提下,尽可能创造一个鼓励创新的规则环境。2016—2017 年新加坡、澳大利亚、美国等国家也纷纷推出"监管沙盒"。建议组建"监管沙盒"机构。由中国互联网金融协会构建并负责运行"监管沙盒"体制机制,内设互联网金融发展与安全研究院,平衡金融监管滞后与互联网金融风险频发之间的关系,提高互联网金融监管的科学性、创新性。根据国际经验,"监管沙盒"时间以 6—12 个月为宜。将最终不符合条件的互联网金融企业纳入"黑名单",不予运营。在《消费者权益保护法》中增加互联网金融权益保护条款。通过建立金融创新风险补偿金机制,遏制"庞氏骗局"等非法行为。

二是建立"从摇篮到坟墓"式的互联网金融风险大数据防控体系。充分发挥银行、保险等金融机构以及微信、支付宝等支付机构,在数据挖掘、舆情监控、信息搜集等方面的先天优势,构建以金融经营机构为主体的金融风险预警机制,强化大数据、云计算、区块链、人工智能等现代前沿科技在互联网金融风险识别、预警、响应处置等方面的应用。

六、银行资金成本居高不下的原因及对策

2014 年 11 月 21 日,央行主导的利率再次下调,此项政策是否有助于资金向实体经济转移,降低企业的融资成本? 有待观察。当前中国实体经济面临这样一个尴尬的局面:一面是央行发行了全世界最多的货币,另一面是企业融资成本居高不下;一面是央行主导的货币市场利率下行,另一面是实际利率上升,金融市场出现了"表内冷、表外热"冰火两重天现象。

（一）央行主导利率下行而实际利率却不断攀升

目前，我国中央银行发行的货币是全世界最多的，作为衡量资金紧缺的最重要指标之一，广义货币供应量（M_2）的存量规模并不低。截至 2014 年，M_2 余额 120.96 万亿元，M_2/GDP 达 200% 以上。尽管央行已经在主导货币市场短期利率下行，但中长期利率以及实体企业融资成本却不断攀升。国家统计局发布的数据显示，2014 年 1—7 月份，工业企业的利息支出累计同比增速为 10.8%，2013 年同期只有 4.8%。

从国际比较看，中国银行业贷款利率一直高于发达经济体，2000—2013 年，发达经济体贷款利率均值是 4.05%，日本最低，年均贷款利率为 1.73%，中国年均贷款利率为 5.86%。2013 年发达经济体贷款利率水平为 2.64%，而中国为 6%。根据"黄金法则"，一个经济体的均衡实际利率水平应大致等于其经济增长率。从央行主导利率看，2014 年第二季度央行计算的金融机构人民币"一般贷款"的加权平均利率为 7.26%，这与上半年 GDP 增长 7.5% 相比，还低一点，这的确非常符合"黄金法则"，但我国银行实际贷款利率，却比经济增速偏高。民间借贷利率是随行就市，因利率结构扭曲而导致市场利率水平严重偏高，据"温州民间融资综合利率指数"显示，近几年，我国民间融资利率高达 12%—24%。这对已经在下行的实体经济来说是雪上加霜。

（二）金融体系特殊食物链是资金成本高企的重要原因

同业业务是商业银行进行服务创新的重要领域，但目前我国同业业务正在变异，已演化成银行资金成本高企的重要原因。

目前，中国金融体系中存在着"高端金融机构→低端金融机构"这样一条食物链，而非标资产在这个食物链中起着链接各方利益的作用。在这个食物链中，一般是低端金融机构（如农村信用社）购买高端金融机构（如国有银行）的理财产品。由于低端金融机构资金运营能力差、投资收益低、风险大，一般不愿意将贷款投放出去，却愿意将资金投入国有银行购买理财产品。高端金融机构网点多、实力雄厚，而当银行规模到一定程度时,就对其他金融机构产生了吸附力。银行通过买入同业理财产品便将信贷资产移出表外,以求规避资本监管、拨备成本和存贷比约束。由于银行投资于同业资产,不计提风险拨备、不占用授信规模,便能放大信贷杠杆。这便是为什么14家上市银行的同业杠杆率从2012年年初的不到8倍,跃升到2013年年中的16倍多。银行为了追求利润,有将贷款业务移至表外的动力。这种同业业务发展拉长了银行信贷资金支持实体经济的流转环节,提高了资金成本,抑制了利率敏感性企业的信贷需求。

(三) 在利益驱动下,非标资产成为银行流动性管理工具

商业银行依托同业非标业务的发展支撑了近几年资产规模的快速扩张,也保持了银行业整体利润的快速增长。数据显示,被称为"同业之王"的兴业银行,2013年买入返售业务的利息总收入占其总收入的比重达到23.47%,是除了贷款利息收入之外最大的一块收入。从全国来看,截至2014年6月30日,全国498家银行业金融机构开展了非标业务,从上半年募集49.41万亿元看,相当于银行间债券回购累计成交金额的37.12%,同业拆借的1.98倍,银行间债券现券交易的2倍,商业票据签发总额的2.96倍,非标业务募集资金已属天量规模。

非标业务快速发展带来两个后果:一是抬高企业融资成本。数据显示,2013年城商行存款成本2.19%和2013年理财产品收益率4.51%,加权计算,银行融资综合融资成本为2.65%。通过非标资产,资金在银行之间空转,没有流入实体经济。有些银行为了吸引更多资金,还设计了不同收益层级,为大客户资金订制更高收益产品,以致金融市场出现"表内冷、表外热"的冰火两重天现象。二是容易导致系统性金融风险。非标业务发展,使得商业银行之间、商业银行与其他金融机构之间的业务合作将更为紧密。在期限错配下,如果市场资金流动性充足尚能相安无事,一旦其中一家商业银行发生流动性风险,银行不能顺利在市场拆借到资金归还负债资产,则可能会通过同业业务链条传导至整个银行间市场,使风险扩展到整个金融体系。而且,这种以商业银行为主导的"影子银行"信用派生,还绕开了广义货币供应量(M_2)的口径,导致M_2在统计上有所低估。

（四） 降低企业融资成本须"规范"和"扶持"双管齐下

我国是制造业大国,实体经济是立国之本。降低融资成本不仅对解决当前实体经济融资难融资贵问题,而且对长期的经济转型与结构优化,都具有重要意义。降低实体经济融资成本,重点要从"规范"和"扶持"两个环节着手。

一方面,规范非标业务,加强宏观审慎管理。一是取消存贷比指标限制,降低银行资产表内外腾挪的压力。在"以存定贷"的监管模式下,"存款立行"几乎成了银行经营的一条铁律。商业银行"冲存款、绕贷款",不仅导致 M_2 的波动,也增加了央行货币调控的难度。从长期来看,应尽快启动对《商业银行法》的修订,取消存贷比指标限制,降低银行资产表内外腾挪的冲动。当前可从改变商业银行存贷比的计算口径入手,将非存款类金融机构在存款类金融机构的存款纳入一般存款统计,同时把同业存款也计入存贷比的分母,承认吸收同业的存款也是资金来源之一,降低一般存款与同业存款之间的套利行为。二是对银行"不稳定负债"加强宏观审慎管理。目前,我国企业居民负债相对比较稳定,负债方的波动主要源自金融机构同业负债,且是信贷规模扩张的主要负债来源。在此背景下,加强我国金融机构同业负债的监测和分析,对我国目前正在构建的宏观审慎政策框架有一定的参考意义。根据《巴塞尔协议Ⅲ》建议,以"信贷/GDP"这个指标来衡量金融体系的顺周期行为,我国可考虑将"同业负债"数据作为重点监测指标,加强宏观上顺周期性的监测和分析。三是实现非标资产"标准化",缩短融资链条。进一步规范同业、信托、理财、委托贷款等业务,减少不必要的资金"通道"和"过桥"环节,缩短融资链条;将银行非标业务纳入存款管理,并上缴存款准备金,为缓解实体经济融资成本高创造条件。通过发行标准化债券,逐步替代现有的"非标"融资需求,吸引各类金融机构资产"弃非标、入债市"。四是统一规范银行涉企收费标准。建议相关部门加强金融服务价格管理,开展银行业收费专项检查,统一规范银行涉企收费标准,对直接与贷款挂钩、没有实质服务内容的收费,一律取消,严禁"以贷转存""存贷挂钩"等行为。

　　另一方面,多方面拓宽融资渠道,扶持企业发展。一是给有发展前景只是暂时陷入资金困难的企业发放"援助式贷款"。"援助式贷款"与"政府优惠贷款"不同,"政府优惠贷款"主要是解决中小企业获得长期贷款困难的问题,"援助式贷款"主要是指政府用财政资金通过私人金融中介机构,或建立专门的政府金融机构向中小企业直接提供少量的优惠贷款援助。美国中小企业局在许可范围内可直接向中小企业贷款,贷款基金来自财政预算。形式主要有:保证贷款、直接贷款、协调贷款,贷款利率都低于市场利率。建议我国对于因经济不景气及与之关联的企业破产而陷入困境的中小企业,应提供紧急的资金援助;对于平时经营状况良好、受突发自然灾害影响损失惨重的中小企业,政府应提供资金上的无息贷款。二是加大"抵押补充贷款"力度,通过结构性宽松,"定向"向特定领域提供融资支持。"抵押补充贷款"主要有两个功能:在"量"上,是通过微量投放基础货币,增加相关领域的流动性;在"价"上,通过商业银行抵押资产从央行获得融资的利率,引导中期利率。金融危机以来,以美、欧、英、日为代表的发达经济体,进行了大量的央行基础货币投放的创新。美国在次贷危机期间,就采取过"定期贷款拍卖"政策,通过贷款拍卖直接向同业市场注入流动性。英国为解决小微企业和非金融私人企业的融资问题,实行过"融资换贷款计划",有效地"定向"增加信贷投放。在我国"再贷款"投放的基础货币并不能保证流向实体经济的情况下,"抵押补充贷款"则是个很实用的工具。2014 年第二季度我国央行通过 1 万亿元"抵押补充贷款"向国家开发银行释放低息流动性,加大了国家开发银行支持棚户区改造的力度。目前,应"定向"向小微企业和县域三农提供"抵押补充贷款",为他们提供低成本融资。三是对提供较多就业机会的中小企业给予就业补贴。就业补贴是国外市场经济国家促进就业的一项重要措施。如英国政府则是给自创企业的失业者提供一笔启动资金,规定对自主开业的失业者,每周补贴 40 英镑。德国政府给予中小企业投资补贴,对失业人员创办企业,给予 20000 马克的资助。目前,对于一些困难的中小企业,我国政府给予一定的政策支持来鼓励他们吸纳就业。2009年我国出台的"五缓四减三补贴"政策,对企业应对金融危机、稳定就业局势发挥了积极的作用。现阶段,在实体经济较困难的情况下,仍然要对"特定事项"中小企业实施资金扶持政策。如对于下岗职工创办的或安排下岗职工就业的中小企业,可将下岗职工一年的生活救济费一次性拨付给企业使用;对于贫困地区的中小企业,应从扶贫资金中拨出一定的款项支持其发展。四是设立中小企业"互保基金",实现有限担保责任。目前,我国民营企业"互保联保"的融资担保模式,存在着系统性风险,一家企业倒闭,便引起连锁反应,导致优质企业也受牵连。目前,应改善企业之间的无限连带担保现状,建立企业"互保基金",由政府、担保机构、企业三方共同出资组建。在这种基金组织下,对内可以互相担保,对外也可以担保。企业在各自出资或者承诺的额度内,担保有限担保责任。五是鼓励小贷公司等非银行类金融机构发挥更大作用。从成本、风险控制的角度看,单靠银行解决中小企业融资贵融资难问题并非长远之计。在针对中小企业的小额信用贷款业务方面,小贷公司比银行更能有效拓宽中小微企业融资渠道,是传统金融机构的有益补充。建议发行小贷债,小贷债是指依法设立的小额贷款公司在中国境内以非公开的方式发行和交易,约定在一定期限内还本付息的债务契约。支持"三农"和100万元以下的小微企业融资需求。

七、低碳约束下的地方经济发展主要障碍及解决对策[①]

发展低碳经济做好节能减排,既是义务也是责任。但是,在实践过程中,地方政府却面临加快地方经济发展与低碳转型的双重压力。

(一)低碳约束下地方经济发展的主要障碍

当前,我国正处于工业化、城市化加速发展阶段,经济高速增长必然带来温室气体排放的迅猛增长。地方政府面临着加快经济发展与低碳转

---

① 本部分源于原国家行政学院市长培训班的访谈。

型的两难选择。具体表现在以下几个方面。

1. 资源型城市、老工业基地、重化工业占比较大的地区，低碳转型困难高于全国

大部分资源型城市，既是老工业基地，又是重化工业特别是煤电产业占比较大的城市，如邯郸市、徐州市、榆林市、阿勒泰、海西州等地区，煤炭消费量占一次能源消费总量的80%。"十一五"规划以来，虽然单位GDP能耗年年显著下降，但由于底子差、基数大，时有反弹。这种以煤为主的能源消费结构，是低碳转型的主要障碍。

2. 欠发达地区存在"低发展水平下的低碳排放基数制约"的矛盾

目前，阿勒泰、滁州等一些欠发达地区，总体碳排放水平低于全国水平，在低基数基础上还要持续降低能耗比，是困扰这类地区建设低碳城市的突出问题。如滁州市人均能耗只有全国的44%；单位GDP能耗只有全国平均水平的88%。从数据上看，滁州好像已经是一个低碳城市。但深入分析，滁州碳排放水平低的原因，主要是经济不发达，消耗能源少的农业占GDP比重达23.3%。在这样的低基数基础上还要持续降低能耗比，对滁州这样正处于工业化加快推进阶段的地区，无疑是一个挑战。

3. 发展低碳经济的政策手段单一

"十一五"规划期间，我国实现降低单位GDP能耗20%的目标，主要依靠的是行政手段，即减排压力主要依靠指标的层层分解来约束地方政府和企业。由于激励约束机制不健全，"奖励少、惩罚多"，加之低碳技术的改造和应用成本较高，不少中小企业缺乏发展低碳经济的内在动力。大型企业尤其是垄断企业凭借其垄断地位就能获得超额利润，能源环境成本的约束作用弱化，发展低碳经济的外部压力不足，导致高能耗、高排放、高污染的现象仍然普遍存在。

4. 现有的财税体制不适应低碳转型

35位市长几乎一致认为，在分税制下，地方不发展经济就没有税收，就保不了稳定，也保不了就业；而在短时间内大幅压低能耗排放，必然会制约地方经济发展，影响地方财税增收。中央与地方财权事权不统一、不匹配,不利于低碳经济转型。尤其是一些老工业城市反映,由于历史原因,老工业城市多为贡献型财政体制,上交国家多,地方留成少,长此以往,造成地方转方式调结构的财力支撑条件不足。以淄博市为例,2009年全市完成境内税收 260 亿元,其中留归地方的只有 74.66 亿元,仅占28.72%。境内特大型国有企业齐鲁石化公司 2009 年纳税总额达 75.82亿元,而地方分成部分只有 4.25 亿元,但同期齐鲁石化公司的二氧化硫和二氧化碳排放量分别占到全市工业排放总量的 27% 和 10%,这两者之间显然是极其不相称的。

5. 低碳城市建设缺乏"资金支撑和技术支撑"

从资金成本看,"十一五"规划期间,我国降低碳排放成本大约 94元/吨,这与我国出售清洁发展机制(CDM)的价格相当。如果"十三五"规划时期,我国降低碳排放的成本也按此水平匡算,全国可能需要上万亿元的资金才能够达到降低单位 GDP 碳排放强度 40%—45% 的目标。显然资金是低碳城市改造的主要约束因素。从技术条件看,目前国内企业尚不具备对低碳技术设计、规划及整个产业链的实现能力。近年来,尽管相继出台了一些鼓励节能和低碳技术研发的优惠政策,但各地区低碳技术研发和推广能力远远不能适应形势发展的需要,多数核心技术需要进口,这在很大程度上制约了地方发展低碳经济。

(二)"十三五"规划期间推动地方低碳经济转型的对策建议

低碳经济建设是一项系统工程,解决好上述问题,"十三五"规划期间国家必须明确提出低碳经济的发展战略,逐步建立和完善低碳经济的政策框架体系。

1. 结合"十三五"规划,从三个层面建立健全低碳经济发展的政策法规体系

第一层面:制定低碳经济法律体系。如制定《低碳经济法》《循环经济促进法》以及《可再生能源法》等相关的配套法律法规。对涉及可再生能源、环境保护的法律需要作进一步修改。第二层面:把发展低碳经济列入城市和农村发展规划、产业发展规划,将低碳生产、低碳消费、低碳资源等指标纳入低碳经济城市发展的约束性指标。第三层面:制定低碳经济下的财政、税收、产业、技术政策体系,为低碳经济发展保驾护航。杭州市"六位一体"(低碳经济、低碳建筑、低碳交通、低碳生活、低碳环境、低碳社会)的低碳新政值得借鉴。

2. 成立专门的"低碳经济指导机构"

为确保全社会齐心协力地完成低碳转型,国家有必要成立"低碳经济指导机构"。应赋予此机构六个方面的任务:一是编制低碳发展规划;二是制定支持低碳绿色发展的配套政策;三是加快建立以低碳排放为特征的产业体系;四是建立温室气体排放数据统计和管理体系;五是加强国际企业间技术交流与合作,促进发达国家向我国转让低碳技术;六是整合国内市场现有的低碳技术,多途径地迅速推广和应用,以不断增强我国碳减排的技术支撑能力。

3. 从"十三五"规划开始,各部门各地方做好"碳预算"

《坎昆协议》签署后,对中国经济发展来说,碳排放的物理极限是刚性约束。建议从"十三五"规划开始,将"碳预算"列入部门和地方政府预算框架,今后政府的每项决策,不仅要考虑资金的收入和支出,还要考虑碳的排放和吸收。这意味着把减排工作渗透到经济活动的方方面面。

碳预算应采取"自上而下"和"自下而上"相结合的方式。"公平与可持续发展"是碳预算的基本原则,但"自上而下"的碳预算与"自下而上"的碳预算,基本路径有所不同。"自上而下"的碳预算,首先应从全国可持续发展长期目标出发,作出全国碳预算;其次是从"公平原则"出发,作出各省的碳预算;最终目标是要满足全国老百姓的基本生活需求。而"自下而上"的碳预算,各地区首先是考虑满足本地区老百姓的基本生活需求;其次是本地区碳排放的需求;最终达到本地区可持续发展的长期目标。

建立地区间或省际间的碳预算转移支付机制。目前,发达地区在经济发展上的碳排放已经透支,而落后地区碳预算有大量的盈余。为了保证总量平衡,中央从全国"一盘棋"角度,用落后地区的碳盈余去填补发达地区碳的亏空,发达地区用资金来交换碳排放空间,这可以看成是一种公平的补偿。

4. 综合利用行政手段和市场化手段,形成低碳发展的长效机制

到 2020 年,中国二氧化碳排放强度要比 2005 年下降 40%—45%,单靠行政手段是难以实现的。"十三五"期间,我国要充分发挥市场化手段,动员私人资本和金融资源向低碳方向调配,以减轻财政负担,增强了企业和居民减排的主动性和积极性。主要做法是:国家将碳排放限额分配给一部分企业(不是全部企业,多是排放量较大、容易计量排放的企业),建立碳交易市场,由企业根据碳配额的价格,在自主减排和购买碳配额之间进行选择。当政府给予企业的碳排放配额不足的时候,企业有两种方式解决:一是采用更先进的低排放设备和技术,降低碳排放量;二是从碳排放权交易市场上,购买碳排放配额。在碳交易价格信号引导下,能够保证私人资本投资效率,从而形成正向激励。

5. 针对不同地区分别采取"总量减排"和"碳强度"考核指标

现阶段,我国二氧化碳排放虽然采取"碳强度"相对考核指标体系,但采取"总量减排"考核指标是大势所趋,我国应尽快探索与国际考核体系接轨的经验。建议"十三五"期间,针对不同地区实行两类不同的减排考核体系:

第一类:对第三产业比重较高、技术创新能力强的地区,采取"总量减排"考核指标。比如首批沿海开放的 14 个城市(大连、秦皇岛、天津、烟台、青岛、连云港、南通、上海、宁波、温州、福州、广州、湛江、北海)第一产业比重比全国低 6.3 个百分点,第二产业比重比全国低 0.2 个百分点,第三产业比重比全国高 6.5 个百分点,尤其是广州、上海、秦皇岛 3 个城市产业结构已呈现"三二一"格局,这些地区可采取"总量减排"考核指标。广东、上海、山东、北京、江苏等地区,技术创新综合指数比全国平均水平高 10—37 个百分点,这类地区也可采取"总量减排"考核指标。如果考核达不到标准,可以采取提高森林碳汇来抵消。

第二类:对资源型城市和重化工产业比重较高的地区,采取"碳强度"考核指标。比如大同、临汾、晋中、阳泉、解州、鄂尔多斯、宜宾、邯郸

等地区,既是资源型城市又是重化工产业比重较高的地区,对这类地区考核,要基于资源投入与产出的成本效益原则,采取"碳强度"考核指标体系,在强调单位 GDP 能耗下降、提高能源使用效率的同时,又不至于限制地区的经济发展。

6. 国家要绘制清晰的低碳技术路线图

《美国清洁能源安全法案》对能源使用、销售等各个环节都制定了明确的技术路径。瑞典通过清晰的低碳技术路线图,引导企业主动降低能耗和寻找低成本的新能源。俄罗斯教科部也正在加紧进行"新能源技术路线图"的研究。目前我国对诸多低碳技术,还没有形成一个清晰的技术序列。"十三五"期间,我国必须重视低碳技术的研究开发和技术储备,将低碳核心技术的研发全面纳入国家发展计划,按照技术可行、经济合理的原则,研究出我国低碳发展的技术路线图,以促进高能效、低碳排放的技术研发和推广应用,逐步建立节能和能效、洁净煤和清洁能源、新能源和可再生能源以及自然碳汇等多元化的低碳技术体系。

八、理顺资源价格切不可再失良机

尽管我国石油、煤炭等价格的市场化程度已经非常高,基本与国际接轨,但以这些初级资源为原材料的下游终端产成品价格仍受政府管制,从而形成"市场原油价"与"政府成品油价","市场煤"与"计划电"两种不同价格体制冲突,并直接导致了经济过热时的"短缺"(2007 年下半年至 2008 年 7 月的情况),经济下滑时的产能"过剩"(2008 年下半年以后的情况)现象。

资源价格改革难在"寻找时机"。原银监会发布的《关于 2009 年一季度经济金融运行情况》报告认为,当前国际国内都面临通缩压力,这为理顺价格机制提供了十分难得的有利时机。我们也认为,如果这一次经济收缩,能够伴随着资源价格的理顺,从长期发展战略看,将有利于我国经济结构加快调整,有利于根本改善产能过剩和资源瓶颈问题。

资源性产品价格改革是一项系统工程,牵一发而动全身。在当前经济下滑的情况下,推行这项改革,可能会加重一些资源型企业的负担。权衡利弊得失,我们建议按照"主动性和可控性"的渐进改革模式,分阶段分领域推进,将改革的负面影响和不确定因素降到最低程度。

资源性产品价格"渐进改革模式"包括以下三个方面:一是改革时机的把握;二是改革先行领域的选择;三是改革节奏的控制。

(一) 改革时机的把握:"低增长—低通胀"是启动改革的较好时机

对应经济周期波动的四个阶段,经济增长与通货膨胀的关系有四种不同组合:一是"双高型",即高增长、高通胀;二是"双低型",即低增长、低通胀;三是"高低型",即高增长、低通胀;四是"低高型",即低增长、高通胀。这四种组合,也是政府面临资源价格改革的四种不同时机。

显然,这四种组合中,"高低型"即"高增长、低通胀"的组合,是一种理想的经济发展态势,也是推进资源性产品价格改革的最优时机。如果将"GDP>10%、CPI<3%"分别看作区分经济增长和通胀高低的标准,2003年、2005年、2006年和2007年上半年正好落于这一组合区间。此阶段,GDP年均增长率达到10.82%,CPI年均上涨2.63%。如果在这个时候对资源价格及时进行调整,则可以将中国经济增速从偏快拉回到正常轨道。但遗憾的是,由于种种原因,中央政府错过了这一最佳时机。

失去了最优时机,接下来便是次优时机的把握,即"双高型"和"双低型"组合。1997—2002年落于"双低型"组合区间,当时由于中央政府忌惮经济下滑,没有启动资源价格改革;2004年落于"双高型",这时中央政府由于担心通胀失控,再度错过了资源价格改革的次优时机。

"低高型"组合,即"滞胀",则是最差时机。2007年下半年至2008年上半年,落于这一组合区间。2007年下半年开始,居民消费价格涨幅一路走高,2008年前7个月CPI涨幅已经达到8.2%,这是一种最差的经济运行态势,当然不能推进资源价格改革。

那么,接下来的问题是,下一阶段我国经济增长和物价水平将朝什么方向变化? 准确判断未来宏观经济走势,是启动资源价格改革一个非常关键的问题。

从统计数据看,我国经济运行已进入"双低型"阶段,2009年第一季度 GDP 同比增长 6.1%,CPI 下降 0.6%。我们认为,2009 年第二季度应是能否启动资源价格改革的"时间观察窗口"。如果经济运行朝"好"的方向发展,假设第二季度 GDP—CPI 组合呈"高低型"即"高增长—低通胀"局面,则是资源价格改革的最优时机;如果朝"较差"的方向发展,假设第二季度的情况不尽如人意,GDP—CPI 组合呈"双低型"即"低增长—低通胀"局面,则是资源价格改革的次优时机。无论是"最优"还是"次优"时机,从贯彻中长期转变经济增长方式的角度,第三季度都应该考虑启动资源价格的改革。2008 年奥运会前后 147 美元/桶的国际油价"压力测试"表明,如果错过这一时机,中国经济发展今后可能会长久地背上这个包袱,而且要想再卸掉这个包袱,将会付出比现在要大得多的代价。

从历史经验及领先指标来看,再通胀可能在经济复苏后 1—2 年出现。根据我们对中国经济最早在 2009 年下半年走出衰退的判断,预计2010 年第二季度通胀预期风险将加大。目前国际油价正向 60 美元/桶迈进,期权市场预期油价有望在 3 年内重返 100 美元,那时再启动资源价格改革,成本会更大。

(二) 改革领域的选择:从局部放开到全领域放开

改革可以考虑分两个阶段推进:

1. 第一步:选择先行推进改革领域,局部放开

在选择先行推进改革领域时,关键要考虑两个因素:一是有助于淘汰落后产能和结构优化的领域;二是对低收入人群影响较小的行业。目前,符合以上两个条件的主要有以下几个领域。

(1)产能过剩领域

目前,国际大宗商品价格保持低价位运行,与国内的资源价差较大,如国内汽油批发价较新加坡估价高 30 多美元/桶,国内煤炭价格高出国

际市场 150 元/吨左右。"价差"导致国内对同类产品的净进口增加(如电力企业大幅进口低价的海外煤扭亏),从而挤压国内需求,加重了国内本已过剩的产能。资料显示,目前我国汽车业过剩 25%、钢铁业过剩 28%、造船业过剩 60%、电力过剩 25%、矿业过剩将近 30%。建议电力、炼铁、炼钢、电解铝、制浆造纸 5 个行业的用电、用油先行实现市场化改革,利用市场约束和资源约束增强的"倒逼"机制,淘汰一批过剩的产能,促进总量平衡和结构优化。

(2)高耗能行业

目前,我国工业部门的能源消费量占全国能源消费总量的 70%以上,而电解铝、钢铁、有色金属、化工、建材等行业的能源消费,又占整个工业终端消费的 70%以上。建议对电解铝、电力、钢铁、有色金属、化工、建材 6 大高耗能产业先行推进改革。如果因为高耗能产业的用电、用油成功实现市场化定价,而倒闭一批企业,这也正是改革目的所在。

(3)对低收入人群影响较小的航空行业

从消费者角度分析,乘飞机出行在交通工具中属于高端消费,不会影响中低消费者利益。

2. 第二步:全领域放开,同时实行价格补贴

资源价格改革在很大程度上是对相关各方利益关系的调整,为了平稳度过改革期,建议资源价格市场化改革与财政补贴结合起来。

对部分暂时困难的企业实行"补贴渐退"政策。为确保企业利润不因改革推进而减少,对部分暂时困难的企业设定一个补贴缓冲期。当资源类产品市场价格(以国际价格为参照)低于国内企业平均生产成本时(如目前情况),要对上游企业实行适当的价格补贴,以帮助这些企业渡过暂时的困难;当资源类产品市场价格高于国内企业平均生产成本时(如 2007 年下半年至 2008 年上半年的情况),则要对下游企业实行价格补贴,让上下游企业共担改革成本。

对低收入人群实行长期补贴政策。为缓解资源价格改革对低收入群体基本生活的影响,建议实行与物价变动相适应的低保动态调整机制,建立"固定补贴与临时救助"相结合的弹性低保补助制度。

（三）改革节奏的控制：从价格基本接轨到完全市场化改革

改革可以考虑分两个阶段推进。

1. 第一阶段：摸清企业的真实成本，政府以"毛利内外找齐式"方法，指导国内资源价格与国际水平接轨

改革必须先算清账。我国资源性产品价格改革之所以迟迟难以提上日程，原因之一是没有哪个部门能算清这笔账。为了解决消费者、决策者和企业之间的"信任危机"，必须摸清企业的真实成本和盈亏平衡点。

如电力行业，由于我国还没有实现输配分开，输配环节不能独立核算，也就没法摸清输配环节的真实成本。电价改革的关键是核定合理的输配电价，一旦有了输配电价，上网电价和最终售电价格就能够由市场竞争形成，也能够理顺煤电价格关系。

再以石油等行业为例。目前，我国成品油定价新机制是：以布伦特、迪拜、辛塔 3 种国际市场原油价格为基准，加上运费、加工成本和利润等确定成品油销售价格；国际油价连续 20 天日均涨幅或跌幅超过 4%，就对国内成品油价格进行调整。这种定价新机制不合理之处是：这一新机制与 2007 年年初的"原油加成本"机制本质上没什么区别，以"3 种国际市场原油价格为基准"的内涵十分模糊，这如同"在北京买的大米，却要以安徽、河北、广东三个地方的平均价来核算"一样不合理；我国油价尽管随着国际价格不断进行调整，但永远比国际市场"慢一拍"，而且民间对"涨价兔子跑，跌价乌龟爬"非常不满。

建议采取更简洁的方案：以"原油到岸价为基准"替代"以 3 种国际市场原油价格为基准"来核定成品油价格，即先统计出进口原油的到岸价，然后加上运输费用、加工成本、利润以及其他环节的费用。这样企业的真实成本就一目了然了。

2. 第二阶段：引入竞争打破垄断，降低行业准入门槛，全面推进市场化改革

中国经济尽早复苏的根本出路是内需，而内需的关键是放开国内市场,给民间资本"松绑",像改革开放初期那样,通过发展民间资本,来带动国内实体经济的良性发展。我国46万亿元民间资本只要拿出10%,就超过了政府4万亿元振兴经济方案。

但长期以来,由于行业垄断,我国民间资本的活力一直没有得到充分释放。一项调查显示,截至2008年年底,663家国内民营石油批发商倒闭2/3,4.5万座加油站关门1/3,其根本原因在于石油流通领域的垄断。

因此,资源品价格改革并不简单等同于价格国内外接轨,重点应该放在引入竞争机制,打破行业垄断,降低准入门槛,放宽股权比例限制等条件。只有让非公有制企业和国有企业实行同等待遇,才能真正形成市场自主定价机制。

(四) 两个配套改革:完善资源税、开征暴利税

资源产品价格改革的基本框架应包括四个部分:上游的资源税和暴利税改革,下游的燃油税和资源性产品市场定价机制的改革。其中,燃油税改革已于2009年1月1日启动。资源税和暴利税的改革应是资源产品价格改革不可或缺的组成部分。

1. 第一个配套改革:完善资源税

目前,我国的资源税调节作用有限,建议作如下调整:

一是扩大和整合资源税。将目前资源税的征收对象由矿藏资源扩大到非矿藏资源,将非农土地资源、水资源、森林资源、草原资源、海洋资源等列入征收范围。对非再生性、部分存量已处于临界水平、进一步消耗会严重影响其存量或其再生能力的资源课以重税。

二是改从量征税为"从量和从价计征相结合"的方式。目前,国内的资源税是依据1993年发布的《资源税暂行条例》,实行"从量计征"。2007年和2008年两次上报国务院的方案是"实行从价计征",但由于考虑到资源税改革会推高CPI,改革被搁置下来。目前我国迎来了较为有利的资源价格改革窗口,资源税改革一举两得,既有助于理顺资源定价机制,促进结构调整,也有利于补充政府财力,为民生投入蓄力。综合考虑当前各种因素,建议实行"从量和从价计征相结合"的方式,将资源税收

入与企业获得的级差收入内在地联系起来,以解决"采富弃贫"现象。

三是在资源税的中央与地方分配关系上,将现行"按品种划分"改为"按固定比例"分享的做法。考虑到我国资源在各地区分布不均衡的特点,资源税应该由中央政府统一征收。在中央与地方的分享比例上,坚持"存量不变,增量调整"原则,即以新税制为分界线,以地方原来的资源税收入(即"存量")为基数,将新增收入(即"增量")作为中央收入,折算出中央与地方收入分配比例。考虑到资源保护任务要靠地方政府完成,中央政府可以建立"资源补偿机制",将集中的一部分资源税收入返还给地方政府。

2. 第二个配套改革:开征暴利税

尽管2006年3月我国对石油开采企业开始征收"特别收益金",但是依靠垄断地位获得超额利润的行业并非只有石油行业,电力行业也存在暴利现象。

借鉴石油企业征收"特别收益金"的经验,建议对资源"暴利税"的征收采取以下做法:

一是任何企业因垄断资源带来的超额利润,都必须缴纳"暴利税"。

二是"暴利税"实行超额累进税率,即以企业的超额利润为税基计征税款,凡税基每超过一个级距时,即分别以其超额的部分适用相应级距的税率征税。

三是征收的"暴利税"主要有两个用途:其一,用于补偿下游企业,以实现各个环节的利益调节和再分配,这是国际通行的做法;其二,用于"就业新政",特别是用于对农民工职业培训方面的支出,以实现社会收入的公平分配。

九、"农民荒"加重　粮食安全堪忧[①]

2011年上半年,笔者对全国17个省(自治区、直辖市)的近100多个

---

① 本部分为李旭鸿同志参与合作撰写,在此表示感谢。

行政村进行了调研。调研发现,农村人口大量外流,尤其是青壮年劳动力大量外流是当前"三农"问题的突出现象。农村人口外流在给经济增长与发展带来收益的同时,也给农业农村的发展带来了务农劳力缺乏的"农民荒"以及相应的连锁反应等一系列问题。

(一)"农民荒"及其引起的五大连锁反应问题

近几年,在经济结构的调整下,"民工荒"的问题时而引起普遍关注,所谓刘易斯拐点和"人口红利"问题的讨论也此起彼伏。与此同时,就在公众对"民工荒"问题关注的同时,却将藏匿于"民工荒"背后的另一种"劳工荒"现象——"农民荒"忽视了。

1."年轻人成了稀罕物"——种粮农民呈"高龄化"趋势

早在 2006 年,国务院发展研究中心《推进社会主义新农村建设研究》课题组就新农村建设现状在全国范围内进行了调查,结果显示,74%的农村已无可以进城打工的"剩余劳动力",仅有 25%的农村还有 40 岁以下的劳动力。到 2011 年,情况更为严重。经与河北、湖南、内蒙古等省(自治区、直辖市)的"百村调研"成员交流,其所在的农村基本上是老年人和儿童。例如,山西临汾市永和县赵家沟村户籍人口数 234 人,在村常住约 130 人,留守村庄的只有老年人和儿童。河北崇礼狮子沟乡西毛克岭村,在册人口 458 人,实际常住人口 216 人,青壮年均外出务工;除去留守儿童,村里常住劳动力最年轻的是一对 46 岁的夫妇,60 岁以下劳动力屈指可数,种粮农民"高龄化"趋向越来越明显。

2."土地谁来种?"——土地撂荒面积有增无减

在全国农村尤其是欠发达地区、劳务输出地区的农村,随着农业生产成本不断上升、种植收益持续较低,以及大量农村青壮年劳动力外流,土地撂荒的面积有增无减。在山西的北徐屯村调研组询问一位 50 多岁的大叔:"您现在还能硬撑着下地,那 10 年或者 20 年以后您实在不能再下地的时候土地怎么办?"老人略有伤感:"我非常热爱土地,不愿意它们荒芜没人耕种,但你提的这个问题确实是一个不得不考虑的现实问题,我也不知道将来的土地谁来耕种,只能希望这一天晚点到来。"在湖北滨湖村,据村委会介绍,由于劳动力短缺、种粮效益较低等原因,农民对发展农业生产特别是粮食生产兴趣不大,全村耕地撂荒面积达 40%以上,并且还存在"隐性撂荒"现象,本来可以种植双季稻的水田,一半以上只种了单季稻。

在赵家沟村目前的 2500 多亩耕地中,很少有撂荒的现象,但是前景也不容乐观,种玉米、核桃等的主要劳动力都是 60 岁左右的农民。纯朴的农民大叔大娘,出于对土地和耕种的自然感情依然坚守耕作,但是现在每人平均要经营 20—30 亩耕地,基本依靠人力和畜力,劳动力"超负荷运转"。该村已经出现种粮农民不足,再过 5—10 年,这些老人无法劳作之时,种粮主产区的劳动力将后继无人。这些地区农田分散,土地流转实践也不成熟,社会资本进入集中耕种的积极性并不高。如果若干年"农民荒"没有得到缓解,农村已经存在的"撂荒"现象将会愈演愈烈,由于粮食生产的季节性,一次发生,影响一季,持续发生,将会恶性循环,威胁国家粮食安全和社会稳定。

3."村子里的娃娃越来越少"——农村义务教育形势严峻

在走访中我们发现,近年来"村子里的娃娃越来越少",部分校园已经"人去楼空"。据山西省永和县坡头乡校长介绍,在 20 世纪 90 年代末,全乡小学生最多时约有 800 名,2009 年减少为 90 名左右。现在全乡已经没有初中学校,原有的初中改成了中心小学。原来乡里建设的行政村小学,有的已经改作"养猪"、民房等其他用途。如果学生继续减少,国家对学校的教学、住宿等基础设施、教职工的经费财政投入将面临巨大的浪费,财政资金的使用绩效将受到极大影响。据调查了解,乡村小学学生数量减少的原因主要有三方面:一是农村人口出生率下降导致的适龄儿童减少,近年来该地农村大多一户家庭只生 1—2 个孩子,而 20 世纪初大多生 4 个孩子左右;二是农村青壮年外出务工带走了适龄儿童;三是部分乡村学生到县城、城市等教育条件更好的地方上学。

4."村干部后继无人"——乡村政权组织面临严峻挑战

"上面千条线,下面一根针",党和国家的各项涉农政策在乡村的贯彻落实,服务群众生产生活,维护乡村生产生活秩序,都需要乡村基层干部具体实施。在永和县这样的农业县，伴随着农村青壮年劳动力的普遍外出务工，农村基层政权组织、干部队伍建设面临严峻挑战。赵家沟村平时看不到青壮年村民，村里的主要青壮年劳动力和主要干部就是村支书一人，村委会每年包括工作补贴在内的工作经费只有 3 万多元，他要服务包括赵家沟村在内的呼家庄行政村共 146 户、523 人，事无巨细，疲于应付。在我们驻村的一周内，乡党委书记和乡长除与我们交流外，每天从早到晚都奔波在全乡各处田间村头。河南省安阳市桑耳庄村村干部 5 人，服务全村 630 户、2136 人，每个干部身兼数职，平均负责 3 个工作小组。

5. "那些消逝的村庄"——每天约有 20 个行政村消失正摧毁着中国农村传统的文化形态

根据《中国统计摘要 2010》，全国的村民委员会数目从 2005 年至 2009 年逐年减少，从 62.9 万个减少到 60 万个，平均每年减少 7000 多个行政村，每天约有 20 个行政村消失。在山西赵家沟村，由于人口大量外流，传统文化生活基本一片空白，传统的社戏、戏曲、民俗活动已经基本上"曲终人散"，村里的古戏台已经破败不堪、长满杂草。按照目前的趋势，再过 10—20 年，随着老人陆续过世、儿童外出求学，赵家沟村这样典型的黄土高原的生态村落，可能将面临"空巢"的境地，在赵家沟村这样的村庄，农村的传统和文化生活形态将只能成为记忆中的往事。这样的情况在南方等经济较发达地区同样触目惊心。在广州清远的河背村，原本 23 户人家的村庄，如今搬迁得只剩下两户村民。

农耕文化是中华传统文化的根基，中华文化的灵魂和精髓与农耕文化和生活形态密不可分。在工业化和城市化进程中，我们不能以"消灭"农村、"消灭"农耕文化作为代价，如果最终的结果是我们的传统文化和生活形态不复存在，"水泥森林"和"鸽笼生活"覆盖神州大地，那么这个城市化的代价就太大了，这将是中华民族的悲剧。

（二）七大原因引发"农民荒"问题

1. 经济发展和技术进步的客观结果

中国在走向市场经济的过程中，随着经济快速发展，工业化的快速进展,尤其是总体上农业科技技术的进步,农业生产力的提高,技术替代劳动力,加上耕地的逐年减少,耕作土地对劳动力的需求也相应逐年减少,农村劳动力持续向城镇流动。

2.单向城市化格局的影响

当前城乡一体化中呈现农村向城市的单向输出格局,在城乡二元结构之下的城市化过程中,农村的人才、劳动力、资本持续、单向地向城市流动,导致农村在城市化的进程中呈现资本和劳动力净流出的现象,这种情况在临近城市以外的农村较为明显,尤其是以种粮为主的农村。

3.传统农业的资源配置效率潜力有限、收益率较低

传统农业在资源配置上已经达到了极限,改造传统农业最好的办法是引进现代技术。农业存在天然的弱质性,自然风险和市场风险较高。中国农业发展的基础薄弱,农业基础设施建设落后,农业劳动人员素质较低,农业生产条件相对较差,传统农业比例大,收益率低。永和县赵家沟村一村民介绍,他2010年种了24亩玉米,收获玉米约3万斤,销售收入3万元,种子化肥等成本投入1.3万元,如果算上每天的劳动力成本70—80元,一年到头净收益几乎没有。

4.农业机械化率低,生产条件差

由于我国农业基础设施薄弱、机械化率低,传统农业占比较高,人力和畜力耕作还是农业的主要形式,务农劳动强度大、劳动时间长。

5.“跳出农门”,青年农民不愿意再做农民

据调查了解,青年一代农民“打工越来越成为农民收入增加和谋生的主要办法”“城乡流动、迁移并定居城市日渐成为农民的最高理想”。众所周知的事实,农业的职业声望低,劳动报酬低,劳动强度高。据调查了解,青壮年劳动力由于种地纯收入太低、种地条件太苦和不体面而不愿意回村耕种。

6.“想当农民不容易”,合格农民的培养周期长

在外务工遭遇困境返村,由于务农经验严重缺乏,也成不了合格的农民。10年还培养不了一个出色农民。农民的实习机会,一年只有几次,要想做一个合格农民,需要从18岁开始种地,30岁才能毕业,成为一个合格农民。

7. 农村生育率下降的影响

由于政策和经济社会发展等多方面的影响,近年来,农村生育率大幅下降,少年儿童急剧减少,农民后继乏人。永和县坡头乡在 20 世纪 90 年代末全乡小学生最多时约有 800 名,2007 年减少为 200 名左右,2009 年减少为 90 名左右。

(三) 应对"农民荒"及粮食安全问题的对策建议

1. 从降低投入与提高收益的角度双向调节粮食生产的"利润率",提高农民种粮的积极性

一是逐步提高粮食等农产品价格。调研中发现,种粮农民近年来最大的收入增长得益于粮食价格的上涨。目前我国粮食等农产品价格依然偏低,这直接导致种粮相比其他行业的利润率低,需要逐步提高粮食等农产品价格,这是促进农业生产的一个根本性措施。粮食价格提高了,农民才能从根本上有种粮的积极性。建议逐步提高粮食最低收购价格,将稳步提高粮食市场价格作为粮食价格调控的指导思路。

二是完善农产品补贴政策,财政补贴的侧重点从"补耕地"改为"补餐桌"。种粮补贴政策是鼓励农业生产的辅助手段,当前要侧重研究对于粮食等农产品价格上涨对城乡中低收入群体的影响,把"补贴"补给农产品的终端消费者,这将有利于农业企业、农户等各方面的种植行为决策,有利于整体经济效益的提高。

三是推广土地入股、"反租倒包"等土地流转做法,完善农村土地承包权的流转制度。农村撂荒土地流转的方式有转包、转租、互换、入股等多种。建议推广一些地方建立的土地入股、"反租倒包"等土地流转做法,发挥市场配置土地的作用,使土地合理流转,规模经营。可以成立土地经营权流转服务中心等中介组织,或由村委会收集农民土地流转意向信息,将规划范围内的农民承包地"反租"过来,平整后将连片土地公开租给经营户或社会企业,从事集约化经营。在确保农民土地承包经营权不变的情况下,农民既可以获得土地经营权流转收益,又可以外出务工或

者就地务工。

四是对于已经出现撂荒土地的区域,鼓励社会资本进入规模化农业生产领域。在当前粮食价格还不能较大幅度提高的情况下,对于已经出现和可能出现撂荒土地的区域,农户和社会资本进入的积极性不高,需要弥补"市场失灵"。对于已经出现和可能出现的撂荒土地的区域,建议中央和地方出台措施,吸引产业资本、农业龙头企业或者种粮大户组织粮食生产,确保在"有地可种"前提下的"有地必种"。同时,在企业大规模进入农业生产领域的情况下,确保农民的土地承包经营权。

2. 统筹城乡义务教育,对农村校舍建设具有前瞻性

由于农村适龄儿童的大幅减少,农村义务教育的出路需要随着"服务对象"的转移而转移,根本的解决之道是统筹城乡义务教育,进一步扩大县城、大中城市的基础教育学校规模,平等地为城市户籍和流动适龄儿童提供义务教育。加强农村义务教育投入和校舍建设的前瞻性,摸清情况,提早应对,对于一些尚未投入农村校舍建设的县域要集中力量办好县乡中心校,暂缓建设新的村小学,加大中小学生的住宿补贴和伙食补贴政策力度。

3. 借鉴"大学生村官"经验,加强乡村基层政权组织建设

对于条件艰苦地区的乡村组织要加大补贴,以吸引合格人才从事乡村干部工作,要把乡村基层政权组织建设与解决"农民荒"联系起来,人气旺了,组织建设才能根深叶茂。河北省正定县等地,针对农村"两委"老龄化、学历低、后继无人的形势,借鉴"大学生村官"经验,解决农村"三缺"和"一剩"问题。通过开展"农村好青年"评比活动,按照评比、选拔、培训、教育、使用、给待遇的体系,把本县的返乡大中专毕业生、在乡务农人员、致富能人、外出务工经商者、复退军人等作为选拔重点,作为农村"两委"重要后备工作力量,予以安排任职村支部书记、村委会主任等,由县财政发放基础生活补贴800元以及奖励。这是在"农民荒"蔓延的背景下,解决农村基层组织建设的积极探索。

4. 推广江苏东海县薛团村"适当集中"的做法,拯救农村传统文化和生活形态

对外出务工人员比例大、农村凋敝严重的农业大县,实行土地集中、人口集聚、资源集约是适应当前新农村建设的方向。近年来,江苏东海县薛团村,针对不断分散的自然村落,对村庄进行了整合工作,通过合并邻近分散的自然村,建立了一个规划科学的中心村。人口集聚了,土地集约了,耕地复垦了,实现了资源的重新组合和效益提升,同时也为农村人口基本公共服务均等化目标的实现降低了成本、减少了阻力,保留和恢复农村传统文化和生活形态。在这个进程中,要避免"消灭农村"、单纯以城镇替代农村、以单元楼替代村庄。

十、日本对"三农"问题的解决及对我国的启迪意义

日本属于典型的农业资源稀缺国家,在 20 世纪 50—70 年代,日本和我国现在一样面临着"三农"问题和"农民工"转型问题。但到了 80 年代,美国前总统卡特访问日本时,惊讶地发出"日本为什么没有农村?"的疑问,在日本每个大都市里面都看不见"农民工"独特的身影。日本是怎么解决"三农"及"农民工"问题的?

(一) 日本解决"三农"问题的主要做法

在 20 世纪 50 年代,日本政府针对人多地少、资源短缺的特点,对农村剩余劳动力转移进行了有效干预,在"国民收入倍增计划"推出后,池田内阁于 1961 年制定了为"增加从事农业者的收入,使其达到从事其他产业者的生活水平"的《农业基本法》等一系列法规,着力解决"三农"问题。

1. 通过提高农产品收购价格来提高农民收入

《农业基本法》规定了"生产者米价"。当市场价格低于政府规定的价格水平时,通过政府采购手段来保证农户最低价格。日本政府规定的大米收购价格远高于国际市场,更是高于美国米价的 2.7 倍。米价带动整个农产品价格上涨,1960—1969 年,日本农产品价格上涨 95% 左右,而农村购入的工业品价格指数仅上涨 30% 左右,日本的农业、农村、农民的基本状况发生根本性转变。农民收入的迅速提高,使得农民买得

起生产资料和生活资料,农业全面机械化和一般耐用消费品在农村的普及基本上是在这个时期实现的,这也为工业品生产创造出了广泛的市场需求。

2. 采取差额补贴与安定基金相结合的办法,大幅提高对农业的补贴

为了提高农民收入,日本不断调整和完善农业补贴政策。对农业的政府补贴从 1960 年的 747 亿日元增加到 1969 年的 3023 亿日元,10 年翻了 4 倍多。差额补贴与安定基金是日本农业补贴的主要方式。如对大豆、油菜籽、牛奶、乳制品等实行差额补贴制度,对生产者保证价格与市场购销价格的差价政府直接给予补助金;对蔬菜、鸡蛋、加工用水果等实施安定基金制度,其与差额补贴的区别在于,安定基金由政府、农户、生产者团体、畜产振兴事业集团等按一定的比例共同出资组成,当农产品价格下跌时,由安定基金支付差额部分;对肉用仔牛、仔猪采用差额补贴与安定基金相结合的支持措施。

3. 转移非农人口,推行以小农地权为主的现代农业

日本农业是典型的小农制模式,户均耕地面积 1.47 公顷,农业经营以分散、细小的农户为单位。日本通过小农地权、农协组织与政府保护三个层面的有机结合,构建了具有日本特色的三位一体农业制度结构:通过农协将分散的小农地权组合并流动起来,推动农村市场经济的发展壮大。据统计,自 1960 年开始,将农户总数的 60% 转移到非农业方面,形成了 40% 农户充分就业的小土地所有制形式,农民通过出租或出售土地获得了大量的现金,切实提高了农户基本收入和消费能力。据日本农林水产省的统计,1961—1970 年间,大约有 61.56 万公顷的耕地转为工业、道路、住宅等用地。农民通过土地买卖取得的收益大约相当于从农产品取得收益的 30 倍,分享了工业化进程红利,很快成为较为富裕的群体。

4. 发挥农协在推动农业生产、促进农民增收方面的作用

日本农协把分散农民组织起来,以共同组织生产、进入市场为宗旨,不以营利为目的,得到了广大农民的拥护。日本 99% 以上的村民都加入了农协,农协的业务范围渗透到了日本国民经济生活的各个方面。具体来说,日本农协有五个方面的职能:一是落实农业政策,是连接政府和农民的纽带桥梁。农协是在日本政府的大力扶持下发展起来的农民组织,在成立时就有浓厚的、作为国家实施农业政策的一个辅助机构的性质。二是生产及购销服务职能。以生产为主,是日本农协的重要特色,包括帮助农民采购农业生产资料、生活用品,收购、加工、储藏、销售农产品。日本农协供给农民的生产资料占农户总购买量的74%左右,农民通过农协销售的农产品达到了农民年销售额的90%以上。三是金融服务职能。日本农协以独立于商业银行的方式组织农协会员手中的剩余资金,开展以农协会员为对象的信贷业务。20世纪50年代,农协系统金融机构向农业的贷款占到65%,对农业的恢复和发展起到了非常重要的作用。四是技术教育培训职能。农协派出为数众多的"指导员"深入农家地头,介绍先进农业科学技术;还设有专门的培训教育部门,对农民进行技术和经营技能教育培训。五是社会服务职能。日本各地的农协一般都设有医疗卫生服务部门,提供医疗保健服务;还设有文化中心和生活中心,为农民提供了需要的各项服务。

（二）日本"农民工"转型的主要做法

20世纪70年代,日本"农民工"问题也与中国今天的情形类似,日本"农民工"进城以后,也是绝大多数从事建筑业和制造业的工作,也面临着从工资到保险与城市工待遇不平等的问题。日本用了20年的时间完成了"农民工"的转型,走出了一条有别于欧美的"跳跃式转移"和"农村非农化转移"相结合的道路。

1. 实行自由往来的户籍制度

日本的户籍制度决定了"农民工"的移动自由。在日本,不存在所谓"城市户口"和"农村户口"问题,也没有户口本,只有所谓的"誊本"。一个人准备长期出行到外地的时候,只要把自己的"誊本"从当地政府登记迁出,再于14天之内到所到地政府登记即可。这种自由往来的户籍制度,在相当程度上促进了劳动力的流动和经济的发展。

2. 为"农民工"提供保障住房

日本的城市里,有公营住宅、住房公团等为中低收入家庭提供住房保障。这种住宅中有的当初就是为了接受"农民工"而兴建的,这使"农民工"安居有了保障。

3. 采取全民保险制度

在日本,进城的"农民工"都要被纳入养老保险、医疗保险、工伤事故保险、雇用保险等制度。这种一视同仁的保险制度,看起来增加了企业的负担,实际上确保了企业的劳动力来源,让企业不至于出现"劳工荒"。

4. 对"农民工"子女实施平等的教育制度

日本实施九年义务制教育,"农民工"子女随父母转迁城市之后,必须在 3 天之内到当地教育委员会报到,由其安排入学。他们不存在借读和赞助入学问题,更不存在要回到当地参加高考的问题。

日本这些化解"农民工"问题的制度并不是在日本经济发达以后实施的,而是在日本经济起飞阶段就开始逐步实施的。据日本厚生劳动省的资料显示,1955—1975 年,日本平均每年有 72.5 万"农民工"进入城市,转入非农产业部门工作,"农民工"占就业总人数的 64%。

（三）日本经验对我国的启示

我国城镇化过程中解决"三农"问题和"农民工"转型是最艰巨的任务。能不能处理好这个问题,是一个城镇化能否顺利推进的大问题。借鉴日本的经验,我国目前应重点做好以下几个方面的工作。

1. 农业补贴必须坚持以价格支持为基础

日本农业补贴政策与美欧显著不同,美国、欧盟已经基本形成以直接补贴为主导的农业补贴制度,分别占到"对生产者补贴"的 72% 和 70%;而作为农业资源稀缺国家的日本,则一直坚持以价格支持政策为核心,直接补贴仅占"对生产者补贴"的 10%—15%,通过价格支持实现维护农户收入稳定和保障主要粮食有效供给的双重目标。这对中国农业补贴制度设计和政策调整的启示是:价格支持能够促进粮食生产,有效解决食品短缺问题。而且,价格支持政策指向明确、操作相对简单,作用直接、见效较快,应成为我国农业政策的首选措施。就价格支持的范围而言,支持也必须突出重点,如集中投入到粮食、猪肉等关键农产品的生产领域。

2. 建设以农民的小农地权为主和适度规模经营为特色的现代农业

土地制度是"三农"问题的核心和关键,也是农村社会稳定的根本。日本的经验表明了小土地所有制的产权形式和适度的小规模经营,在保证社会稳定的同时辅助以农协组织、政府保护的制度安排,一样可以实现农业现代化。这一经验对当前中国农业发展道路的选择极具参考价值。我国要解决农民工与土地的"脐带"关系,必须完善土地流转制度,在确立农民对土地有永久使用权的基础上,推行土地股份制,让农民工以土地折股;建立股份制农业企业,使农民工取得其应有的股权与红利收入;允许土地使用权的有偿转让,农民在转让土地使用权时,应能够获得相当于社会保障的补偿金,促使部分农民工放弃土地,学习新技能,适应职业的转变,实现彻底转移。

3. 消除区域性户籍障碍,将"农民工"群体逐步纳入住房保障体系

全国绝大多数省份的廉租住房、经济适用房、限价商品房等保障性住房的申请条件中都要求申请人必须为城镇户籍人口,这种基于现有利益格局的住房制度将农民工群体拒于门外。建议对农民工群体采取以在某一地区缴纳固定年限社会保险的标准,作为其农民工身份的认证及享受农民工住房保障待遇的"门槛",既保障农民工群体的利益,又规范保障性住房制度。按一定期限,最终全部纳入住房保障体系,形成全国统一、城乡一体的住房保障制度。

4. 加快农民合作经济组织发展

近年来,随着农业市场化发展,农村经营体制的不断创新,各种形式的农民合作经济组织不断涌现。但从全国水平看,农民合作经济组织还没有成为广大农户进入市场的重要渠道。现阶段,应结合实施农业产业化经营和农村经济结构调整,大力培育农民合作经济组织。一方面重点发展龙头企业带动下的农民合作经济组织。实践证明,龙头企业直接与分散经营规模很小的农户对接有较大困难,制约了龙头带动功能的发挥,

发展龙头企业与农户间的农民合作经济组织,使合作组织成为连接龙头与农户的桥梁,对发展"龙头企业+合作组织+农户"的一体化经营十分重要。另一方面围绕主导产业培育农民合作经济组织。即围绕主导产业发展培育具有较强的市场竞争力、行业规模较大、功能完善、机制健全的农民合作经济组织。

5. 加强对农民和"农民工"职业技能培训

加强对农民和"农民工"职业技能培训是提高农村人力资源能力的直接手段,同时有利于促进农民工就业。农民工职业技能培训是一项系统工程,需要各级政府的"适当干预"、统筹规划。主要是建立"政府主导、多方筹集"的农民工职业技能培训投入机制,加强监管和评估,提高培训效能。

6. 改革义务教育管理体制,让"农民工"子女享受平等教育权利

现行的"地方负责,分级管理"的管理机制只适用于户籍在本地的学生。在现实生活中,当农民工子女离开农村时,并没有相应的教育经费随之流转出去,入学就读所在地也没有其相应的教育经费预算。这样,农民工子女接受教育就没有了保障。要解决这一问题,就要进一步改革和完善义务教育管理体制,改变过度分权的现状,变"地方负责,分级管理"为"中央统管,地方负责,分级管理,城乡统筹,协调发展",强化中央的统管职能,建立多级政府共同管理机制,破除城乡分割局面,保证教育资金投入,维护教育公平,促进教育和谐健康发展。

参 考 文 献

[1]曹广伟:《后金融危机时代国际经济秩序的延续与变革》,《社会主义研究》2014 年第 1 期。

[2]陈斌彬:《危机后美国金融监管体制改革述评——多边监管抑或统一监管》,《法商研究》2010 年第 3 期。

[3]邓翔、李雪娇:《"次贷危机"下美国金融监管体制改革分析》,《世界经济研究》2008 年第 8 期。

[4]董小君:《建立健全支持我国经济转型升级的现代金融体系——十八届三中全会金融改革方面精神的解读及相关思考》,《经济研究参考》2014 年第 26 期。

[5]范菊华:《"认识共同体"与全球气候制度》,《国际观察》2006 年第 3 期。

[6]高程:《认同危机、社会裂痕与美国对外战略困境》,《开放时代》2012 年第 7 期。

[7]管清友、李君臣:《美国页岩气革命与全球政治经济格局》,《国际经济评论》2013 年第 2 期。

[8]胡鞍钢、高宇宁:《中美关系实力基础的根本变化:对中美综合国力的评估(1990—2010 年)》,《国情报告》第十六卷 2013 年。

[9]姜建清主编:《商业银行资产证券化——从货币市场走向资本市场》,中国金融出版社 2004 年版。

[10]解植春:《国有金融企业"所有者缺位"问题探讨——深化国有金融企业改革的一个关键问题》,《福建论坛(人文社会科学版)》2005 年第 11 期。

[11]李传全:《资产证券化的信用工程特征分析》,《经济与管理研究》2001 年第 3 期。

[12]李松森:《中央与地方国有资产产权关系研究》,人民出版社 2006 年版。

[13]李艳宁、李思维:《论我国国有金融资产的管理和经营模式的选择》,《河北经贸大学学报》2005 年第 2 期。

[14]李扬、张晓晶、常欣等:《中国国家资产负债表 2015——杠杆调整与风险管理》,中国社会科学出版社 2015 年版。

[15]林后春:《国有商业银行股份制改造的模式选择与国有金融资产管理体制的构建》,《经济研究参考》2004 年第 35 期。

[16]刘纪鹏:《从国有金融资产管理看两行股改模式》,《金融时报》2004 年 9 月 23 日。

[17]刘仁营、左乐平:《金融危机坐标中的资本主义新变化》,《红旗文稿》2010 年第 14 期。

[18]刘诗白:《主体产权论》,经济科学出版社 1998 年版。

[19]刘晓星、卢菲:《金融监管模式选择:从牵头模式向统一监管模式的过渡》,《现代财经(天津财经学院学报)》2012 年第 10 期。

[20]刘雪梅:《中信海直 8000 亿国有资产谁"当家"?》,《21 世纪经济报道》2003 年 8 月 8 日。

[21]刘贻清、张勤德:《"郎旋风"实录:关于国有资产流失的大讨论》,中国财政经济出版社 2005 年版。

[22]刘志洋:《宏观审慎监管机构安排的国际实践》,《国际金融研究》2012 年第 8 期。

[23]马建堂、董小君等:《中国的杠杆率与系统性金融风险防范》,《财贸经济》2016 年第 1 期。

[24]毛程连:《公共财政理论与国有资产管理》,中国财政经济出版社 2003 年版。

[25]门洪华:《中国对美国的主流战略认知》,《国际观察》2014 年第 1 期。

[26]聂辉华、江艇、张雨潇、方明月:《中国僵尸企业研究报告——现状、原因和对策》,中国人民大学国家发展与战略研究院,2016 年总期第 9 期。

[27]宇德海:《从国外经验看中国国有资产管理体制改革》,《经济管理文摘》2003 年第 13 期。

[28]企业研究所"中国企业改革 30 年研究"课题组:《国有资产管理体制改革的回顾与展望》,《国研专稿》2008 年。https://www.docin.com/p-725949799.html.

[29]强世功:《"碳政治",新型国际政治与中国的战略抉择》,《中国经济》2009 年 9 月 17 日。

[30][意]乔万尼·阿里吉:《亚当·斯密在北京:21 世纪的谱系》,路爱国等译,社会科学文献出版社 2009 年版。

[31]佘传奇、刘庆卫:《浅谈我国国有金融资产管理模式》,《广西金融研究》2006 年第 9 期。

[32]史炜、瞿亢、侯振博:《英国金融统一监管的经验以及对中国金融监管体制改革的建议》,《国际金融》2016 年第 7 期。

[33]孙天琦、高冬民:《国有金融资产管理研究》,《当代经济科学》2004 年第

4 期。

[34]唐彦林、卢馨尧:《奥巴马政府第二任期"亚太再平衡"战略调整及其影响》，《当代世界与社会主义》2014 年第 4 期。

[35]王银顺:《城区或可建设超导电网》，《中国能源报》2009 年 9 月 21 日。

[36]王颖、管清友:《碳交易计价结算货币:理论、现实与选择——碳战争的实质也是金融国币战争》，《当代亚太》2009 年第 1 期。

[37]武建东:《奥巴马如何以能源革命再将美带到全球经济的顶端》，《科学时报》2009 年 1 月 19 日。

[38]徐慧泉、杨朝军:《中央汇金模式下的金融国有资产监管体系建设》，《上海金融》2005 年第 5 期。

[39]徐梦周、贺俊、吕铁:《第三次工业革命的特征及影响》，《中国社会科学报》2012 年 8 月 8 日。

[40]余明桂、潘红波:《政府干预、法治、金融发展与国有企业银行贷款》，《金融研究》2008 年第 9 期。

[41][美]约翰·B.福斯特、[美]罗伯特·麦克切斯尼、武锡申:《垄断金融资本、积累悖论与新自由主义本质》，《国外理论动态》2010 年第 1 期。

[42]张莫、刘丽:《多地银监局最新数据显示:不良贷款东部双降西部双升》，《经济参考报》2016 年 11 月 24 日。

[43]张文魁、亓长东:《瑞典、韩国、新西兰国有资产管理框架》，《中外企业文化》2003 年第 10 期。

[44]郑青:《中国国有金融资产管理体制研究》，福建师范大学博士学位论文，2010 年。

[45]中国人民银行:《中国金融稳定报告(2016)》，中国人民银行网站。

[46]钟震、董小君:《双峰型监管模式的现状、思路和挑战——基于系统重要性金融机构监管视角》，《宏观经济研究》2013 年第 2 期。

[47]朱安东、蔡万焕:《国际金融经济危机与资本主义的走向:阶级分析的视角》，《当代世界与社会主义》2014 年第 1 期。

[48]朱成虎、孟凡礼:《简论美国实力地位的变化》，《美国研究》2012 年第 2 期。

[49]朱民:《这世界的关联性竟如此"恐怖"》，《第一财经日报》2016 年 11 月 4 日。

[50]Burrows O., Low K., Cumming F., "Mapping the UK Financial System", *Bank of England Quarterly Bulletin*, Q2, 2015.

[51]De la Barra X., "Sacrificing Neoliberalism to Save Capitalism: Latin America Resists and Offers Answers to Crises", *Critical Sociology*, Vol.36, No.5, 2010.

[52]FSB I.M.F. and BIS, *Macro Prudential Policy Tools and Frameworks: Update to*

G20 Finance Ministers and Central Bank Governors, Basel: FSB, IMF, and BIS, February,2011.

[53]Kotz D.M., "The Final Conflict: What can Cause a System-threatening Crisis of Capitalism?" *Science & Society*, Vol.74, No.3,2010.

[54]Li M., "The End of the 'End of History' : The Structural Crisis of Capitalism and the Fate of Humanity", *Science & Society*, Vol.74, No.3,2010.

[55] Polackova H., *Contingent Government Liabilities: A Hidden Risk for Fiscal Stability*, World Bank Publications,1998.

[56]Pomfret R., "The Financial Sector and the Future of Capitalism", *Economic Systems*, Vol.34, No.1,2010.

[57]Sears G., Effective Resolution of Systemically Important Financial Institutions, FSB,2011.

[58]Turner A., "The Turner Review: A Regulatory Response to the Global Banking Crisis", *Financial Services Authority*,2009.

[59] Wohlforth W.C., *The Elusive Balance: Power and Perceptions During the Cold War*, Cornell University Press,1993.

[60] Raymond Vemon, "International Investment and International Trade in the Product Cycle", *Quarterly Journal of Economics*, May,1966.